国家社科基金项目成果 经管 文库

Research on High-Quality Development of
Urban Agglomeration in China in the New Era

新时代中国城市群
高质量发展研究

丁焕峰 孙小哲／著

中国财经出版传媒集团
经济科学出版社
Economic Science Press

图书在版编目（CIP）数据

新时代中国城市群高质量发展研究/丁焕峰，孙小哲著．－－北京：经济科学出版社，2023.2
国家社科基金项目成果经管文库
ISBN 978 － 7 － 5218 － 4525 － 9

Ⅰ．①新…　Ⅱ．①丁…②孙…　Ⅲ．①城市群 － 经济发展 － 研究 － 中国　Ⅳ．①F299.21

中国国家版本馆 CIP 数据核字（2023）第 025289 号

责任编辑：崔新艳　梁含依
责任校对：齐　杰
责任印制：范　艳

新时代中国城市群高质量发展研究

丁焕峰　孙小哲　著

经济科学出版社出版、发行　新华书店经销
社址：北京市海淀区阜成路甲 28 号　邮编：100142
经管中心电话：010 － 88191335　发行部电话：010 － 88191522
网址：www. esp. com. cn
电子邮箱：expcxy@ 126. com
天猫网店：经济科学出版社旗舰店
网址：http：//jjkxcbs. tmall. com
北京季蜂印刷有限公司印装
710×1000　16 开　19.25 印张　350000 字
2023 年 6 月第 1 版　2023 年 6 月第 1 次印刷
ISBN 978 － 7 － 5218 － 4525 － 9　定价：88.00 元
（图书出现印装问题，本社负责调换。电话：010 － 88191545）
（版权所有　侵权必究　打击盗版　举报热线：010 － 88191661
QQ：2242791300　营销中心电话：010 － 88191537
电子邮箱：dbts@ esp. com. cn）

国家社科基金项目成果经管文库
出版说明

　　经济科学出版社自 1983 年建社以来一直重视集纳国内外优秀学术成果予以出版。诞生于改革开放发轫时期的经济科学出版社，天然地与改革开放脉搏相通，天然地具有密切关注经济领域前沿成果、倾心展示学界翘楚深刻思想的基因。

　　2018 年恰逢改革开放 40 周年，40 年中，我国不仅在经济建设领域取得了举世瞩目的成就，而且在经济学、管理学相关研究领域也有了长足发展。国家社会科学基金项目无疑在引领各学科向纵深研究方面起到重要作用。国家社会科学基金项目自 1991 年设立以来，不断征集、遴选优秀的前瞻性课题予以资助，经济科学出版社出版了其中经济学科相关的诸多成果，但这些成果过去仅以单行本出版发行，难见系统。为更加体系化地展示经济、管理学界多年来躬耕的成果，在改革开放 40 周年之际，我们推出"国家社科基金项目成果经管文库"，将组织一批国家社科基金经济类、管理类及其他相关或交叉学科的成果纳入，以期各成果相得益彰，蔚为大观，既有利于学科成果积累传承，又有利于研究者研读查考。

　　本文库中的图书将陆续与读者见面，欢迎相关领域研究者的成果在此文库中呈现，亦仰赖学界前辈、专家学者大力推荐，并敬请经济学界、管理学界给予我们批评、建议，帮助我们出好这套文库。

经济科学出版社经管编辑中心

2018 年 12 月

本书受国家社会科学基金重点项目"以高质量城市群为主体构建协调发展的城镇格局研究"（批准号：18AJY008）资助。

前言

Preface

自党的十八大提出走中国特色新型城镇化道路以来，国务院陆续编制发布了《国家新型城镇化规划（2014～2020年）》《国家新型城镇化规划（2021～2035年）》和一批城市群规划；党的十九大报告指出"以城市群为主体构建大中小城市和小城镇协调发展的城镇格局，加快农业转移人口市民化"。我国城镇体系构建已取得积极成效，但城镇体系不合理，规模结构、空间布局与资源环境承载条件和管理能力不适应的矛盾依然存在，城市群发展质量不高与城镇格局不协调等问题突出。中国经济高质量发展必须优化现代化经济体系的空间布局，强化城市群在我国城镇化战略格局中的主体地位，提高城市群质量，发挥城市群内部不同城市和小城镇相对密集分布、规模经济和范围经济显著、分工协作关系紧密的优势，形成大中小城市和小城镇合理分工、相互协调、互为补充、共同发展的城镇格局。

本书关注城市群发展质量问题。以高质量城市群为主体构建的协调发展城镇格局是中国经济高质量发展的重要空间支撑，是现代化经济体系空间格局的重要体现，是构建新发展格局的核心枢纽。本书以中国城市群发展质量的特征事实为起点，以优化资源配置方式为主线，从产业集聚的空间格局、创新引领的现代化产业体系、城市竞合行为与协同发展三部分内容回答改革开放以来中国城市群发展及新时代城市群高质量转型、现代化治理体系构建的经济学机制。

（1）城市群发展质量主要体现在空间格局、产业体系、绿色发展和协同联系等四大领域。空间格局反映资源要素的空间配置，产业体系反映资源要素的部门配置，绿色发展反映资源要素的绿色配置，协同联系反映资源要素的配置效能。2003年以来中国城市群的发展质量呈持续上升趋势，2004～2010年城市群总体处于"高速低质"阶段，2013～2017年处于"低速高质"阶段；

中国城市群发展质量存在空间差异，发展水平整体呈现东、中、西递减趋势。

（2）围绕"资源聚集方式变化—城市群产业集聚的空间格局—城市群创新为主体的现代化产业体系与和谐绿色生态体系—城市群协同发展机制与治理体系"这一逻辑链条，提出一个分析中国城市群实现从"低质量发展"转向"高质量发展"的演变机制框架。资本、人才、技术等资源的配置与流动决定了城市群产业体系、空间格局和生态体系，资源流动导致城市群发展质量差异；构建城市群协同发展与良好治理体系的目标在于破解城市群治理难题，需要智慧化的治理模式以适应空间格局、产业体系、生态体系与城市群发展阶段特征，使城市群实现从低质量发展阶段到高质量发展阶段的内生转化。城市群发展质量不断提升，承担起国家新发展格局枢纽的责任。

（3）多产业协同集聚是城市群空间布局优化的重要动力。优势互补的多产业空间集聚是构建现代化产业体系的重要支撑。本书建立了一个空间经济学一般均衡模型，从理论上探讨了区域间制造业与服务业的空间协同集聚形态（分离式集聚、中心式集聚）演变规律与驱动机制，探讨了产业协同聚集对城市群空间格局优化的重要影响。中国有处于不同发展阶段的城市群类型，新时代处于不同发展阶段的中国城市群应该遵循不同的高质量发展战略。城市群亟待提高群内城市产业协同集聚水平和创新能力，完善内部竞合机制，从而实现高质量发展。

（4）高创新能力企业的集聚效应和主动选择效应是城市群创新能力差距形成的重要原因，产业协同聚集提升了城市群创新能力。城市群创新能力提升是城市群高质量发展的必由之路。在改进"无条件分布特征–参数对应"研究方法的基础上，本书识别了集聚效应和选择效应对城市群与非城市群两类区域创新差距的影响。从驱动因素上看，制造业与生产性服务业协同集聚能显著提升城市群内城市专利质量水平，产业协同集聚是提升城市群创新能力的空间前提条件，知识外部性溢出与分工深化是导致城市专利质量提升的主要中介渠道。粤港澳大湾区是中国最具国际性的世界级城市群，有基础建成国际科技创新中心。

（5）城市群现代化治理体系构建是城市群高质量发展的关键。城市群治理体系内涵丰富，高质量发展城市群的布局是构建区域治理体系的主要空间载体。本书以粤港澳大湾区世界级城市群为例，贯彻认同治理、跨境治理、智慧治理的理念，探讨粤港澳大湾区城市群治理体系问题，认为构建粤港澳大湾区世界级城市群治理体系有利于充分释放粤港澳大湾区的战略价值，破解粤港澳大湾区跨境治理的难题，创新、协同、开放三大要素是粤港澳大湾区发展的主要驱动因素。

　　本书是由华南理工大学产业与城镇发展研究中心与广州国家创新型城市发展研究中心（广州市人文社会科学重点研究基地）的丁焕峰教授和研究生孙小哲、叶志想、谯丽、赖晓璇、王露、张蕊、陈顺婷等共同完成的，是2018年国家社会科学基金重点项目"以高质量城市群为主体构建协调发展的城镇格局研究"（18AJY008）的结题成果。

目　录
Contents

第1章 绪　　论

1.1　问题提出

1.1.1　宏观经济背景

1. 新技术革命与新产业革命

新一轮全球科技革命和产业变革正加速演进。新技术带动应用领域的创新突破以及新业态、新模式的涌现，重塑了全球产业分工格局，催生了新产业革命。在此过程中，生产方式将向自动化、数字化、智能化、柔性化以及绿色化方面转型，产业组织则呈现去中心化、网络平台化、扁平化特征，产业链、供应链、价值链、创新链、信用链继而得以重构。与此同时，新产业革命也直接影响消费需求端，传统贸易、营销方式正快速转变，网络零售、数字营销、电子商务等新兴渠道异军突起。顺应技术革命与产业变革，经济发展方式也必须从"速度规模型"向"质量效益型"转变，高质量发展已成为必然趋势与时代主题（汤铎铎等，2020）。

2. 世界百年未有之大变局

世界百年未有之大变局加速演进，世界之变、时代之变、历史之变的特征更加明显。新技术革命与生产方式变革不断推动世界发展格局变化。新兴经济体承接主要发达国家产业转移，凭借后发优势获取分工收益，逐渐成为全球经济增长和复苏的重要力量。随着全球进入后金融危机时代，产业回流现象加剧，产业链内向化、供应链本地化特征愈加明显，"逆全球化"暗流涌动，国际贸易保护主义抬头，地缘政治风险加剧（戴翔和张二震，2018）。美国为首的部分西方国家对中国发展的遏制已进入一个全新阶段。肆虐全球的新冠肺炎疫情导致国际贸易和投资大幅萎缩，对全球经济产生巨大冲击。"后疫情时期"对地缘政治与经济的"蝴蝶效应"不容小觑。总体来看，世界经济复苏艰巨，国际形势的不稳定性和不确定性明显增强（黄群慧，2020），中国必须予以有效应对。

3. 高质量发展与新发展格局

中国自改革开放以来，融入全球化浪潮，依靠出口、投资导向型工业化战略获得经济高速增长，并顺应自身比较优势不断进行结构升级，取得了前所未有的"中国发展奇迹"，成为仅次于美国的世界第二大经济体。伴随全面建设社会主义现代化国家新征程的顺利开启，中国经济内循环已完全具备条件基础，超大规模经济优势正在显著发挥（国务院发展研究中心课题组等，2020）。中国已成为商品消费第一大国，以消费为主导的内需结构已基本形成，中国也是全世界唯一拥有联合国产业分类中所列全部工业门类的国家（史丹，2020）。进入工业化后期，结合劳动力、土地等资源禀赋优势，产业链、供应链和消费市场更易发挥规模经济、范围经济、集聚经济、创新学习等综合优势（郝寿义和曹清峰，2019）。另外，目前消费需求未得到充分释放，传统"以外促内"的发展方式难以为继、工业基础能力薄弱、产业链与供应链安全风险高、关键技术与核心基础零部件受制于人、城乡区域间循环面临梗阻等问题更表明加快形成新发展格局已迫在眉睫。

为适应国际国内形势新变化，中央决定加快形成以国内大循环为主体、国内国际双循环相互促进的新发展格局（简称新发展格局）。党的十九届五中全会指出，形成强大国内市场，构建新发展格局。明确要畅通国内大循环，促进国内国际双循环，全面促进消费，拓展投资空间。加快形成新发展格局，是以习近平同志为核心的党中央立足"两个大局"作出的前瞻性战略决策，是事关全局的系统性、深层次变革，更是实现中国"十四五"时期经济社会发展的必由之路（刘鹤，2020）。面对新的发展环境，实现高质量发展需要以加快形成新发展格局为主要抓手。在"十四五"时期，以国内大循环为主体导向的特征会更加明显，国内超大规模市场优势会进一步发挥，工业体系的优势将进一步体现。经济运行过程中，科技创新作为动力源的地位会更加突出，效率和安全会更加兼顾，产业韧性会进一步加强。打通供应链、需求链、产业链的"梗阻"，贯通生产、分配、流通、消费各环节，促进商品和要素在国内的自由流动，畅通循环也是未来一段时间的主要发力点（黄群慧，2021）。畅通内需循环是新发展格局的重中之重（倪红福等，

2020；凌永辉和刘志彪，2020）。事实上，供给与需求两者相互依托，不可分离。注重需求侧管理，加快培育完整内需体系，必须发挥产业链和供应链的核心纽带作用，以更好满足人民日益增长的美好生活需要（黄群慧，2020）。

1.1.2 区域发展实践

1. 区域演进与城市群崛起

经济发展根植于区域属性，空间集聚与扩散溢出、一体化分工合作是区域发展的核心内容。全球政治经济格局迅速变化，深刻重塑全球区域发展格局。世界城市体系经过孕育、变化与调整，总体经历了核心大城市兴起、都市圈出现、城市群形成三次城市化浪潮。

随着经济全球化与区域一体化的发展，城市群成为显著增长极。1957 年法国地理学家戈特曼（Gottman）首次明确提出城市群概念。之后经学者研究，将城市群发展划分为雏形发育期、快速发育期、趋于成熟期、成熟发展期四个阶段。目前全球公认的世界级城市群主要有美国东北部大西洋沿岸城市群、北美五大湖城市群、日本太平洋沿岸城市群、英国中南部城市群以及欧洲西北部城市群等五大城市群，也是全球高质量发展的区域典范。世界级城市群主要具备如下特征（黄建富，2003）。第一，全球城市网络中枢职能。作为一国乃至全球的经济增长极，集聚全球各类资源要素与全球性机构，并成为全球经济与社会治理活动的重要载体。第二，完整的城市等级网络体系。以中心城市、都市圈辐射带动周边地区发展，整体呈现城市规模等级的"金字塔"结构。第三，高端化和分工明确的现代产业体系。以科技创新为核心竞争力，产业结构横向集聚、纵向链化。各城市在城市群发展中找准特色定位，实现分工协作、优势互补。第四，多层次的发达基础设施网络体系。具备完善的道路、轨道、航空、航运交通网络以及发达的通信网络，成为世界级的交通和信息枢纽。第五，健全且高效的城市群统筹协调机制。实施跨市、跨区域的总体规划，统筹生态环境和社会发展问题，实现整体协同治理。五大世界级城市群为中国建设高质量城市群提供了重要标杆。

2. 城市群成为中国高质量发展的区域典范

伴随中国全面深化改革开放与经济实力的不断增强，中国特色新型城镇化正快速推进。在这一过程中，城市群具备的集聚规模优势获得快速发展，成为中国经济高质量发展的区域典范（方创琳，2014）。中国城市群发展是改革开放40多年来城市化进程的典型缩影：东部城市群率先发展，中西部城市群发展相对缓慢；在同一横截面上有不同发展阶段的城市群类型，处于从单级城市、都市圈到城市群的不同演变阶段，城市群发展呈现出"均衡—不均衡—逐步均衡"的空间演变特征。

《国家新型城镇化规划（2014～2020年）》及《中华人民共和国国民经济和社会发展第十三个五年规划纲要（2016～2020年）》要求推动城市群建设并构建"19+2"的城市群格局。目前，"19+2"的城市群格局已基本形成，城市群经济总量占全国80%以上，对经济增长的贡献率占主导地位。其中，京津冀、粤港澳大湾区和长三角城市群对标世界级城市群，注重高质量发展；成渝城市群"双城联动"明显，辽中南、山东半岛、长江中游、中原、北部湾城市群一体化建设逐步推进，关中平原、兰西、哈长城市群中心城市辐射作用逐渐显现，呼包鄂榆、天山北坡、滇中、黔中城市群正逐步发展。可以看出，城市群高质量发展已成为中国经济高质量发展的主要动力来源。

中国经济高质量发展必须优化现代化经济体系的空间布局，强化城市群在中国城镇化战略格局中的主体地位，提升城市群功能，提高城市群质量，辐射带动区域板块融合互动发展，最终形成合理分工、相互协调、协同发展的城镇格局。

3. 城市群问题制约高质量发展

中国城市群发展虽已取得积极成效，但与西方主要发达城市群相比，仍处于初级发展阶段，城市群整体发展质量不高。集中体现在城市群规模、产业结构及空间布局与资源环境承载条件和管理能力不适应的矛盾依然存在，包括城市群范围过于宽泛且盲目扩张、"一城独大"现象突出、区域差距过大、功能耦合与深度融合不够，城市活动聚集形成的合力无法发挥等。因此，城市群作为一个复杂的体系，所伴随产生的众多不可忽视的城市群问题与治理难题是制约城市群发展质量的主要原因，是实现城市群高质量发展过程中最为棘手但又不得不解决的难题，也是与现有世界五大高质量城市群产生差距的主要原因（见表1-1）。

表 1－1 城市群发展的主要问题

主要方面	具体表现
经济体系	"出口导向""投资拉动"发展战略 "高污染、高耗能、低价值"粗放型增长特征 "低端嵌入"和"对外依存度高"的外贸典型特点
空间布局	区域堡垒林立，"诸侯经济""各自为政"特征明显 "层级—网络"的金字塔结构尚不明晰
生产能力	产业基础能力、产业链水平低端锁定，产业融合度有待加深 存在产业链、供应链断链风险 城市间产业定位雷同、重复建设问题严重，结构同构化明显
科技创新	原始创新、颠覆式创新与先进基础工艺等研究仍较为薄弱 存在关键基础材料、核心基础零部件"卡脖子"痛点，科技安全面临严峻挑战 协同创新程度不深，科技成果转化率普遍较低
环境与社会	跨区域污染转移与规避行为频发，环境污染"脱域化"现象突出 户籍编制、市场分割、基础设施互联互通不完善 基本公共服务不平等，地区发展不平衡 收入分配不合理，消费动力不足
治理模式	行政级别与协调机制的冲突矛盾 "强政府－弱社会"治理模式 智慧治理的思维与能力欠缺

资料来源：笔者自制。

从深层次看，整体城镇格局的发展质量也同样受制于区域内部问题。在各类区域尺度下，相比于城市、都市圈和省域单位，城市群是经济区域的中心议题，也是出现区域治理难题的高发区域，城市群的问题是城镇格局不协调的最直接缩影。可以说，以城市群为主体的城镇不均衡格局是中国经济不均衡、不充分发展的最突出表现。因此，城市群问题作为阻碍高质量发展的"拦路虎"，也是整体城镇体系不平衡不充分发展的主要症结所在。打破循环桎梏，加快形成新发展格局，解决城市群问题首当其冲。解决城市群发展问题的顽疾需要转变城市群发展方式、优化资源配置结构、转换增长动力，借鉴五大世界级城市群发展经验，走高质量发展之路，推进城市群治理体系和治理能力现代化。

4. 新时代对城市群高质量发展提出新要求

中国特色社会主义进入新时代,中国经济发展方式、动力、结构均面临深层次变革。城市群高质量发展是解决中国社会主要矛盾和做好中国经济工作的根本要求。一直以来,党和国家高度重视城市群发展,出台相关政策与规划指引。自党中央提出走中国特色新型城镇化道路以来,国务院陆续批复了 11 个国家级城市群规划。2019 年中央财经委员会第五次会议强调,推动形成优势互补高质量发展的区域经济布局,增强中心城市和城市群等经济发展优势区域的经济和人口承载能力。党的十九届四中全会提出,要提高城市群综合承载和资源优化配置能力,形成高效率组织体系。《中华人民共和国国民经济和社会发展第十四个五年规划和 2035 年远景目标纲要》指出,优化行政区划设置,发挥中心城市和城市群带动作用,建设现代化都市圈。可以预期,在"十四五"时期,提升城市群功能,推动城市群发展方式、经济结构、增长动力变革,建设高质量城市群,是落实国家重大区域发展战略、推动形成优势互补的高质量发展的区域经济布局与建设现代化经济体系的关键命题所在(李兰冰和刘秉镰,2020;沈坤荣和赵倩,2020)。

1.1.3 主要研究问题

对城市群发展和演化规律的现有研究为解释城市群高质量发展的形成提供了一系列具有重要价值的学术洞见,其成果对于日后的研究工作及政策的制定提供众多理论与实践经验。但综合各学者的研究成果,仍存在以下三点不足,可深入探索。

一是对城市群高质量发展内涵与特征尚缺乏关注与统一认识。对于城市群高质量发展的分析文献不多。对城市群高质量发展内涵的界定也并未达成统一,常与城镇化质量或现代化水平混淆。与之相适应的城市群高质量发展指标体系研究也有待探索与完善。部分学者虽对城市群发展质量作出指标体系研究,但仍缺乏对城市群本身特征的深入考量。

二是未能建立统一的阐释中国城市群发展质量演变机制的逻辑框架。现有文献多单独集中于城市群演进与格局、产业体系与创新、生态体系与协同发展等方面的研究,未能形成统一框架。城市群为什么需要高质量发展、中国城市群发展的演变机制是什么等理论问题有待解决。

三是从城市群内部城市角度看,影响城市群发展质量的驱动因素与提升路径仍需进行深入研究。城市群是由内部城市有机组成的整体，应结合中国城市群具体发展实践，从内部城市作用行为角度，实证揭示产业集聚、技术创新、竞合行为中影响城市群高质量发展的作用效应。

本书的研究对象是高质量城市群，研究的核心问题是如何以高质量城市群为主体构建大中小城市和小城镇协调发展的城镇格局。具体来说，三个子问题如下。

（1）是什么。城市群高质量发展的内涵与基本特征是什么？中国现有城市群发展质量如何测度和评价？未来中国城市群高质量发展方向有哪些？

（2）为什么。改革开放以来中国城市群的发展演变机制是什么？高质量城市群结构形成与城市群内部城市产业集聚的空间格局关系如何？与以创新为主要支撑的现代化经济体系关系如何？城市群内部城市竞合行为又如何影响城市群发展质量？

（3）怎么办。新时代中国城市群高质量发展战略是什么？构建城市群现代化治理体系、有效提升新时代中国城市群发展质量的路径和政策支撑体系有哪些？

1.2 研 究 意 义

1.2.1 理 论 意 义

本书以城市群为主体分析对象，关注城市群发展质量问题，将区域经济学、经济地理学、城市地理学和公共管理知识融合，支持提高城市群发展质量是中国经济高质量发展的重要组成部分的学术观点，回答新时代中国城市群高质量发展内涵与特征是什么、现代化经济体系的空间格局应如何布局、高质量发展城市群机制研究等学术问题。本书围绕中国城市群高质量发展系统搭建了研究框架：以中国城市群发展质量的特征事实为起点，以优化资源配置方式为主线，在界定城市群发展高质量内涵与特征的基础上，立足城市群内部城市，从产业集聚的空间格局、创新为主体的现代化产业体系、城市竞合行为与协同发展三部分内容展开，回答改革开放以来中国城市群发展及新时代城市群高质量转型、现代化治理体系构建的经济学机制。这将有助于深化认识高质量城市群的基本属性，了解并凝聚城市群高质量发展对社会经济增长促进作用的共识，解析中国城市群发展质量的影响因素，尽可能缩小社会各界对于中国城市群高质量发展路径在理解和主张上的分歧。

1.2.2　实践意义

以高质量城市群为主体构建的协调发展城镇格局是中国经济高质量发展的重要空间支撑，是现代化经济体系空间格局的重要体现。本书为系统阐释贯彻新发展理念、建设现代化经济体系提供理论与实践依据，具体来看有如下三点。

（1）在改革开放以来的纵向研究和中外城市群横向比较研究的基础上，对中国城市群发展质量进行评估，为中国城市群发展质量的事实性特征、存在的主要问题和发展演变方向提供切实依据，有助于构建整体性、智慧化、网络化的城市群治理体系，打造高质量发展典范和国家新发展格局枢纽。

（2）在时代背景下探讨城市群高质量发展的主要内容，从内部城市视角出发，对城市群发展质量所处水平与阶段、城市群高质量发展的众多影响因素加以研究，为形成合理的城市间分工协作关系、更好发挥城市群内部城市和小城镇的协同效应提供经验借鉴，从而有效构建协调发展的城镇格局。

（3）将现代化经济体系空间格局和协调发展城镇格局与实际相结合进行探讨，提出有效提升中国城市群发展质量的战略、路径和政策支撑体系，为形成不同模式的高质量发展城市群和促进区域协调发展提供政策建议。

1.3　研 究 框 架

1.3.1　研 究 思 路

城市群承担着国家高质量发展和全球经济地位提升的重要责任。围绕新时代中国城市群如何实现高质量发展这一核心问题，以中国城市群典型样本为主体分析对象，以城市群发展"过程—结构—机制—协同—质量—战略"的分析思路，围绕"资源配置方式体系—城市群产业集聚的空间格局—城市群创新为主体的现代化产业体系—城市群协同发展机制与治理体系—城市群发展阶段"这一逻辑链条展开理论分析与实证研究，回答新时代中国城市群高质量发展内涵与特征是什么、中国高质量发展城市群演变的经济学机制是什么、哪些因素影响了城市群高质量发展、新时代中国城市群高质量发展战略如何制定等学术问题。总体研究逻辑框架如图 1-1 所示。

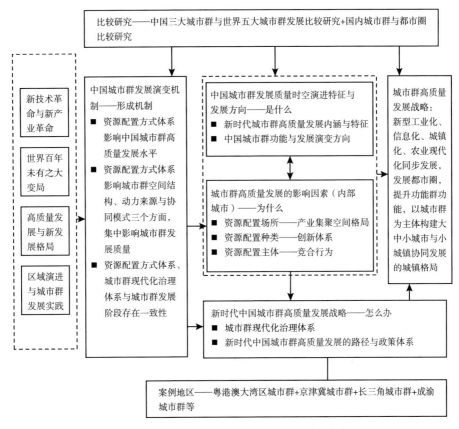

图 1-1 新时代中国城市群高质量发展的逻辑框架

资料来源：笔者自绘。

首先，中国城市群高质量发展与新型城镇化过程是在世界百年未有之大变局时代背景下展开的，与之紧密伴随的最重要因素就是资源配置方式体系的影响与变化。城市群从低质量发展阶段转向城市群高质量发展阶段的内生转化过程，就是资源配置体系不断变革完善的过程。本书提出一个解释中国城市群发展及新时代城市群高质量转型的经济学机制，在中外城市群发展比较研究的基础上，分析中国城市群发展质量现状特征与演变方向。

其次，资源配置方式体系主要从配置主体、配置场所、配置种类、配置效能四个方面影响城市群发展质量。资源配置方式体系决定了高质量城市群的空间格局、产业体系、创新高地、生态系统和治理模式。从内部城市角度来看，城市群空间结构（产业集聚）、动力来源（创新驱动）与协同模式（竞合行为）等三方面都受资源配置方式体系的影响，并成为城市群发展质量逐步得到提升的重要体现。

最后，资源配置方式体系、城市群现代化治理体系与城市群发展阶段存在一致性。新时代中国城市群高质量发展要求城市群协同发展和治理模式变革，根本任务在于构建城市群现代化治理体系，提出有效提升中国城市群发展质量的路径和政策支撑体系，使城市群空间格局变得更优、产业体系变得更完善、生态环境变得更美好、人民生活得更幸福，也使得中国城市群功能更优化和发展质量更高，最终构建同新型工业化、信息化、城镇化、农业现代化同步发展，以城市群为主体的大中小城市与小城镇协同发展的城镇格局。

1.3.2　研究视角

本书瞄准新时代中国城市群如何实现高质量发展这一问题，从三个视角展开研究。

（1）质量目标与问题导向相结合。以高质量发展为先，五大世界级城市群为建设高质量城市群提供目标指引，结合我国国情，解决发展不均衡、不充分问题，满足人民对美好生活的需要。本书准确刻画城市群问题，识别城市群治理难点，研究成果为国家区域与城市群管理部门、相关企业提供参考。

（2）全球视野与中国特色相结合。建设高质量发展的城市群离不开国际化营商环境和全球资源配置，需广泛借鉴五大世界级城市群发展理论与成功经验。新时代中国城市群高质量发展是中国改革开放实践的中国故事，具有我国特色和现实基础。根据丰富的城市群发展与治理案例，立足中国实践，提出具有中国特色的城市群发展演变理论和政策建议。

（3）宏观整体与内部结构相结合。城市群是区域发展最为复杂的体系，一方面需要从整体上把握城市群的发展质量，设计现代化治理体系，整体性谋划城市群发展结构、动力和模式方面的变革要求；另一方面也需要从内部城市角度探究城市群发展质量的驱动因素。本书从城市群与经济发展之间、城市群与所在区域及城市群之间、城市群内部城市三个维度分析中国城市群高质量发展，精准提出相关政策建议。

1.3.3 研究方法

为研究城市群高质量发展的相关问题，本书采用的研究方法归纳为以下五种。

（1）文献资料与案例比较法。收集、整理、归纳和分析国内外城市群与经济高质量发展文献，厘清城市群高质量发展的内涵和特征，识别城市群治理难题。

（2）描述统计与指标指数法。构建合理科学的城市群发展质量统计指标体系，采用熵权法测度中国主要城市群发展质量指数，对中国现有城市群发展质量作出评价。采用动态因子测度城市专利质量指数，以更好表征地区创新能力水平。

（3）数理建模与演化演绎方法。运用空间一般均衡模型和新经济地理学方法，将异质性劳动要素、制造业与服务业关联生产、空间歧视定价行为纳入传统 CP 模型中，系统分析制造业与服务业互动融合背景下所产生的产业协同聚集形态演化过程。

（4）计量经济方法。运用普通面板计量模型、空间面板计量模型、空间双重差分计量模型、动态面板计量模型等技术对城市群内部城市产业集聚、创新格局等主要命题进行实证检验。根据无条件分布特征—参数对应分析法，通过分析城市群内外城市的创新能力分布捕捉创新差异。运用 D—S 模型剖析城市群内城市间的竞合关系。

（5）政策评估方法。运用合成控制法等对构建协调发展城镇格局中的关键政策与事件进行有效分析。为了检验城市群扩容后对城市经济增长的影响，使用反事实状态框架思维，采用合成控制法实证分析增长效应。

1.3.4 章节安排

结合研究问题与研究思路，遵循"是什么""为什么""怎么办"的研究逻辑，本书的章节结构图如图 1-2 所示。

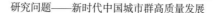

研究问题——新时代中国城市群高质量发展

↓

是什么——城市群发展质量：水平测度与时空演化
■ 城市群发展质量演变的经济学机制
■ 城市群发展质量的内涵特征与指标体系
■ 城市群发展质量的测度与评价
■ 城市群发展质量的时空演进分析

↓

为什么——城市群城市产业集聚：类型划分与集聚影响
■ 产业协同集聚形态的演化与形成机制：一个空间经济模型
■ 高技术产业协同集聚评价与时空演化分析：以珠三角城市群为例
■ 高技术产业协同集聚影响因素研究：以珠三角城市群为例

为什么——城市群城市创新能力：现实差距与驱动因素	为什么——城市群城市竞合行为：现状情形与效应分析
■ 城市群与非城市群的城市创新差距表征 ■ 制造业与生产性服务业协同集聚对城市创新能力的影响 ■ 粤港澳大湾区国际科技创新中心	■ D—S模型竞合现状分析：以珠三角城市群为例 ■ 区域扩容对新进地区经济增长的影响：以珠三角城市群为例

↓

怎么办——城市群现代化治理体系：逻辑体系与对策建议
■ 城市群治理体系的逻辑框架
■ 城市群治理体系的演化：以粤港澳大湾区城市群为例
■ 构建城市群现代化治理体系的对策建议

图 1 - 2　章节结构

资料来源：笔者自绘。

　　第 1 章为绪论，介绍研究背景，提出本书的核心研究问题与研究内容。

　　第 2 章为中国城市化进程与区域经济空间格局，从中国城市化进程和中国经济发展空间格局演变两个方面总结事实特征，为后续城市群的研究阐明方向。

　　第 3 章为城市群发展质量的水平测度与时空演化，通过对城市群发展事实特征的总结、中国城市群发展质量演变的经济学机制、城市群发展质量的内涵特征与指标体系、城市群发展质量的测度与评价、城市群发展质量的时空演进分析的研究，回答"是什么"的问题。

　　第 4 章到第 6 章从城市群内部城市角度切入，结合资源配置方式体系的内容，分别从产业集聚的空间格局、创新体系、竞合行为三个主题实证分析城市群发展质量的影响因素与效应，回答"为什么"的问题。其中，第 4 章为城市群城市产业集聚的类型划分与集聚影响，包含构建空间经济模型对产业协同集聚形态的演化与形成进行机制研究、以珠三角城市群为例分析高技术产业协同集聚时空演化与影响因素等内容。第 5 章为城市群城市创新能力的现实差距与驱动因素，包括城市群与非城市群的城市创新差距来源、制造业与生产性服务业协同集聚对城市创新能力的影响、粤港澳大湾区国际科技创新中心建设等内容。第 6 章为城市群城市竞合行为的现状情形与效应分析，包括珠三角城市群 D—S 模型竞合特征与问题、区域扩容对新进地区经济增长的影响研究等内容。

第 7 章为城市群现代化治理体系的逻辑体系与对策建议，通过对城市群治理体系的逻辑框架、粤港澳大湾区城市群治理体系的演化的研究，提出有效提升中国城市群发展质量的路径和政策支撑体系，回答"怎么办"的问题。

最后为本书结论。

第2章 中国城市化进程与区域经济空间格局

改革开放以来，中国经济发展速度令世界惊叹，实现了跨越式腾飞。在此过程中，中国为全球经济增长以及人类发展作出了巨大贡献，中国城市化进程也获得突破性进展。本章将从中国城市化进程和中国经济发展空间格局演变进程两方面展开论述。

2.1 中国城镇化进程：阶段与特征

城镇化也称为城市化，是指随着一个国家或地区由以农业为主的传统社会向以工业和服务业为主的现代化社会转变的发展过程（李圣军，2013）。中国城镇化率在改革开放之初仅有 17.9%，到 2019 年提高到 60.6%，对应于城镇常住人口，在 40 多年内由 1.72 亿人增加到 8.48 亿人（见图 2-1）。

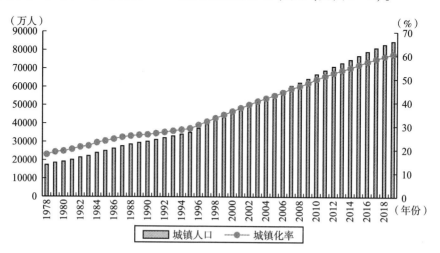

图 2-1 改革开放以来中国历年城镇人口和城镇化率

资料来源：《中国统计年鉴 2019》。

按照国际通行划分标准，城镇化进程有以下几个阶段：城镇化率小于30%属于城镇化的初期阶段；大于30%且小于70%属于中期阶段；大于70%属于后期阶段（方创琳，2018）。1996年中国城镇化率为30.48%，进入中期阶段；到2019年，中国城镇化率为60.6%[①]，属于中期阶段。城镇化率在1996~2000年发生跳跃式增长，主要是由于在此期间城镇人口统计口径发生了变化，图中所用数据是经官方修正之后的数据。学术界根据我国的发展情况，将城镇化内涵特征划分为四个阶段（苏红键和魏后凯，2018）。这种划分方法更适合我国实际发展情况，能清晰地反映不同阶段的发展现状与问题。因此，本书参照该种划分方法进行分析，并从城镇化发展速度特征（见图2-1）、城镇化导向、人口迁移特征、经济增长特征（见图2-2）、产业发展特征（见图2-3）以及对应的改革阶段进行研究，具体阶段划分与特征总结如表2-1所示。

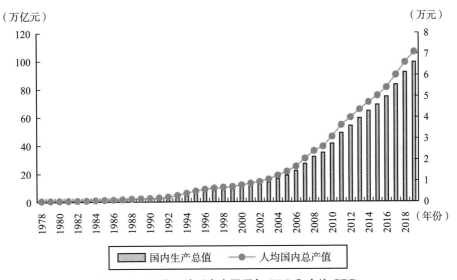

图 2 - 2　改革开放以来中国历年 GDP 和人均 GDP

资料来源：《中国统计年鉴 2019》。

---

① 本章所述人口、城镇化率、GDP 等经济数据来自《中国统计年鉴 2019》。

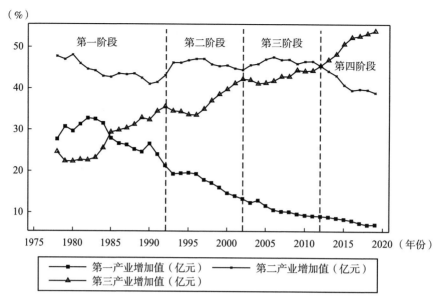

图 2-3　改革开放以来中国历年第三产业占比

资料来源：《中国统计年鉴 2019》。

表 2-1　　　　　　改革开放以来中国城镇化阶段与特征

阶段特征	1978~1992 年	1992~2002 年	2002~2012 年	2012~2019 年
城镇化速度特征	缓慢推进阶段	由慢到快过渡阶段	快速推进阶段	快速推进但速度放缓阶段
城镇化导向	严格控制大城市规模，合理发展中等城市，积极发展小城市，推进多元城镇化发展	严格控制大城市规模，合理发展中等城市和小城市，推进健康城镇化发展	大中小城市和小城镇协调发展，推进多样城镇化发展	大中小城市和小城镇协调发展，强调以人为核心的小城镇发展和乡村振兴，推进新型城镇化发展
人口迁移特征	就近城镇化为主	就近城镇化与异地城镇化并存	异地城镇化为主	就地城镇化与异地城镇化并重
经济增长特征	增长较快	加速增长	高速增长	增长速度放缓
产业发展特征	由"二一三"向"二三一"转换	"二三一"稳定结构	"二三一"，第三产业快速增长	"三二一"，产业结构趋于高级化
对应改革阶段	改革开放的初始探索阶段	改革开放目标和框架确立阶段	改革开放体制完善阶段	全面深化改革开放阶段

资料来源：笔者根据公开资料整理。

2.1.1 城镇化发展阶段

1. 城镇化缓慢推进的阶段 (1978～1992 年)

中国城镇化的第一阶段是 1978～1992 年, 这一时期城镇化率从 17.92% 增长到 27.46%, 在这个过程中城镇化缓慢推进。伴随改革开放, 全国上下积极推行城镇化发展道路, 主要发展路径是严格控制大城市的发展, 防止大城市过度扩张, 引导中等规模城市适宜性发展, 将发展重点集中于小城市, 推行多元城镇化发展道路。这一阶段对应中国改革开放的初级阶段, 在农村大规模改革的背景下, 农民外出务工以"离土不离乡、进厂不进城"为主要特征, 呈现的人口迁移特征是以就近城镇化为主。从图 2-2 可以看出, 这一阶段经济增长速度较快, 人均 GDP 由 1978 年的 384.74 元增长到 1992 年的 2334.35 元, 年均增长率为 13.74%。这一时期中国产业结构正发生深刻的变化, 从图 2-3 可以看出, 第一产业份额先增长后下降, 第二产业份额略有下降, 但始终占据明显优势, 而第三产业份额则持续增加。整体而言, 产业结构呈现由"二一三"向"二三一"转换的特征。这一阶段为中国城镇化持续推进奠定了良好的经济发展基础。

2. 城镇化由慢到快过渡的阶段 (1992～2002 年)

中国城镇化的第二阶段是 1992～2002 年, 这一时期城镇化率从 27.46% 增长到 39.09%, 是中国城镇化由慢到快推进的过渡阶段。这一阶段, 中国改革开放目标以及基础框架基本确立, 城镇化的发展速度较上一阶段有较快发展, 在此过程中, 城镇化的主要导向是严格控制大城市规模、合理发展中等城市和小城市, 逐步引导中国城镇发展向健康化路径演变。随着经济不断发展, 人口迁移的范围不断扩大, 该阶段呈现就近城镇化与异地城镇化并存的特征。图 2-2 显示, 在城镇化第二阶段, 中国经济增长速度加快, 人均 GDP 由 1992 年的 2334.35 元增长到 2002 年的 9506.2 元, 年均增长率为 15.08%。产业结构呈现出"二三一"的特征, 这一阶段是工业化带动城市化的加速发展阶段。

3. 城镇化快速推进的阶段 (2002～2012 年)

2002～2012 年是中国城镇化发展的第三阶段。该阶段中国城镇化率从 39.09% 增长到 52.57%, 呈现出城镇化加快发展的特征。这一阶段对应中国改革开放逐步完善的阶段，更强调市场对资源的配置作用。劳动力在空间中流动更加频繁，人口迁移表现出异地城镇化的关键性特征。这一时期把推进城镇化提升为国家战略，强调大中小城市和小城镇协调发展，走多样化的城镇化发展道路。由图 2-2 的统计数据可以看出，在城镇化第三阶段，中国经济呈现高速增长的特征，这得益于改革开放的不断完善，人均 GDP 由 2002 年的 9506.2 元增长到 2012 年的 39874.28 元，年均增长率为 15.42%。这一时期第三产业发展迅速，份额与第二产业逐渐逼近，到 2012 年，第二产业的份额与第三产业基本相同，而第一产业在这一阶段持续下降，产业增加值占比维持在 10% 左右，因此这一阶段产业结构呈现出"二三一"的特征。

4. 城镇化快速推进但速度放缓的新发展阶段（2012~2019 年）

城镇化的第四阶段是 2012~2019 年，这一阶段随着中国经济进入新常态，逐步向高质量发展的精细化模式转变，城镇化率从 52.57% 增长到 60.6%，整体表现为快速推进但速度放缓。这一时期，中国树立和贯彻落实新发展理念，坚持实施以人为核心的城镇化、以城市群为主体形态，全面深化改革，持续扩大开放。这一时期的城镇化导向主要是推进大中小城市和小城镇协调发展，强调以人为核心的小城镇发展和乡村振兴，走新型城镇化道路。这一阶段人口迁移特征主要为就地城镇化与异地城镇化并重，将市场作为资源配置的核心力量。图 2-2 显示，在城镇化的第四阶段，中国经济增长速度逐渐放缓，人均 GDP 由 2012 年的 39874.28 元增长到 2019 年的 70891.78 元，年均增长率放缓至为 8.57%。该阶段，产业结构呈现出"三二一"的特征，产业结构不断向合理化方向发展。中国城镇化从改革开放以来逐渐向高质量发展迈进。

2.1.2　中国城镇化发展的经验启示

改革开放 40 多年来，中国城镇化发展取得了举世瞩目的成就，成为世界历史上城镇化发展最快、规模最大的国家之一。城镇化发展极大地优化了资源配置方式。尤其是优化了大量农村剩余劳动力的配置，为中国经济快速发展作出了不容忽视的重要贡献，改变了社会发展格局，是新时期经济高质量发展的重要引擎（刘秉镰和朱俊丰，2019）。结合过去 40 多年的城镇化发展，本书总结了以下五点经验启示。

1. 坚持以人为核心的新型城镇化

以人民为核心始终是中国发展城镇化的出发点和落脚点，通过不断增强城市经济发展的核心竞争能力，走宜居、宜业、宜创的新型城镇化道路，从实际需求出发，满足人民群众对美好生活的向往，提升城镇化发展质量。充分保障农业转移人口在城乡流动的自由性，进一步破除户籍、社会保障等制度方面的障碍，实现劳动力在区域以及城乡之间的自由流动，充分发挥市场配置资源的作用。更加注重对居民的福利效应，鼓励农民进城务工，全面提高农村居民收入水平，进一步巩固中国减贫事业成果，提高人民幸福感和获得感。

2. 顺应时代发展要求，实行渐进式、多元化的城镇化发展格局

随着改革开放与城镇化的渐进式推进，中国经济发展取得的成就令世界惊叹。在土地改革方面，始终以"自下而上"和"自上而下"相互结合、相辅相成的方式逐步推进，由此创造了大量的农村劳动力。农村劳动力的转移就业为中国工业化发展提供了大量的劳动力，进而实现工业化与城镇化同步发展。在户籍制度方面，中国户籍的渐进式改革为农村地区居民落户城镇提供了制度基础，极大地推动了中国城镇化的快速发展。在社会保障制度方面，中国逐步完善养老、医疗等方面的保险制度，公共基础设施也不断优化完善，教育水平不断提升，充分保障了居民在社会方面的需求。城镇化发展坚持走多元化的发展路线，兼顾大城市、中等城市、小城市以及小城镇多元化协调发展，防止大城市过度膨胀、中小城市规模发展不足，进而造成区域发展差距过大而产生不平衡不协调的问题。

3. 推进新型城镇化与乡村振兴融合发展

城镇化与乡村振兴不是割裂的发展状态，二者相辅相成。新型城镇化是推动城乡融合发展的过程，二者是解决城乡发展不协调、提升城乡发展质量的重要手段。国家层面实施区域发展战略，改变制度实施与治理相互分割的现状，将这些区域发展战略合并实施，从系统性发展的角度因地制宜推进新型城镇化发展。在此基础上重新认识城乡关系，破除城乡要素双向自由流动的障碍，建立促进要素自由流动的长效体制机制，加快城乡现代化建设步伐。

4. 坚持可持续发展战略，发展绿色生态型城镇化

绿水青山就是金山银山，必须在发展的过程中坚持人与自然和谐共生。随着城镇化的发展，大规模的人口与企业形成集聚，对城镇的资源环境产生了巨大的影响。在持续推进城镇化发展战略的过程中，加大环保力度，积极引导企业采用高端技术、清洁生产设备，向资源环境友好型发展转型升级，尤其加大对高污染、高耗能、低价值企业的监督力度，促进其由粗放型发展向资源节约型和环境友好型方向转变。随着城镇化的大力推进，合理规划城镇发展空间布局，完善区域规划发展体系，提高土地资源和自然资源的利用效率，处理好人与自然、人与社会、人与环境的关系，推进城镇绿色生态化发展，进而实现经济社会的可持续发展战略目标。

5. 把城市群和都市圈作为推进新型城镇化的重要空间主体

城市群已经成为中国带动经济发展的重要主体。随着城市群经济地位的不断提升，2013 年《国家新型城镇化规划（2014～2020 年）》把城市群作为推进国家新型城镇化的空间主体，构建大中小城市与小城镇协调发展的城镇化新格局（方创琳，2018）。未来要充分发挥城市群发展过程中形成的强大集聚效应和扩散效应对城镇化推进的带动作用，继续利用城市群对经济社会发展以及城镇化的重要贡献，持续加强城市群和现代化都市圈作为推进新型城镇化的空间主体地位。

2.2 中国区域经济空间格局演化

中国经济迈入高质量发展阶段，城市群作为区域经济发展的主要空间承载形式，不仅主导着区域空间布局和战略地位，更影响着一个国家或地区的经济命脉和发展质量（张跃等，2021）。城市群通过加速区域经济提质、实现资源优化配置、加速技术变革扩散等途径，提升了区域经济活力和经济效率，是推动经济高质量发展的重要体现（沈坤荣，2018）。2014 年的《国家新型城镇化规划（2014～2020）年》明确建设 19 个城市群，《关于建立更加有效的区域协调发展新机制的意见》强调以国家级城市群推动重大区域战略融合发展。2021 年，《中华人民共和国国民经济和社会发展第十四个五年规划和2035 年远景目标纲要》确定以优化提升、发展壮大、培育发展三大举措促进

京津冀、长三角、珠三角等 19 个城市群梯度发展,全面形成"两横三纵"的城镇化空间格局。

19 个城市群仅以全国约 25% 的土地集聚了 75% 左右的人口,创造了 88% 的 GDP,并由此基本形成以城市群为核心的城镇空间格局,这将更有利于发挥"城市群"经济,促使城市群内部资源配置更优、产业空间布局更合理、经济运行更高效,城市间"1+1>2"的正向聚合效应明显提升。本部分以 19 大城市群包含的 234 个地级市为研究对象,剖析 2003 ~ 2019 年以城市群为核心的区域经济空间格局及其时空演化特征,以期为实现经济高质量发展提供参考。

2.2.1　经济空间发展过程与转型特征

1. 中国城市区域发展特征一:梯次分异明显

结合城市群人口、经济和科技创新产出等基础性数据(见表 2 - 2 和图 2 - 4),当前中国城市群发展呈"橄榄型"特征。

表 2 - 2　　　　　　　　　　2018 年 12 个城市群的发展概况

城市群名称	GDP(亿元)	常住人口(万人)	人均 GDP(元)
京津冀	8.51	11270.00	75545.60
长三角	17.86	14673.24	121746.84
珠三角	10.87	7111.99	152798.41
长江中游	8.53	13278.62	64274.50
中原	7.17	16560.55	43283.13
成渝	5.55	9516.17	58371.12
哈长	2.61	4618.89	56591.90
北部湾	1.99	4225.10	47166.61
关中平原	1.93	3927.64	49162.55
呼包鄂榆	1.35	1151.13	116990.44

资料来源:笔者计算得出。

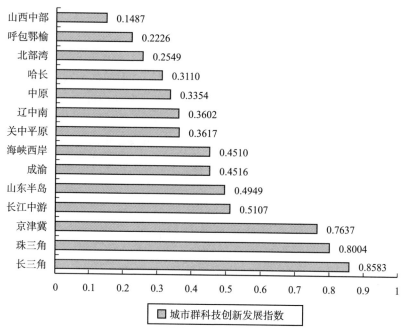

图 2-4　2020 年中国 19 大城市群科技创新发展指数得分情况

资料来源：首都科技发展战略研究院、中国社会科学院城市与竞争力研究中心；《中国城市科技创新发展报告 2020》。

　　第一梯队为长三角、珠三角、京津冀城市群。三大城市群的科技创新指数均在 0.75 以上，GDP 总量均超过 5 万亿元，实现全国 5% 的土地集中了全国约 24% 的人口，创造约 40% 的 GDP，已成为推动中国经济高质量增长和参与国际竞争的主要平台。2018 年，长三角城市群以占全国的 2.2% 的土地集聚了 11% 的人口，创造了全国 19.8% 的 GDP，无疑是中国最具经济活力、创新实力最雄厚、开放程度最高的区域，其"一市五圈"的城镇布局体现了"龙头城市—中心城市—区域中心城市—中小城市"这一结构较为清晰的城市体系。尽管长三角城市群具备跻身世界第六大城市群的优势条件，但亟须强化区域内部的深度发展和生产效率的提升，解决核心城市发展规划滞后问题。珠三角城市群毗邻港澳，土地面积合计 5.5 万平方公里，以占全国的 0.6% 的土地集聚了 4.5% 的人口，其城镇化率也为全国最高，达到 85.3%。但该区域主要以中低端制造为核心产业，自主创新能力不高，优质的公共资源如教育、医疗等方面尚欠缺，制约了珠三角城市群发展。京津冀城市群以 2.2% 的土地集聚了 8.1% 的人口，其研究和发展（Research and Development，R&D）经费占 GDP 比重约为 3.1%，领先其他城市群，整体创新水平居全国首位。近年来不断强化顶层设计，着力推动"高端制造＋科技创新"布局，但区域内部城镇规模等级不合理、发展不平衡也制约了世界级城市群建设。

第二梯度包含成渝和长江中游城市群。尽管成渝和长江中游城市群按照标准尚处于快速发育期，但城市群的科技创新指数均在 0.45 以上，均能实现 5 万亿元的 GDP 增长，仅以全国 5.2% 的土地集聚了 15.5% 的全国人口，创造了约占全国 15.6% 的 GDP 总量。其中，长江中游城市群为 19 大城市群中面积最大的城市群，达到 32.6 万平方公里，常住人口总量达 1.3279 亿人，具有承东启西、连接南北的作用，区域内汽车制造等传统工业基础雄厚，生物工程、电子信息等新兴战略性产业发展迅猛，有利于打造世界级先进制造业带。成渝城市群不仅是推进西部大开发新格局的热点区，也是中国区域经济拓展新空间的高地，2019 年其常住人口大于 1 亿人，GDP 总产值逼近 6 万亿，"十四五"时期将向世界级城市群进发的目标跨越。然而，目前两大城市群均存在中心城市辐射能力较弱的问题，其中重庆和成都呈"双核独大"态势，而武汉与长沙、南昌区域中心城市产业联动性较差。因此，要突出成渝城市群作为西南重要的战略支点，发挥长江中游城市群作为中部崛起战略支撑带的功能性特征，必须强化区域内部产业分工合作，打破区际壁垒。

第三梯队涵盖海峡西岸、山东半岛、中原等其余 14 大城市群。这类城市群的 GDP 总量大多数在 1 万亿元以下，科技创新能力也相对较低，其中仅有山东半岛和海峡西岸的科技创新指数在 0.45 以上。就人口增量情况来看，海峡西岸、山东半岛、中原、关中平原、北部湾城市群近 3 年人口增量在 18 万 ~42 万，山西中部平均增量较少，辽中南和哈长城市群近年来呈现人口负增长，尚处于快速发育期；天山北坡、兰西、宁夏沿黄、呼包鄂榆、滇中城市群近年来人口平均增量在 1 万 ~9 万，黔中城市群常住人口增量在 18 万 ~42 万。

2. 中国城市区域发展特征二：南北差距扩大

21 世纪以来，随着西部大开发、中部崛起等区域发展战略的推进，东西差异扩大的趋势已开始改善，但南北分野态势不断加剧，以南促北是助推国内大循环的应有之义。表 2 - 3 为以秦岭—淮河分界线划分的南北经济差异情况（白冰等，2021）。

表 2-3　　　　　　　　　　2003～2019 年南北方经济差异情况

年份	南方地区			北方地区			南北 GDP 差距之比
	GDP（万亿元）	占比（%）	人均 GDP（元）	GDP（万亿元）	占比（%）	人均 GDP（元）	
2003	7.2574	52.81	12648.39	5.2509	38.21	12461.99	1.38
2004	8.6243	53.29	15190.11	6.3710	39.37	14918.96	1.35
2005	10.1217	54.03	16630.58	7.7218	41.22	16738.04	1.31
2006	11.7962	53.76	19210.70	9.0460	41.22	1927.93	1.30
2007	14.0399	51.98	22604.95	10.8210	40.06	22811.24	1.30
2008	16.5712	51.91	26435.36	13.1099	41.07	26994.12	1.26
2009	18.6036	53.38	28888.09	14.4461	41.45	29480.74	1.29
2010	22.1889	53.84	33734.05	17.1446	41.60	34554.92	1.29
2011	26.6003	54.52	40259.31	20.3441	41.69	41254.75	1.31
2012	29.7429	55.22	44738.43	22.5138	41.80	45823.27	1.32
2013	32.8454	55.39	48441.68	24.5493	41.40	49618.78	1.34
2014	35.9937	55.93	52532.44	25.9735	40.36	52861.87	1.39
2015	38.6950	56.17	55466.28	26.9397	39.11	54959.04	1.44
2016	42.3597	56.75	59856.61	28.0862	37.63	58026.77	1.51
2017	46.9827	56.47	65441.28	29.8247	35.85	62091.19	1.58
2018	50.6181	55.06	69679.63	31.5580	34.33	66158.31	1.60
2019	56.2291	56.75	74012.81	31.2428	31.53	68790.32	1.80

资料来源：根据《中国统计年鉴》（2004～2020），笔者自制。

根据表 2-3 可知，从 GDP 总值来看，北方地区 GDP 由 2003 年的 5.25 万亿元上升到 2018 年的 31.56 万亿元，到 2019 年下降为 31.24 万亿元，17 年来年均增速仅为 11.19%；占全国的比重经历先上升后下降的变化过程，由 2003 年的 38.21% 变动到 2012 年的 41.80%，2019 年下降为 31.53%。南方地区 GDP 则由 2003 年的 7.26 万亿元增长到 2019 年的 56.23 万亿元，年均增速为 13.65%，占全国产值的比重呈波动上升趋势，但始终高于 50%，由此可见南方的比较优势日趋凸显。从均量指标来看，尽管南方地区总人口更多，但 2003～2019 年南方地区人均 GDP 均值始终高于北方地区，并逐步接近中高收入阶段，发展普惠性更强。

万亿级 GDP 城市南北分布差异则是南北分野的又一重要特征。2020 年，共有 23 个城市突破 GDP 万亿大关，其中南方城市高达 17 个，约占总数的 73.91%。从全国 GDP 百强城市的空间分布看，2009 年南方城市有 51 个，北方城市有 49 个，两地区城市数量大体相当。然而，到 2019 年，南方百强城市增加到 57 个，而北方城市仅有 43 个，且南方城市如上海、广州、深圳稳居前四，北方城市仅有北京、天津位居前十[①]。由此可见，以城市群为空间载体的区域经济南北差异具有扩大化倾向。北方经济落后是多种因素共同作用的结果，既是人才、技术、信息等优质要素投入不足，传统经济部门产能过剩导致内生动力减弱，也有体制机制改革迟缓等因素的影响，使区域经济高质量发展难度远高于南方。如何进一步优化北方经济发展模式，增进南北经济协同度将成为"十四五"时期新发展格局亟待解决的突出问题。

3. 中国城市区域发展特征三：都市圈化特征凸显

都市圈被定义为存在于城市群内，以超大特大城市或辐射带动功能强的大城市为核心、以 1 小时通勤圈为基本范围的城镇化空间形态。2019 年 2 月《关于培育发展现代化都市圈的指导意见》的出台为都市圈建设提供了指引。近年来，随着中国城镇化率逐步提高，以北京、上海等为核心的城市群获得长足发展，位于首位城市周边的中小城镇得以充分成长，且相对完善的公共交通网络为都市圈发展提供了基础条件，我国城市群逐渐迈入都市圈经济时代。目前，我国 24 个千万级大都市圈以 6.7% 的土地集中了约 33% 的人口，创造了近 54% 的 GDP 总量[②]。但大多数都市圈发展并不成熟，部分核心城市的经济要素逐渐向周边城市负向溢出，且城镇化的快速推进造成大城市病问题渐显。因此，加快都市圈建设不仅是缓解"大城市病"的有效途径，更能释放虹吸效应，吸引更多人才、资金和产业集聚，突显土地和能源节约性优势，是"十四五"乃至未来一段时间内推动城市群一体化、区域协调高质量发展的重点引擎。伴随着网络化的城镇体系逐步形成，城市群在人口流动、空间扩张、产业链联系等方面均呈现都市圈化特征，都市圈已发展为中国城镇化空间格局的全新载体，也将成为未来经济稳定增长的压舱石。

城市人口持续向大都市集聚。若以经济—人口分布平衡法则，即利用区域经济份额与人口份额比重是否大于 1 为标准，观察人口的迁出与迁入情况，可

---

① 据《中国城市统计年鉴》（2021，2020，2010）数据整理排序并总结而得。
② 本小节中关于都市圈的分析数据均来自《2019 年中国城市发展潜力排名》（任泽平等，2019）。

知未来大都市圈人口比重将持续上升。具体表现为 24 个千亿级都市圈总体上持续流入人口，常住人口从 1999 年的 3.4 亿增长至 2018 年的 4.8 亿，占全国人口的比重升至 34.7%；经济份额从 1999 年的 41.3% 变为 2018 年的 53.8%，经济—人口比重由 1990 年的 1.39 变为 2018 年的 1.55，意味着人口将持续净流入。在 24 个千亿级都市圈中，大多数都市圈的经济—人口比重均大于 1，其中上海、南京、广佛肇、深莞惠、苏锡常 5 个都市圈的经济—人口比重均大于 2，而沈阳、哈尔滨、南昌等都市圈的比值均低于 1。

空间扩张逐步圈层化。在空间维度上，以大城市为核心的都市圈改变了以往单一的自我循环封闭发展模式，并逐渐转向大中小城市各具活力、城镇结构合理的多级网络化体系。例如，上海都市圈除拥有人口超 1000 万的超大城市上海市以外，还拥有众多层级性的外围节点性城市，已初步形成多极化的城镇体系。北京都市圈虽以超大城市北京市为核心，仅有 7 个人口超 20 万的外围城市，但相比过去区域内的城镇发展更趋良性。由此可认为，区别于单中心城镇发展模式，以超大特大城市为核心的都市圈空间格局正逐渐向郊区新城、卫星城组团式的多中心发展模式过渡，形成更大范围的、相互联动的都市圈共同体。

产业链联系形成良性态势。城镇体系的变革不仅引起产业布局重构，也增强了城市间的互补性并破除了行政分割的壁垒限制，促使处于价值链不同环节的产业在更大范围内实现有序转移、合理布局。例如上海都市圈，其拥有的老牌汽车产业集群持续不断演变和拓展，加速形成了覆盖全价值链的产业体系，并在空间上实现产业有序分工。具体来看，其都市圈内的下游零部件企业开始着力向外围区县布局，而总部、研发中心等隶属于关键职能的部分则向核心城市上海市集聚，在整个汽车产业价值链上形成"中心—外围"的空间格局和城市职能。

2.2.2　经济空间格局演化趋势

1. 研究方法与数据说明

（1）全局空间自相关分析。地理空间所展现的空间关联特性不容忽视，因此本部分首先借助全局空间自相关指数检验中国城市经济是否存在显著的空间依赖性。参照大多数学者的做法，利用全局 Moran's I 指数反映城市经济活动在空间上的关联性，其指数值大于 0 且显著为正表明存在空间正相关性，表现为空间集聚；反之，则在空间上呈分散特征。其中空间权重矩阵 W_{ij} 是采用邻近标准构建的欧几里得地理距离矩阵，其空间关系为距离的反比法，Moran's I 则是给定置信区间下各经济要素的集聚与扩散状态（齐元静等，2013）。

（2）热点分析。由于空间异质性的存在，全局空间自相关掩盖了经济活动事项的局部空间异质性。为更好阐述区域经济发展水平的局域空间特性，使用 Getis – Ord G_i^* 指数识别不同空间位置上城市经济空间分布的热点区（hot spots）和冷点区（cold spots）。具体计算方法参考徐维祥等（2016）的研究，并利用 ArcGIS 的自然断裂方法将 Z（G_i^*）分为热点区、次热点区、过渡区、次冷点区和冷点区 5 类。

（3）标准差椭圆。标准差椭圆（SDE）借助空间可视化的方法揭示了城市经济发展的整体空间格局，该方法并不受空间分割及空间尺度的影响，主要以中心坐标、长轴、短轴和方位角四个要素共同说明城市经济空间格局的演变过程。其中，中心坐标是城市经济发展在二维空间分布的重心；长轴和短轴分别体现了城市经济要素空间分布在主要方向和次要方向上的离散程度，长短轴比值则是经济要素空间分布的主要形态；方位角是长轴与垂直方向上顺时针形成的夹角，表示城市经济发展的主要空间趋势方向（麻学锋等，2018；郑德凤等，2018）。

（4）数据来源。为保证研究数据的连续性，以 2003～2019 年中国 19 大城市群涉及的 234 个地级市、地级直管县市州为研究对象①。选择消费市场、地区生产总值、城市人口等经济要素，通过 ESDA、SDE 等描述城市经济格局的时空变化过程。数据来源于 2004～2020 年《中国城市统计年鉴》《中国城市建设统计年鉴》及各省市统计局等，消费市场则借用多数文献使用的全社会消费品零售总额来表征。

区域的划分比较过程中，东中西部地区按照统计局的分类方法进行划分，即东部 11 个省份，中部 8 个省份以及西部地区 11 个省份。南北分区则参照白冰等（2021）的做法，鉴于信阳市是中国经济与交通网络的中位城市，即到其他城市的加权距离最小，且淮河流经信阳市内并从北向东流淌，因此以信阳市所在纬度作为南北分界点，信阳市本身则为南方城市。

2. 中国城市经济存在明显的空间非均衡性

改革开放以来，中国逐步实施东北振兴、中部崛起、西部大开发等非均衡

---

①　由于统计口径的变化，中卫市于 2003 年成为宁夏回族自治区的独立地级市；2019 年莱芜市并入济南市成为其经济区，因此在实际分析中去掉对莱芜市的分析，将研究期限划定为 2003～2019 年。

区域战略，促使区域经济社会得以快速发展，但伴随而来的空间不均衡问题日益突出。同时，长期"过度行政化"的城镇化问题尚未得到改善，进一步加剧了城市空间格局的非均衡性。

利用全局 Moran's I 指数分析各经济要素在城市空间尺度上的集聚性和依赖性，具体如图 2－5 所示。由图 2－5 可知，人口、GDP 和全社会消费品零售总额都在 1% 水平上显著，Moran's I 指数值均大于 0，说明中国城市区域经济发展处于相对集聚的阶段。从消费市场和 GDP 的角度来看经济产出，发现 2003～2019 年两者的 Moran's I 指数值均在 0.1～0.4 变动，集聚度整体呈下降趋势，且 2015 年以后空间集聚度虽降低但仍显著为正，说明中国城市区域经济以不平衡发展为主，但随着时间推移这种不平衡状态逐渐弱化。区别于消费市场和 GDP，城市人口在"十三五"以后空间集聚度明显高于经济产出，一定程度上表明中国城市人口的空间非均衡性更趋明显，更易形成空间集中化的集聚趋势。未来在高质量发展的时代背景下，如何推进人口等要素有序流动、提升要素空间配置效率将是重点任务。

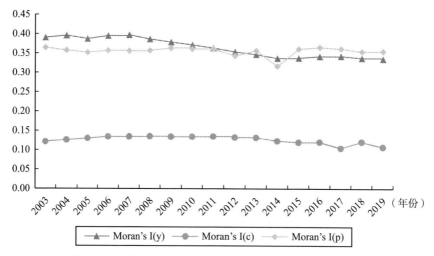

图 2－5　2003～2019 年中国城市经济全局 Moran's I 指数

注：根据 ArcGIS10.2 中的反式距离计算得到全局 Moran's I 指数值，其中 y 为 GDP 总值，c 为全社会消费品零售总额，p 为年末人口总量。

进一步从城市经济发展的空间分布来看，整体格局呈"均衡—不均衡—均衡"的区域空间发展态势。2003 年城市经济呈低水平的均衡状态，到 2011 年表现出以东部沿海地区为核心增长点的不均衡状态，再到 2019 年呈现相对均衡的发展轨迹。除此之外，天山北坡、兰西等城市群在研究期内一直处于低水平空间集聚状态，且西部地区近成渝城市群出现高水平的"双核"集聚区，进一步说明中国以城市群为主要载体的区域经济存在且长期处于空间非均衡发展中。

3. 城市经济发展呈现"东热西冷"的发展局面

（1）东部沿海地区呈现"北移西进"的空间联动趋势。依据城市 GDP 冷热点格局来看，2003 年城市群经济的热点集聚区主要集中在珠三角、长三角和环渤海地区。具体表现为：珠三角、长三角作为创新发展的前沿阵地，在国家扶持下呈良好联动发展态势；山东半岛和京津冀内分布有较为显著的热点区城市。此外，在东部沿海地区、东北地区和长江经济带腹地分布有狭长的次热点区域，成渝城市群和关中城市群的经济潜力逐渐得以发挥。到 2019 年，热点区域明显收敛，仅在京津冀、长三角和珠三角城市群的核心地方集聚，且次热点区域城市数量也明显减少，仅分布于环渤海地区、东部沿海地区和重庆等地。因此可认为，城市群经济发展呈现"北移西进"的空间演化格局，这也表明东西协同发展区域战略得到较好推进。

（2）中西部地区空间联动效应弱，尚处于单极化发展阶段。城市经济发展呈现由东部沿海向内陆较为清晰的"热点—次热点—过渡区—次冷点—冷点区"的梯次过渡趋势。部分中西部城市如西宁、兰州等长期处于冷点集聚区，并且与东部沿海地区形成明显的梯度冷热点态势。与此同时，中心城市如武汉、成都、西安等中西部城市多表现为空间关联上的次冷点集聚，反映出中国中西部地区的中心城市的空间联动效应较为薄弱，对于邻近地区的辐射带动作用不足，尤其成渝双城亟待解决协同发展问题。由此可见，中西部地区城市经济得以发展的主导因素来源于空间极化效应，但其相对薄弱的涓滴效应则明显影响了区域一体化发展的进程。

（3）整体区域经济增速放缓，但呈现增长热点向中西部集中的态势。观察 GDP 增速发现，2003～2019 年处于高速增长和较高速增长的城市明显减少，而 2010～2019 年经济中高速增长的城市主要聚集在中西部地区，一定程度上说明城市区域经济的重心逐渐"西进"的演变趋势。进一步从经济增速的空间联动趋势来看，2003～2010 年，城市经济增速的热点和次热点集聚区主要分布于东部沿海地区；2010～2019 年，经济增速的热点区和次热点集聚区开始转向中西部地区，并存在连片狭长的集中区域，而冷点和次热点集聚区则存在于泛珠三角地区。

4. 区域空间演化趋势

中国城市经济的空间格局演化有以下特征。

（1）城市经济重心由东部沿海不断向内陆移动。城市人口、消费市场、GDP 三类经济要素的重心移动轨迹较为清晰地表明了中国城市群经济重心在研究期内由东部沿海逐渐向内陆方向移动的态势，这一趋势在 2005 年以后尤为明显。其中，GDP 重心主要位于安徽省阜阳市并逐渐向西南迁移，17 年间重心迁移的空间距离为 130.78 公里，向正西方向迁移了 97.02 公里，向正南方向移动了 87.70 公里；以社会消费品零售总额为代表的消费市场向南偏西方向共迁移了 133.31 公里，在正西方向迁移 89.02 公里，在正南方向迁移 99.07 公里；而人口重心则主要位于河南省驻马店市且迁移幅度相对较小，总迁移范围仅为 4.47 公里，并在正西方向的迁移量为 4.05 公里。近年来中国城市经济重心不断远离东部海岸线，一定程度上表明中西部经济增长逐渐超过东部地区，国内市场对于中国经济增长的促进作用越来越强，也印证了当前要促进区域经济高质量发展，必须畅通国内大循环。值得注意的是，2003 年以来中国区域经济发展的东西部差距始终存在，且 2003～2015 年中国经济产出重心始终在人口重心的东北侧，而"十三五"以来，GDP 重心和消费市场重心处于人口重心的东南侧，东强西弱的空间格局尚未实质改变，尽管区域总体差异有所减少，但南强北弱的趋势日益凸显。

（2）城市经济在空间收缩格局中趋向密集化分布。2003～2019 年，由于中国城市群的消费市场和 GDP 的空间标准距离及椭圆长短轴均减少，使得城市经济在空间上存在明显的集中性。具体来看，2019 年不论是消费市场还是人口，其标准差椭圆的长短轴均呈逆时针转动趋势，城市经济要素的空间偏移度明显降低。其中，全社会消费品零售总额（消费市场）的方位角由 2003 年的 53.08°缩小为 2019 年的 49.19°，GDP 的方位角则由 53.68°缩小为 52.44°，城市人口对应的方位角变化量较少但呈缩小趋势。除此之外，位于标准差椭圆内的城市被认为是中国经济的主体部分，三类经济要素的椭圆都位于平原地区且呈狭长分布趋势，因此国内经济的主要区域在于华北地区和长江中下游地区。

（3）东西向经济增长态势强于南北向。从标准差椭圆的长短轴的变化趋势来看，GDP 在东西向呈扩张态势。在南北向呈收缩趋势。其中，消费市场的长轴缩小量最大，达到 1.24 公里；而城市 GDP 的短轴扩张量相对较大，达到 0.18 公里，且二者南北向的收缩趋势均强于东西向的扩张趋势，表明中国城市经济在东西向的增长趋势总体强于南北向。这主要是因为西部地区的成渝、包头、宝鸡等城市对全国经济格局的影响逐渐增强，而南北向如长沙、合肥等中部城市的中心城市功能有待强化。

为进一步凸显南北区域的经济增长差异，本书以 GDP 产值为例探讨南北经济发展空间格局的演变情况。2003～2019 年南北区域的 GDP 标准差椭圆主方向均为东北方向，长轴方向基本平行，椭圆面积均呈下降趋势，一定程度上表明城市经济呈空间收缩态势；GDP 重心都呈"西移"的趋势，且经济重心之间的距离不断缩短，主要归因于北方经济重心持续南移，与全国经济重心南移且空间收缩的态势保持一致。南方的 GDP 标准差椭圆面积变动幅度较小，经济重心以向西移动为主，与全国经济空间移动方向一致。北方经济南移与空间收缩的态势说明在经济椭圆内南侧的城市增长更快，而南方经济重心西移与空间分散化的趋势则表明在椭圆外的西南城市增长更快。由此可认为，南北区域的经济发展存在融合趋势，但南方经济具有更强的集聚经济，未来可能主导北方乃至全国经济的空间发展进程。

（4）城市经济逐步空间均衡化发展。赵璐（2013）等学者认为，城市体系重心是支撑城市经济空间的平衡点。因此，可以将城市体系作为参照，充分探讨其与各类城市经济要素如人口重心等的空间关系，进一步衡量城市经济空间均衡度的变化。利用 ArcGIS 可计算得到 19 大城市群的城市体系重心为（113.41°E，32.47°N），图 2－6 显示 2003～2019 年中国城市消费市场、GDP 和城市人口与城市体系重心的偏差整体上均在减少，表明城市体系经济发展逐渐呈现空间均衡化趋势。但近年来，由于经济增速总体趋缓，全球保护主义和逆全球化现象层出不穷，受国际经济环境不稳定因素的影响，地区差异拉大，空间均衡度受到影响，建立高质量的区域协调发展体制机制是"十四五"时期的紧迫任务。另外，观察经济产出与人口分布的标准差椭圆重心迁移轨迹发现，城市消费市场—人口、GDP—人口的空间差异总体呈下降趋势。其中，消费市场与人口重心的距离由 2003 年的 210.58 公里变为 2019 年的 141.93 公里，GDP 与人口重心的距离也由 192.51 公里缩短为 150.12 公里，表明当前中国城市经济的空间均衡度正在逐步提高，有利于推动区域经济一体化发展进程。

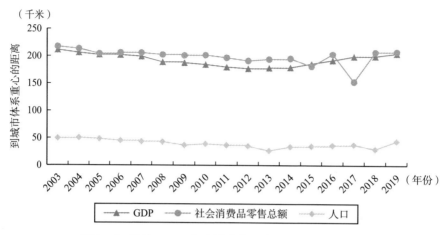

图 2-6　2003~2019 年中国城市经济空间均衡程度变化

资料来源：笔者自绘。

2.2.3　面临的主要问题和挑战

1. 区域发展分化导致人口集聚空间失衡

区域发展分化本质上是区域增长动力的分化，这种动力分化既与要素和产业的供给侧有关，也与消费侧的本地市场规模相关，最直观体现为人口流动的空间失衡（邓仲良和张可云，2021）。人口过度向大城市集聚会造成大城市迅速膨胀，而部分中小城市出现功能型衰退，城市规模体系呈现两极化倾向（魏后凯，2014）。人口集聚或外流直接影响了本地劳动力结构和消费规模变迁，对于区域经济增长动力产生影响，且可能存在"空间锁定"效应，表现为部分城市如周口、毕节、驻马店等长期处于人口净流出状态，人口外流趋势始终未发生改变；还有部分城市如洛阳、开封等中小城市迫于产业基础薄弱、本地就业工资低等限制，长期属于人口净外流地。

此外，当前"人地钱挂钩"的配置政策多倾向于吸纳流动人口较多的城市，对开放落户限制的大城市尤其人口流出的Ⅱ型城市的支撑政策较少。中小城市则被要求提高产业支撑能力以承载大城市产业转移，但转移的产业多为劳动密集型产业，与中小城市人口外流的现状不一致。并且，部分农业转移人口即使已经获得城市户籍，在高收入的驱使下仍会选择邻近区域的中心城市或东部沿海城市就业，人口的大都市集聚态势将长期存在，不利于区域协调发展。

2. 产业集聚空间匹配性有待提高

中国服务业逐渐占据经济的主要比重，自 2013 年服务业增加值占 GDP 比重首度超过工业增加值以来，越来越多的城市经济结构呈现服务业化。若以服务业增加值与工业增加值的比重衡量产业结构高级化情况，根据历年《中国城市统计年鉴》进行估算，2017 年二者比值大于 1 的城市比重上升到了42.65%。很多城市生产性服务业集聚未能直接带动本地区经济增长，在现实中如商洛市、固原市等传统工业城市片面追求产业结构服务业化，不仅造成部分区域工业产值下降，同时还面临服务业发展不充分造成的经济增长失速等问题（邓仲良和张可云，2020）。

另外，经济结构服务化将促使中国就业结构发生较大转变。当前，大多数职工选择从事一般性服务业，这使得"鲍莫尔—富克斯"成本病的风险增大，劳动力要素的配置效率亟须提升。具体来看，1994 年中国服务业就业比重为23%，明显大于第二产业的 22.7%，就业结构的服务业化趋势开始显现，到2012 年服务业的经济贡献率开始超过第二产业，从微观调研中也能窥见这种趋势。根据第四次全国经济普查数据，2018 年末第三产业单位数为 1970.9 万个，占总数的 80.3%，其中个体经营户约占总数的 88.4%，而第二产业无论是企业单位个数还是个体经营户数都远低于第三产业；从从业人员方面看，第二产业的就业人员数较第三次普查数值下降了约 10.4%，第三产业的就业人员总数约为第二产业的 1.22 倍，且较 2013 年增长了 28.9%。流动人口微观调查数据也能进一步证实制造业的流动人口吸纳比重正逐年下降，到 2017 年不足 21%，而服务业吸纳流动人口的比重在 2017 年达到 77%，超过制造业的就业比重，并且服务业吸纳的流动人口主要来自传统以及基础消费性服务业，二者占城市流动人口抽样的比重均大于生产性服务业人口抽样比重。

3. 不稳定因素和社会矛盾日益激化

新冠肺炎疫情的全球蔓延导致经济持续下行，对国内经济有较大冲击，不利于高质量的区域协调发展。尽管国内疫情得到逐步控制，货物和服务贸易规模日渐恢复，但境外疫情依然在蔓延，抑制了外部需求扩张，冲击了全球的生产网络体系和国内产业链，使得国内加工企业面临国际订单延误或取消的状况，尤其对东部地区部分对外贸易依存度较高的企业影响较大。同时，这种冲击也呈现明显的结构性差异，一方面对劳动密集型产业及中小企业影响较大（朱武祥等，2020）；另一方面对一般性服务业占比较大、新业态发育不足的省市的短期冲击较为严重。

另外，区域经济格局不均衡使得不稳定因素和社会矛盾依然突出，主要表现在城乡二元分化扩大、农民工市民化进程缓慢、居住空间分异等一系列问题。近年来，中国大量固定资产投资都投向了城市，但城镇人口占总人口比重与高速发展阶段还有一定距离，且农村居民收入增速也明显低于城镇居民，广大农村居民并没有享受到经济高速增长的成果，失地农民、农业劳动力老弱化、留守儿童等问题依然严峻，不利于全社会和谐发展。庞大的农民工群体为城市发展作出了贡献，但在就业、收入、医疗、文化等方面仍受到诸多歧视，与城市的融合度较低，且"一城两制"的政策影响农民工的归属感和幸福感，边缘人的现状普遍存在。值得关注的是，由于城市内部"新二元"结构的出现，城市居民空间分异现象明显加剧，一方面高收入群体在市中心和城郊别墅区形成富豪聚集区，另一方面也造成外来流动人口在老城区、城乡接合部和边缘地区形成生存环境恶劣的棚户区和城中村。这种空间分异造成了更为严重的空间分离，容易诱发住房规划、租赁价格、噪声污染等一系列社会矛盾，影响文明社会的建设。

4. 局部地区资源环境约束日益加剧

城市空间集聚是城市化发展的必然趋势，城镇密集区的资源环境承载容量不足，使其面临更为严峻的资源环境压力和安全隐患。2019 年《城市建设统计年鉴》数据显示，2019 年共有 30 个人口超 300 万的城市，其中上海、北京、深圳等 6 大城市人口超 1000 万，属于超大城市，面临资源环境承载能力的限制。根据《北京市 2019 年国民经济和社会发展统计公报》，2019 年北京市常住人口为 2153.6 万，人口密度也由 2003 年的 867 人/平方公里增长到 2019 年的 1312 人/平方公里，土地承载压力明显增大。淡水资源成为最大短板，若按照国家人均水资源需水量（345 立方米）的标准估计，2019 年北京市仅能满足 33.04% 人口的水资源需求。同样，根据《广东省统计年鉴 2020》，珠三角城市群也面临同样严峻的资源环境压力，2019 年珠三角地区常住人口为 7683.95 万，人口密度约为全国的 4 倍以上，同时排放了大量的废水和工业废气。由此可知，城市群高质量推进的区域经济一体化发展在生态环保方面面临较大挑战。

2.3　本　章　小　结

　　本章利用图表及数据,对改革开放以来中国城市化的进程进行系统梳理,以 19 大城市群为主要空间载体的 234 个地级市为研究对象,对比国外城市群发展现状,展示了 2003～2019 年中国城市经济格局的发展与转型特征,综合运用空间标准差椭圆等方法着重探讨了 2003～2019 年经济空间格局时空演化特征,得出以下结论。

　　(1) 新型城镇化是推进区域经济一体化发展的重要途径。自改革开放以来,中国城镇化经历了缓慢推进、由慢到快过渡、快速推进、速度放缓四个发展过程,相较于发达国家尚处于城镇化发展中后期。"十四五"及未来一段时间内,应把城市群作为主要空间载体,推动其在人口、生态、空间、社会和谐方面的高质量建设。

　　(2) 城市群是新型城镇化的主要空间载体形式。自 21 世纪初以来,中国城市群体系逐步形成了以长三角、珠三角和京津冀城市群为第一梯队、成渝和长江中游城市群为第二梯队,其余城市群为第三梯队的梯次分异态势;在以东带西助推国内大循环的背景下,南北差异扩大成为区域协调发展的突出问题。然而,对比世界五大核心城市群,中国城市群尚处于城市化中后期,未来可持续发展的增长空间和发展潜力巨大,应借鉴国外成功经验,在推进科技创新、促进产业分工协作、完善交通等方面下功夫。

　　(3) 城市群发展重塑了中国区域经济空间格局。中国经济空间格局呈现复杂性、多样化的变化。首先,中国城市经济发展长期处于相对集聚状态,并呈现"均衡—不均衡—均衡"的空间格局演变特征。其次,城市经济的热点聚集区呈现"北移西进"的趋势,东部地区的经济空间关联效应相对减弱,中西部地区尚以单极化模式为主。最后,城市经济格局的时空演化的趋势为经济重心不断向内陆地区移动,呈空间收缩态势;东西向经济增长明显快于南北向,北方经济重心南移并具有空间收缩态势,南方区域经济重心西移且呈现空间分散化集中,且集聚经济强于北方;经济发展的空间均衡度逐渐提升。在优化发展过程中,也存在人口集聚空间失衡、产业集聚空间不匹配、不稳定和社会矛盾激化、生态环境压力加剧等亟待解决的现实问题。

　　上述结论表明城市群已发展成中国新型城镇化建设的主要空间载体,并能在区域一体化发展中发挥城市群经济效应,成为新的经济增长点。但随之而来的集聚效应和虹吸效应可能进一步加剧经济发展空间非均衡性，且囿于地区异质性的影响，不同区域的经济发展格局具有不同的演化特征。在宏观把握城镇化进程的基础上，系统探究中国区域经济格局的时空演化特征及其面临的主要挑战，为后续研究的开展提供基本事实依据，总结提炼的世界级城市群成功经验也能为各级政府部门制定支撑政策提供借鉴。

第3章 城市群发展质量的水平测度 与时空演化

本章以资源配置方式为主要着手点，以高质量发展为导向，提出城市群质量转型的经济学机制；从空间格局、产业体系、绿色发展以及协同联系四个方面解析城市群发展质量，并构建相对应的城市群发展质量指标体系，测度2003~2017年中国15个主要城市群的发展质量指数。在此基础上，进一步分析城市群发展质量指数的时序演进和区域差异，揭示中国城市群发展演变的内在时空规律。

3.1 引　　言

3.1.1 研究问题与背景

城市群已成为参与全球竞争与国际分工的全新地域单元，作为城镇化主体形态被视为推动中国经济发展的强大引擎。自改革开放以来，城市数量与规模不断扩大且联系日益密切，从单中心城市、都市圈到城市群，中国逐步形成涵盖东中西部地区的"19+2"的城市群基本格局。当前城市群占据全国过半的人口、科技和投资，具备最大活力和最深层潜力。如图3-1所示，自2003年起主要城市群① GDP 占全国 GDP 的比重均超过80%，增长速度也在多数年份远超全国平均水平。城市群的基础设施密度和网络化程度全面提升，以广阔腹地为支撑，以新主导产业为动力，在产业集聚效应、市场规模效应和资源配置效应的作用下引领区域经济发展。

---

① 主要城市群包含东部（辽中南、京津冀、山东半岛、长三角、海峡西岸、珠三角），中部（哈长、晋中、中原、长江中游），西部（呼包鄂榆、关中、兰西、成渝、北部湾）共15个。

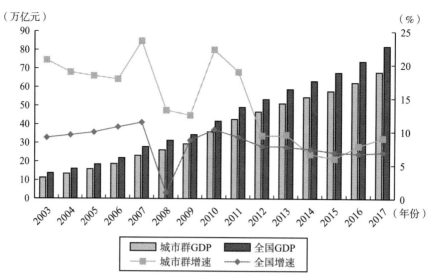

图3-1　2003~2017年中国主要城市群GDP及增长率

资料来源：《中国统计年鉴》《中国城市统计年鉴》。

　　与此同时，经济不均衡不充分的发展问题是当前主要矛盾的主要方面，集中反映在城市群的"数量型增长"上，即以数量增加、规模扩张为主但发展质量不高。具体而言，城市化过程中产业同构严重、竞合意识缺乏、创新动力不足等问题愈演愈烈，城市群发展战略难以适应新发展格局变化和新技术变革；中国经济已转向高质量发展阶段，但低质低效的传统发展模式依然存在，使得城市群的区域增长极作用大打折扣，不仅阻碍了城市群的建设和治理，也影响了中国经济提档升级的步伐。作为支撑中国经济的主要平台，城市群由追求"数量扩张"转变为注重"质量提升"，进而实现经济高质量发展，成为解决中国社会主要矛盾和促进中国经济高质量发展的内在要求。

　　为推进经济高质量发展，中央政府高度重视城市群建设，践行中国特色新型城镇化道路的战略思想，出台相关政策以引导城市群协调有序发展。新时代中国特色新型城镇化道路的核心，就是以城市群为主体形态，以区域协调发展为总体目标，以乡村振兴为重点战略任务的大中小城市和小城镇协调发展的城镇格局。2021年《政府工作报告》更指出，深入推动新型城镇化战略，发展壮大城市群和都市圈。以上政策表明，城市群在新型城镇化建设方面占据关键地位，是优化区域经济发展和建设现代化经济体系的重要保障。

　　各地方政府积极制定城市群发展规划，且多项规划已获国务院及国家发展和改革委员会的批复印发（如表3-1所示）。

表 3 - 1　　获国务院与国家发展和改革委员会批复印发的城市群规划内容

城市群名称	印发时间	主要内容
长江中游	2015 年 4 月	城乡统筹发展；基础设施互联互通；产业协调发展；共建生态文明；公共服务共享；深化对外开放
京津冀	2015 年 6 月	空间布局；非首都功能疏解；交通一体化；生态环境保护；推动产业升级转移
哈长	2016 年 2 月	总体布局；创新发展提高质量效益；基础设施互联互通；产业协调发展；生态文明共建；开放合作共赢；基本公共服务共享
成渝	2016 年 4 月	统筹规划，合理布局；分工协作，以大带小；生态文明，绿色发展；改革引领，创新驱动；市场主导，政府引导
长三角	2016 年 6 月	构建适应资源环境承载能力的空间格局；创新驱动经济转型升级；健全互联互通的基础设施网络；推动生态共建环境共治；深度融入全球经济体系；创新一体化发展体制机制
中原	2016 年 12 月	空间布局；强化区域创新体系支撑；深化产业分工协作；加快基础设施互联互通；推进生态环境共保共治；促进公共服务共建共享；全面提升对内对外开放水平
北部湾	2017 年 2 月	构建适应资源环境承载能力的空间格局；打造环境友好型现代产业体系；推动基础设施互联互通；共建蓝色生态湾区；深化海陆双向开放合作；建立健全城市群协同联系机制
关中	2018 年 2 月	构建与资源环境承载能力相适应的空间格局；建设创新引领的现代产业体系；推动基础设施互联互通；推进生态共建环境共治；全面提升开放合作水平；建立健全城市群协同联系机制
呼包鄂榆	2018 年 2 月	空间布局；产业协同联系；加快基础设施互联互通；推进生态环境共建共保；构建开放合作新格局；创新协同联系体制机制
兰西	2018 年 3 月	构建与资源环境承载能力相适应的空间格局；推进生态共建环境共治；打造绿色循环型产业体系；推动基础设施互联互通；全面提升开放合作水平；建立健全协同联系机制
粤港澳	2019 年 2 月	空间布局；建设国际科技创新中心；加快基础设施互联互通；构建具有国际竞争力的现代产业体系；推进生态文明建设；建设宜居宜业宜游的优质生活圈；紧密合作共同参与"一带一路"建设；共建粤港澳合作发展平台

资料来源：笔者根据公开资料整理。

上述规划切合高质量发展的时代主题；地理分布广泛，涵盖东部、中部、西部各地区；内容涉及多样，着力空间、产业、环境、基建等各方面。总体来说，发展规划逐渐清晰明确，通过城市群质量转型实现经济高质量发展的时代使命。

新时代城市群的质量转型需要理论予以支持。现有文献对城市群发展质量的研究需要进一步关注经济高质量发展的战略目标导向和重视城市群作为城市集群组织的系统整合特征。研究城市群发展质量应回答以下核心问题：城市群发展质量的理论逻辑是什么？城市群发展质量的内涵与基本特征如何体现？中国城市群的发展质量如何测度且时空演进评价如何？这些理论与实践问题的厘清与回答有助于明确分析城市群的发展历程和培养形成新的增长极，打造引领区域经济增长和参与国际竞争合作的重要承载体。

3.1.2　文献综述

1. 高质量发展的相关研究

首先，高质量发展的内涵逐渐成为学者们关注的重点，大致可归纳为以下三个方面。

（1）从发展理念出发，田秋生（2018）认为高质量发展以质量和效率为价值取向，是新发展理念的高度聚合；师博和张冰瑶（2018）指出新发展理念是新经济发展的理论依据和指导思想，通过完善现代化市场体系、供给侧结构性改革等提高经济发展质量和效率；任保平和文丰安（2018）基于多维角度从有效性、协调性、创新性、持续性和分享性等方面对高质量发展进行分析，探讨提高资源配置效率的最优方式。

（2）从本质机理出发，金碚（2018）认为高质量发展源于人们不断增长的真实需要，必须发挥市场和政府在资源配置中的作用，使合理的价格体系和有效的价格机制成为高质量发展的基石；张军扩等（2019）指出高质量发展是以满足人民日益增长的美好需要为目标的高效、公平和可持续的发展，面临要素市场改革未完成的资源配置等问题；高培勇等（2019）则构建包含社会主要矛盾、资源配置方式、产业体系特征和经济增长阶段的逻辑框架，揭示了中国经济高质量发展的必由之路。

（3）从内在构成出发，钞小静和薛志欣（2018）从微观、中观及宏观角度对高质量发展进行解析，认为在发展效率、发展结构和发展动力三方面的发展不充分仍制约资源的合理配置；陈昌兵（2018）认为以创新驱动作为发展动力将推动资源配置效率的提升。

其次，在定量研究方面，魏敏和李书昊（2018）构建综合指标体系，基于熵权法分析 2016 年中国高质量发展情况；李金昌等（2019）结合国内外同类指标体系，从资源配置不均衡角度出发，构建涵盖高质量发展各方面的评价指标体系；杨耀武和张平（2021）从稳定效率、成果分配、人力资本、自然环境、社会保障等方面设计指标体系，测度中国 1993～2018 年的高质量发展指数；也有学者从绿色全要素生产率（余泳泽等，2019）、发展理念（刘亚雪等，2020）等方面对高质量发展的测度进行延展。

当前高质量发展研究主要落脚在宏观层面，在中观层面也有部分涉及。李国平和宋昌耀（2018）、罗来军和文丰安（2018）、陈晓东和金碚（2019）分别以雄安新区、长江经济带、黄河流域为例，探讨建设过程中的新问题、新思路以及新战略选择，将优化资源配置作为区域经济高质量发展的必然路径；马茹等（2019）着重从区域经济入手，从供给、需求、效率、运行和开放等方面探讨高质量发展的测度指标；此外，一些专家学者从省级（孙豪等，2020）、地级市（师博和张冰瑶，2019）、经济地区（赵儒煜和常忠利，2020）等方面进行了相关测度与分析。

以上文献对高质量发展虽然无统一表述，但大多认为经济发展依赖高效的资源配置方式，资源配置不当引起的不均衡、不充分的发展问题已成为新时代主要矛盾的主要方面。这一问题的集中体现是供需错配，过往的经济增长推动社会供给由短缺转向过剩，然而某些领域的质量与效率还不能满足人们的需求，因而合理配置生产要素，实现供给侧结构性改革，从而推进质量变革、效率变革和动力变革成为高质量发展的主要抓手。

2. 城市群发展的相关研究

城市群的概念由法国学者戈特曼（1957）提出，包括中心地理论（Christaller，1933；Losch，1954）、增长极理论（Perroux，1955）、空间扩散理论（Hagerstrand，1967）等理论的应用和拓展，将城市群视为多城市的复杂巨系统，从微观的要素流动（庞晶，2009）、中观的集聚与扩散（乔彬和李国平，2006）、宏观的市场机制与政府调控（陈玉光，2009）等角度探讨城市群形成机理。王伟等（2018）还将制度因子纳入城市群形成与演进模型，结合微观交易成本视角、中观机制设计视角、宏观制度变迁视角构建了城市群发展的新制度经济学解释框架。

城市群发展是系统形成与机制整合的过程，这一发育阶段也是学者们关注的重点。弗里德曼（Friedman，1964）将城市群发展阶段划分为工业化前期、初期、成熟期和后期；方创琳等（2005）则将其划分为发育雏形期、成熟期和鼎盛期；张京祥（2000）从空间的形成与拓展方面进行探讨；方创琳（2019）提出包括阶段性、多尺度集约、空间晶体结构、育树成林、梯度爬升在内的一系列城市群发展基本规律。

城市群的发展重在质的提升，发展过程中的质量问题是当前的关注热点。与城市群发展质量的相关研究主要包括以下三个方面。

（1）从新型城镇化或现代化标准等方面研究。王德利等（2011）将城镇化质量分为经济、社会与空间生态三个部分，对 1995~2008 年中国城市群的城镇化质量进行总体评价；周德等（2015）构建涵盖结构与功能两大方向的城市化质量指标体系，使用熵权法测度杭州湾附近城市群的质量演变；王德利（2018）发现城市群已逐步摆脱城镇化发展水平的滞后状态，城镇化发展质量的提升成为城市群建设的重中之重。此外，学者们还从城市化效率（万庆等，2015）、生态协调（孙黄平等，2017）、人口土地协调（刘欢等，2016）等方面对城市群城镇化质量进行测度。

（2）采用单一视角进行研究。学者们普遍认同城市群发展并非是数量扩张，而应转向质量与效率提升，而不同学者的研究角度略有不同。例如空间格局的网络联系（Burger et al.，2010；Cowell，2010）与功能分工（齐讴歌和赵勇，2014）、产业体系的结构优化（何天祥等，2012）与创新网络（Meijers et al.，2016）、绿色发展的生态效率（Ren et al.，2019）、区域一体的协同联系（李琳等，2016）等。

（3）对城市群内的城市发展质量进行探讨。马静等（2016）将城市发展质量整合为集经济、社会、生态空间的综合系统，采用熵值法、耦合协调发展模型、GM（1，N）① 动态协调发展模型测度 2006~2013 年长江中游城市群 31 个地级市的发展质量；马海涛和徐楦钫（2020）基于新发展理念构建指标体系，运用熵权法评价 2016 年黄河流域七大城市群及内部 62 个地级市的发展质量，但并未区分两者之间的内在差异；王雪微和范大龙（2020）从经济、社会、科教、设施、环境五个方面测度解析长三角城市群各地级市发展质量的时空演进格局。

3. 城市群发展与高质量发展的关系

大量文献曾经对城市群、资源配置与经济增长展开理论分析。朗迪勒里

---

① GM（1，N）为含有一阶方程 N 个变量的灰色模型。

（Rondinelli，1980）指出各要素在区域间的相互流动能提升整个区域的综合效率；吴福象和刘志彪（2008）认为城市群通过要素流动驱动经济增长，可以优化资源配置、要素集聚、强化需求关联和投入产出联系；原倩（2016）指出城市集群程度的提高有利于优化资源配置；赵娜等（2017）发现城市群实现人、物等要素的自由流动，能够发挥集聚经济的规模效应和溢出效应。

相关文献也基于世界级城市群的实践经验讨论资源配置与经济增长。平力群（2019）认为，在东京首都圈的建设过程中，日本政府充分利用社会分摊资本存量，引导资源配置集聚循环，消除城市功能结构的不平衡并实现经济发展的优化。阎东彬等（2017）指出，在美国东北部城市群的城市化进程中，人力资源由单核中心向多极多中心转移配置，驱动不同资源禀赋的优势互补、错位发展，实现整体经济的全面提升。

还有学者深入探讨城市群资源配置的影响因素，并将关注点集中在政府与市场的资源配置方式上。庞赛特（Poncet，2003）通过分析区域市场分化与经济绩效的关系，发现市场分割会导致资源配置效率的下降和价格机制的扭曲；赵勇和魏后凯（2015）发现地方政府干预会抑制城市群功能分工演进带来的地区差距自发收敛过程；张学良等（2017）认为城市群能通过群内城市间的市场整合实现资源优化配置，而地方保护与市场分割却会阻碍要素在城市群内的自由流动和优化配置。

以上文献虽然没有明确高质量导向下的城市群发展质量内涵，但是仍可以发现，城市群可以实现资源配置效率的提升，是支撑经济高质量发展的空间平台，而合理有效的经济机制是其中的关键。沈坤荣（2018）认为城市群是经济发展的重要引擎，可以通过引领经济转型升级、资源高效配置、技术变革扩散带动经济高质量发展；刘秉镰等（2019）认为中国区域经济发展本质上是要素在空间层面的增长、流动与配置的过程。

4. 文献评述

现有文献研究内容不断丰富，范围不断扩大，方法不断创新。但综合各学者的研究成果，仍存在三点不足。

第一，忽视对城市群发展质量的针对性探讨。目前研究成果或局限于宏观整体的高质量发展战略，或从侧面探讨城市群发展过程的质量问题，对城市群发展质量内涵研究的文献仍比较匮乏。

第二，方法应用上存在一定局限。部分学者仅进行理论或定性分析，缺乏实证支持；部分学者或侧重对单一方面进行测度导致研究完整性受限，或偏离高质量发展背景且未能将关键的城市群特征纳入考虑，缺乏较全面的综合测度指标体系。

第三，现有文献研究缺乏对高质量城市群的内生机制探讨。虽然空间、产业、生态等方面的机制研究存在，但与高质量发展战略割裂，且相关理论未能形成系统框架，自然也难以明确内涵特征和指标体系。新发展格局对中国城市群提出哪些要求、城市群如何进行质量转型升级等理论与实践问题亟待解决。

基于此，本书拟对不足之处进行研究，主要包括：以经济高质量发展为导向，结合文献研究提出合理有效解释城市群质量转型的经济学逻辑框架；基于理论机制，结合城市群演化的系统耦合特征与推动经济高质量发展的指导思想，归纳总结城市群发展质量的内涵与特征；构建包含空间、产业、生态、协同的完整指标体系，实证分析中国城市群发展进程的时空演变规律，探讨中国城市群未来的发展方向。

3.2　城市群发展质量演变的经济学机制

厘清城市群质量转型机制不仅有利于认识城市群高质量发展的内涵与特征，更可以明晰城市群发展质量的评价价值标准，因此提出合理有效的解释城市群转型的经济学机制是重要理论研究工作。如图 3-2 所示，本章将从时代背景—资源配置—高质发展的逻辑链条开展框架分析，回答新时代新发展格局下城市群高质量发展的经济学机制。

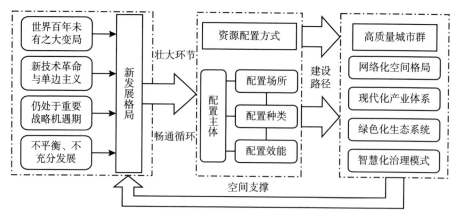

图 3-2　城市群高质量发展的逻辑框架

资料来源：笔者自绘。

3.2.1　构建新发展格局需要以资源配置方式调整为核心内容

新时代经济社会以高质量发展为主题，构建适应高质量发展的新发展格局，需要调整资源配置方式以畅通国民经济循环。具体来说，一方面，基础理论如政治经济学和西方经济学均认为经济体系是各环节、各层面、各领域相互联系的动态整体，其运行质量取决于生产生活要素循环的畅通程度（方福前，2019）。任何一个环节运行不畅时，风险问题便会逐步累积于经济系统，继而陷入恶性循环。实际上这种现象的本质是资源配置不当，即有限的要素供给未能匹配相应需求，需要寻求更优化的资源配置方式才能实现经济效益的最大化。另一方面，世界正经历百年未有之大变局，新技术产业变革大势与逆全球化暗流交织，因此需要构建"双循环"发展格局重塑中国经济新优势。然而，资源配置传统变革多偏重于市场主体优化，无力应对资源空间错配、关键创新不足等情况，难以实现经济循环流转和产业关联畅通（王丽莉和乔雪，2020；杨思莹，2020）。《关于构建更加完善的要素市场化配置体制机制的意见》指出，完善资源配置方式是当前的核心要务。应坚持新发展理念，明确资源配置方式的具体结构与功能，契合新发展格局要求并指导高质量发展实践。为此，提出演变机制 1。

演变机制 1——"百年未有之大变局""不均衡不充分发展""新技术革命与单边主义"和新发展格局决定资源聚集配置方式变革，引起资本、人才、技术等资源的配置与流动，导致城市群发展质量差异。

作为系统全面的经济机制，资源配置方式不仅应回答谁来配置，更应回答配置在哪、配置什么以及怎么配置等问题。第一，从配置主体来说，市场与政府之间的关系已基本形成共识，即应坚持市场主导与政府引导相结合，充分发挥市场配置资源的基础性作用，以建设人民满意的服务型政府为目标转变政府职能。第二，从配置场所来说，以往较多关注部门和产业间的资源分配，但也应将空间的资源不均衡问题纳入考虑范围。如"大城市病"正是空间失调的典型表现，即大城市因资源高度集聚导致交通拥堵、环境恶化等问题，同时也使中小城镇资源流失。第三，从配置对象来说，劳动、资本等传统资源虽已受到重视，但日益重要的绿色、科技等新兴资源也应着力进行分析。由于难以量化评价等特点，新兴资源的配置往往被忽视，如生态保护补偿难以引入市场机制，产生负外部性（郑云辰等，2019）。事实上，环境友好、科技自立自强关系国家竞争力与人民福祉，直接影响中国经济高质量发展。为此，提出演变机制 2 和演变机制 3。

演变机制 2——资源聚集配置方式决定了城市群产业体系、空间格局和生态体系。

演变机制 2A——资源部门配置方式决定城市群产业体系。部分产业部门配置研究均肯定了产业集聚在城市群中发挥的规模效应，其不同分工引致专业化与共享专业基础设施等思想，为城市群的产业分工、产业体系构建提供一定理论支撑。不同部门之间的协同创新是优化产业部门配置的必然路径。知识与技术等高端要素在微观尺度多主体之间的高效流动是产业体系创新能力的重要体现。协同创新方面有关研究均提及城市间的密切联系以及创新主体间的互动协作，强调知识与技术的交流利用与溢出。

演变机制 2B——资源空间配置方式决定城市群空间格局。作为人口和产业集聚的主要空间载体，城市群资源空间配置体现了区域内不同类型城镇的各类资源要素在空间上的分布与表现，有效的城市群空间格局能够充分带动经济高质量发展。空间资源配置是促进多元协同治理的关键。传统自上而下的单一核心管理模式已无法满足区域社会治理的现实需求，亟须多元主体的共同参与，充分发挥政府与社会组织的合作治理效应。

演变机制 2C——资源绿色配置方式决定城市群生态体系。资源绿色配置应重视生态环境与经济社会互利共生的关系。党的十九大报告指出要提高居民的获得感和幸福感，这对城市群治理提出了新要求。随着学界对"经济—环境—社会"全面协调的不断关注，学者们开始在指标体系中纳入"社会因素"以更加全面地评价城市群发展水平。

从配置效能来看，处理原则需从以往的单一维度拓展到配置体系的全维度。当目标不一致时，主体、场所、对象因交叉冲突易顾此失彼，难以达成整体效率最大化。在资源配置过程中，坚持系统原则，提升各维度的耦合协调性就显得尤为重要（张平和袁富华，2019）。为此，提出演变机制 3。

演变机制 3——城市群的空间格局、产业体系、生态体系与城市群发展阶段一致性。

城市群协同发展与良好的治理体系的目标在于破解城市群治理难题，使城市群实现从低质量发展阶段到高质量发展阶段的内生转化，承担国家双循环新发展格局枢纽的责任。

总体来说，调整资源配置的四个维度，以配置主体为基础，以资源配置场所、配置对象为重点，并结合配置效能提升耦合协调度，打通经济循环的各环节，加快构建新发展格局。

3.2.2　高质量城市群是落实资源配置调整的主要空间载体

作为支撑中国经济的主要平台，城市群是成果与问题并存的典型区域。其中，东部地区领跑，中部地区增长赶超，西部地区逐步发展，如火如荼的城市群建设正重塑中国经济版图。立足新发展阶段，党和国家更加重视城市群的规划编制，出台政策措施指引发展高质量城市群。从现实角度看，一方面，城市群包含区域演化过程中最为复杂的体系，如空间、产业、生态等多方位多领域问题，这些问题是城市群质量转型过程中棘手但又需要解决的难题，是中国城市群与现有世界五大高质量城市群的主要差距所在（王利伟，2019）。另一方面，这些问题也与双循环梗阻有很强的一致性，是循环不畅在区域层面最直接的缩影，而梗阻的深层次原因在于对资源配置方式体系的关注不全面与实施不合理（张平和杨耀武，2021）。

实际上，城市群由高速增长、低质量阶段向中高速增长、高质量阶段的内生转化同样是资源配置方式不断优化的具体表现。资源配置方式正深刻影响着中国城市群高质量发展进程（方创琳，2019），从资源配置的顶层设计开始，经过要素流动的路径过程，在空间、产业、生态等方面进行耦合协调，最终影响城市群发展质量的运行转变。因此，解决城市群发展问题的顽疾，需要落实资源配置方式调整，推动城市群质量转型，壮大和畅通经济循环，适应构建双循环的新发展格局，推动新时代中国特色社会主义经济建设。具体来说，配置主体已基本明晰，进入高质量发展阶段同样需要关注配置场所、配置种类与配置效能问题，特别是资源的空间配置、部门配置、绿色配置以及资源各部分耦合协调的效能，是壮大与畅通城市群经济循环、建设世界级高质量城市群最需要关注的四大领域。资源空间配置要求塑造规模均衡、功能互补的网络空间格局，资源部门配置要求培育集约高效协同创新的现代产业体系，资源绿色配置要求构建低碳环保幸福宜居的绿色生态系统，配置效能要求形成多元合作、互联互通的一体协同机制。根据以上资源配置体系调整，中国城市群的空间格局更加合理，产业体系更加先进，社会生态更加美好，协同机制更加优化，进而实现城市群的质量转型发展。

3.3　城市群发展质量的内涵特征与指标体系

3.3.1　内涵特征

明确城市群发展质量的内涵特征具有重要意义。一方面，作为生产要素集聚的区域平台，城市群承担着推进经济高质量发展的重大任务，其发展路径以供给侧结构性改革为主线，与人民日益增长的美好生活需要相切合。因此，必须贯彻习近平新时代中国特色社会主义思想，明确城市群的质量转型路径，协助政府制定和实施区域协调发展政策。另一方面，城市群的形成发育经历了阶段性的演化过程，而对其发展的认知也从数量和规模的积累、盲目扩大范围和发展进程转为重视质量提升。需要明确城市群质量转型特点，把握高质量发展目标要求，抓住城市群发展质量的分析主线。

城市群的发展质量与新发展理念密切相关。学者们已从战略理论（张学良和林永然，2019）与案例实践（王佳宁等，2016；李旭辉等，2020）角度进行研究，均认为新发展理念是厚植发展优势、引领城市群高质量发展的先导思想。本书的城市群质量转型逻辑框架也基于新发展理念，力图深入挖掘高质量城市群的内在机制，其中关键的资源配置方向与新发展理念相吻合：资源的部门配置需要以"创新"为发展动力，资源的绿色配置需要构建"绿色""共享"的美好生活，资源的空间配置和配置效能更需要打造"协调""开放"的区域共同体。因此，城市群发展质量的内涵界定，应以发展理念为指导，结合中外理论文献以及质量转型框架，力图保证内涵客观合理。

基于以上分析，本书认为城市群发展质量的内涵既应以经济高质量发展为战略导向，也应以城市群的系统整合特征为基础，强调必须实现多方有序合作的共同发展。具体来说，城市群的发展质量具有其整体性、多面性和动态性：在优先发展特大城市的同时，更应重视城市层级体系的完善；在关注城镇化建设的同时，更需将环境污染、地域封闭、重复建设等多方问题纳入考虑，实现资源配置在空间结构、产业体系、生态体系等方面的整合优化；在全力推进城市群发育的同时，更需要优化区域发展方式、调整内在经济结构、变革增长动力源泉，规划向更高质量发展目标转化的未来前景。

进一步结合政策规划来看，城市群发展质量主要体现在空间格局、产业体系、绿色发展和协同联系上，即高质量城市群的四大领域。其中，空间格局反映资源要素的空间配置，产业体系反映资源要素的部门配置，绿色发展反映资源要素的绿色配置，协同联系反映资源要素的配置效能。各大领域的资源配置调整并不是分散进行的，而是整合贯穿于城市群质量转型的过程中，体现在高质量城市群建设的全方位多主体上。以上对城市群发展质量内涵的界定涵盖发展目标的纵向优化，也涵盖系统全面的横向优化。

1. 空间格局

作为人口和产业集聚的主要载体，城市群的空间格局体现了区域内生产要素在空间上的分布与表现，而合理的城市体系则是资源空间配置优化和区域经济协调发展的必要条件。参考经典的"三结构一网络"理论（顾朝林等，1999），本书认为空间格局主要反映在以下三个方面。第一，紧凑度是城市群空间利用效益的直接体现。适度合理是空间格局效应提升的必然要求，即中心大城市建设"紧凑城市"，通过对集中设置的公共设施开展综合管理，防止城市蔓延，实现节约利用并促进可持续发展（Tsai，2005）。第二，规模分布揭示城市群内城镇规模的布局层次与规律，其中金字塔结构是最适合城市群长期发展的格局；在理想的等级规模中，大城市集中发育的同时应加快中小城市的发展步伐，增加中等城市的数量，形成不同层级城市间的有机联系和良性发展（Ye and Xie，2012）。第三，功能结构体现城市群内各城市的发展地位及功能分配，其时空演变展示了区域内产业升级与转移路径；城市群分工应拥有合理的互补性基础，使整体产出效应大于各城市之和，充分发挥集聚和专业化的最大效益（Frank et al.，2010）。

2. 产业体系

城市群的空间发展离不开产业的支撑。产业集聚与扩散推动了城市间的职能分工与产业集群的优化，通过技术外溢、共享基础设施以及优化产业资源推动区域经济发展和参与全球网络。参考现代产业体系的战略思路（芮明杰，2018），本书认为产业体系主要反映在以下两个方面。第一，产业升级是产业体系优化的外在表现，本质上是各产业之间及内部要素的配置变化。在追求动态比较优势的过程中，要素禀赋分类细化且等级提升，要素流动形式逐步多样化，要素禀赋结构的比重更加优化，从而实现城市群产业体系的合理化与高度化（苏杭等，2017）。第二，随着传统驱动要素的矛盾激化，技术创新成为产业体系优化的内在动力，进而基于协同理论逐步扩展到协同创新；城市群网络体系中的创新离不开各主体的合作交流，即企业、高校、科技机构等直接主体和政府、金融中介等间接主体，基于各种创新要素的联系整合进行资源共享和协作互动，形成"1+1>2"的整体创新驱动力量（白俊红和蒋伏心，2015）。

3. 绿色发展

城市群在推动区域经济高速发展的同时也带来了一系列环境和社会问题，因此环境资源约束成为城市群建设的硬性制约条件，提升绿色资源配置效率、营造生态文明并推进可持续发展成为当前重要的前进方向。参考绿色发展的功能界定（胡鞍钢和周绍杰，2014），本书认为绿色发展主要反映在以下两个方面：第一，生态安全蕴含转变经济发展方式的要求，是城市群绿色发展的自然基础与生态保障；维护区域生态安全需要改进能源和资源的利用体系，在考虑资源环境承载能力的基础上追求更加高效、更加清洁、更加持续、更加全面的城市群经济发展；第二，"以人为本"的公共服务是城市群绿色发展的关键内容，这是因为区域公共问题制约着城市群区域整体利益的实现，保障区域公共物品的供给，构建环卫系统、公共安全、医疗教育等多个领域的良好机制，才能推动经济社会的可持续和居民生活质量的提高（周绍杰等，2015）。

4. 协同联系

作为一个高度复杂的开放系统，城市群内的多个城市可以通过良好的治理模式，突破地理距离与行政区划的制约，合理整合相关要素并实现系统协同交互，实现城市协同联系的增值效应。参考区域一体化战略（方创琳，2017），本书认为协同联系主要反映在以下两个方面：第一，市场整合是区域一体化的"软件"支撑，很大程度上影响整体经济效率的实现和经济增长潜力的发挥；一体化的治理模式要求打破地区、城乡、内外的市场分割，使各生产要素能在城市群不同层级之间自由流动，发挥市场在资源配置中的决定性作用（孙博文和孙久文，2019）；第二，为了适应城市群不断发展的需要，交通运输、城市道路、信息通信等基础设施逐步成为区域内信息物资的主要载体，即区域一体化的"硬件"支撑；基础设施网络可以节约时间、增加通行能力、聚集经济要素，提高市场的交易效率且降低地区之间的物流和交易成本，促成整个地区市场一体化的实现（Behrens，2011）。

3.3.2　指标体系

根据上节对内涵特征的总结，本节在相关研究的基础上，进一步探讨城市群的发展质量，对其内在路径与发展水平进行量化研究。当前涉及城市群发展质量的测度大体可分为两种思路：一种是切入单一视角测度城市群的演变因素，如空间分工（侯杰和张梅青，2020）、经济联系（贺欢欢和吕斌，2014）等，其优点在于可以对某一方面进行深入剖析；另一种则是构建综合指标体系进行分析，如城镇化质量（王富喜，2020）、投入产出比（方创琳和关兴良，2011）和城市发展质量（王雪微和范大龙，2020）等。相较于单一视角，综合指标体系可以从整体角度将城市群纳入考量，更全面地反映城市群发展的状态及产生的影响。同时，综合指标体系也更切合高质量发展的丰富内涵，单一指标则可能导致分析结果的较大偏差。因此从广义的视角来看，应结合城市群与高质量发展的特点，通过全面的综合测度体系实现对城市群发展质量的分析。

构建综合测度体系应遵循相关原则，即科学性、系统性、主导性和可比性，以更科学合理地反映城市群发展质量的内涵特征。具体来说，第一，科学性即运用相关学术研究或理论思维提取适当的指标。所选指标基于国内外参考文献，受学界认可度较高且已得到广泛运用，能够保证测度结果的准确可靠。第二，系统性即各单项指标应具有内在有机联系，是能够评价目标的集成整合系统。指标体系应避免指标间的重叠，展示群内子要素的集体效应，尽可能全面地反映城市群发展质量状况。第三，代表性即所选指标必须具有突出效果，剔除繁杂指标。基于城市群发展质量的内涵，明确各主要维度的指标特征，以保证精确反映城市群发展的相关信息。第四，可比性即所选指标可在不同区域及年份进行横纵比较。选取的指标统一明了，考虑总体范围内的一致性，有助于后续城市群发展质量的时空演进分析。

结合以上分析，本章基于城市群发展质量的内涵特征，参考中外相关研究的经典指标，拟从空间格局、产业体系、绿色发展和协调联系四大方面构建城市群发展质量水平测度体系，见表 3 - 2。本指标体系拟分为四级，第一级为城市群发展质量综合得分，反映城市群发展质量的总体水平；第二级为四项子系统指标，分别反映城市群发展质量的空间格局、产业体系、绿色发展以及协同联系，即发展质量内涵的四大领域；第三级为九项准则层，分别对应各自所反映的子系统，即发展质量内涵的领域构思解析；第四级为 26 项具体指标，即均在数据可得的基础上选取较为公认的指标，对城市群的各方面进行实际测度。

表3-2　　　　　　　　　　城市群发展质量水平测度体系

目标	子系统	准则层	测度指标	指标衡量方式	功效
城市群高质量发展水平	空间格局	空间紧凑	中心城市	人口大于300万的城市数量	+
			人口密度	每平方公里人口总量	+
			经济密度	每平方公里生产总值	+
		布局合理	经济分布	以第二产业和第三产业增值之和测度的豪斯道夫维数	1
			人口分布	以城市人口测度的豪斯道夫维数	1
			土地分布	以城市建设用地面积测度的豪斯道夫维数	1
		功能分工	整体分工	各城市功能分工指数之和	+
			内部分工	中心城市最大指数/外围城市功能分工均值	+
	产业体系	产业升级	结构优化	第三产业增加值占GDP比重	+
			效率提升	城镇从业人员人均创造GDP	-
			协同集聚	服务业与生产性制造业协同集聚指数	+
		创新驱动	专利产出	万人专利授权量	+
			科技投入	政府科学技术支出占公共财政支出比重	+
			金融支持	年末金融机构存贷款余额/地区GDP	+
	绿色发展	生态安全	自然环保	建成区绿化覆盖率	+
			资源利用	万元GDP水耗	+
			污染减排	万元GDP工业二氧化碳排放量	-
		社会和谐	环卫建设	建成区排水管道密度	+
			医疗保健	万人在册医生数	+
			文化教育	教育支出占公共财政支出比重	+
	协同联系	市场整合	地区联系	公路货运量均值	+
			城乡协调	年末人口权重加总城乡可支配收入比	-
			对外开放	实际利用外资投资/地区GDP	+
		基础设施	交通设施	公路密度	+
			移动通信	万人电信用户数	+
			互联网络	万人互联网用户数	+

注：功效列中"+""-"表示测度指标的衡量方向；1为固定值，与1的绝对距离越小，功效越优。

1. 空间格局

城市群的空间格局，即城市群发展质量的外在结构，基于"三结构一网络"的理论可从空间紧凑、布局合理和功能分工三个维度进行考察。

空间紧凑——该项从中心城市、人口密度与经济密度三个方面进行反映。城市群提高空间组织效率的基础，体现为人口、资本等资源要素集聚于城市群区域特别是中心城市（黄永斌等，2014）。具体来说，第一，中心城市是城市群的核心增长极，而中心城市的资源密度是城市群集聚的首要表现，需要集中发力布局中心大城市，才能辐射带动周围中小城镇向工业卫星城、专业中心镇转型（孙红玲，2012）。因此，基于《国务院关于调整城市规模划分标准的通知》相关内容，选取人口大于300万的Ⅰ型大城市和超大城市，衡量城市群中心城市的发展状况（张学良等，2013）。城市群内大城市和超大城市数量越多，说明该区域的核心辐射力与影响力越强，越符合当前单中心向多中心转化的发展趋势，城市群的发展质量越高。此外，人口和经济在生产力变革引导下向城市和城镇集中，是城市群发育、形成与完善的关键要素，因此人口增长和经济发展在城市群要素集聚中显得尤为重要，故选取每平方公里人口总量测度人口密度，选取每平方公里生产总值测度经济密度（白永平等，2012）。城市群内人口、经济密度越高，说明空间紧凑程度越高，越有利于集约型城镇化发展模式的实施，城市群的发展质量越高。

布局合理——该项从经济分布、人口分布与土地分布三个方面进行反映。区域城市等级体系的合理性受多种要素影响，并集中体现在经济发展、人口数量和土地面积上（曹跃群和刘培森，2011）。具体来说，从指标上来看，采用经典的豪斯道夫维数（Hausdorff Dimension）测度规模结构，即城市按规模依次排序，并定义尺度r进行度量，则大于r的城市数量与r呈帕累托分布。选取经济规模（用第二、三产业增加值之和表示）、人口规模（用城镇人口表示）以及空间规模（用城市建设用地面积表示），分别计算规模分布指数以综合反映城市群规模分布状态（王德利和杨青山，2018）。从效果上看，分布指数取值范围为[0，∞]；当大于1时，城市群城镇规模分布分散，首位城市区域带动作用有限；当小于1时，城市群城镇规模分布集中，中小城市发育不足；当等于1时，此时是城市群自然发展状态下的最优分布，有利于城市群的发展质量。

功能分工——该项从整体分工与内部分工两个方面进行反映。城市群功能分工既应考虑在全国的分工地位，也应认识内部各城市间的功能均衡（马燕坤，2016）。具体来说，从指标上看，目前测度区域分工指数的方法较为广泛，或使用区位商指数（Krugman，1991）、行业分工指数（Ellison and Glaeser，1997）进行关联测度，或从 E－G 指数和上下游分工（Ellison et al.，2010）的协同集聚角度进行案例分析，但均较难全面反映区域分工水平。为此，选用功能专业化指数（Duranton and Puga，2005），以城市"企业管理人员/生产人员"与全国"企业管理人员/生产人员"的比值测度城市群功能分工，一方面加总各城市指数测度城市群的总体分工水平，另一方面通过对比中心城市与外围城市的分工指数测度城市群内部的分工结构（赵勇和白永秀，2012）。从效果上看，城市群整体分工指数和内部分工指数越大，城市群的部门集中度越高，中心城市与外围城市的功能分工越明显，城市群发展质量越高。

2. 产业体系

城市群的产业体系，即城市群发展质量的内在驱动，可从全球化背景下现代产业体系的构建进行评判，因此从产业升级和创新驱动两个维度进行考察。

产业升级——该项从结构优化、效率提升与协同集聚三个方面来反映。产业升级是结构调整不断深化、配置效率不断优化、产业互补共同成长，进而实现产业高附加值、高技术水平转变的过程（Humphrey and Schmitz，2002）。具体来说，第一，三次产业的结构比例是产业升级的直观展现，特别是现代化城市群开始由工业主导向服务业主导转变，研发设计、信息服务、租赁运输等现代高端服务业成为支持经济发展优化的关键引擎。因此，选取第三产业增加值占 GDP 总值的比重反映结构优化（闫星宇和张月友，2010）。城市群第三产业占比越高，说明该地区产业体系由传统向现代化转型幅度越大，越有利于提升城市群的发展质量。第二，配置效率的提升是产业升级的深度要求。随着经济市场化与要素自由流动整合，劳动生产率的提高使剩余劳动力向更优产业转移，进而通过资本深化与技术进步使产业结构升级（丁志国等，2012）。因此，选取城镇从业人员人均创造 GDP 反映劳动力人均生产率。人均创造 GDP 越高，说明人力资本配置越优，要素流动整合和禀赋升级程度越高，越有利于提升城市群发展质量。第三，产业升级不仅需要产业间的差异竞争，还需要产业间尤其是先进制造业与现代服务业的合作互通。从分工上看，制造业与生产性服务业协同集聚由单轮驱动向双轮驱动转变，实现产业结构优化升级（Desmet and Fafchamps，2005）。因此，借鉴制造业与生产性服务业协同集聚指数（张虎等，2017）刻画产业间的协同集聚特征，指数越大，产业协同集聚程度越显著，越有利于城市群发展质量的提高。

创新驱动——该项从专利产出、科技投入和金融支持三个方面来反映。创新活动是转化人员、资金等多方投入，实现专利、论文等科技产出，进而驱动产业体系效益提升的系统过程（沈宏婷等，2017）。具体来说，第一，从直接产出角度来看，技术创新突破的基础在于专利的申请与授权，专利发明的活跃环境有利于培育新的创新动力，故专利授权量成为当前最常用的发明产出指标（张杰等，2016）。因此，选取万人专利授权量测度技术创新程度。专利授权量越多越有利于培育创新动力，进而实现城市群高质量发展。第二，从间接投入角度来看，驱动转型则需要加大投入力度、重视基础教育与科技研发才能实现，而政府可以通过财政科技支出为创新驱动提供相关支持（Kang and Park，2012）。因此，选取政府科学技术支出占公共财政支出的比重测度科技投入力度（杨洋等，2015）。科学技术支出占比越高，说明投入力度和重视程度越高，越有利于城市群发展质量的提高。第三，相较政府财政的主要贡献，金融中介同样是支持科技创新的关键一环。作为发达经济体的代表，金融机构可为创新驱动提供有利发展的支持策略（Tadesse，2002）。因此，选取金融机构存贷款余额与 GDP 的比值测度经济金融化程度（简新华和聂长飞，2020）。存贷款余额占比越高，说明市场的资金流通越活跃。

3. 绿色发展

作为城市群发展质量的约束条件，城市群的绿色发展可从绿色发展的功能界定即经济—生态—社会的协调统一进行评判，因此从生态安全和社会和谐两个维度考察。

生态安全——该项从自然环保、资源利用和污染减排三个方面来反映。生态安全可定义为保障生产生活不受生态破坏、资源浪费、环境污染等影响的状态（陈星和周成虎，2005）。具体来说，第一，城市绿地是城市群生态安全格局的功能性外衣，具有净化环境、改善气候等多种功能，能够补偿一部分因城市化而受到损害的自然环境功能（Lovell and Johnston，2009）。因此，选取城市建成区绿化覆盖面积与建成区土地面积的比例来衡量城市群中的自然环保情况（王晓红和冯严超，2019）。建成区绿化覆盖率越大，说明该区域的环境基础建设越好，对自然环保的重视程度越高，城市群发展质量越高。第二，资源利用与生态安全格局的内在期望产出密切相关，资源利用效率低下会严重制约经济的可持续增长，成为阻碍经济社会发展的问题所在。因此，选取地区 GDP 与所用水量之比来衡量城市群中的资源效率情况（宋国君和何伟，2014）。万元 GDP 水耗越低，说明对水资源的利用效率越高，该区域的资源管理越完善，城市群发展质量越高。第三，生态安全格局不仅要考虑投入产出比，还需要重视解决各种负面产出（Brock and Taylor，2010）。经济发展与环境保护的协调统一需要有效的环境规制，故选取工业二氧化碳排放量与地区 GDP 之比代表城市群中的污染减排效果（付晨玉和杨艳琳，2020）。万元 GDP 工业二氧化碳排放量越低，说明污染物质的排放强度越低，对工业污染的治理力度越大，城市群发展质量越高。

社会和谐——该项从环卫建设、医疗保健和文化教育三个方面来反映。构建"以人为本"的和谐社会，应关注卫生、医疗、教育等社会事业，以提高人民生活水平、满足人民生活需要为发展目标（项继权，2008）。具体来说，第一，社会服务通过环境卫生设施营造基本的生活环境，即综合处理生活垃圾、提高居民宜居度并保障城市有序运行（Sharma，2003）。因此，选取排水管道长度与建成区土地面积的比例来衡量城市群中的环卫建设情况（吴传清和黄磊，2017）。建成区排水管道密度越高，说明该区域对污水等废弃物的处理效率越高，居民的宜居度越高，城市群发展质量也越高。第二，社会服务通过医疗卫生事业保障基本的生命安全，与人民群众切身利益密切相关（Deng et al.，2017）。因此，选取在册医生数与区域人口之比来衡量城市群中的医疗保健情况（魏福成和胡洪曙，2015）。区域在册医生比率越高，说明该区域居民的生命保障越完善，生活的幸福指数越高，城市群发展质量也越高。第三，社会服务将教育事业作为关键战略基础，即保障人类发展权和尊严权，关系个人、社会乃至整个国家和民族的根本利益（Xiao and Liu，2014）。因此，选取教育支出占财政支出的比例来衡量城市群中的文化教育情况（王富喜等，2013）。教育支出的占比越高，说明地区政府对公共教育的投入力度越大，居民的受教育期望程度越高，城市群发展质量也越高。

4. 协同联系

城市群的协同联系，即城市群发展质量的连接治理机制，可从城市和城镇体系的整合一体化角度进行考虑，即从市场整合和基础设施两个维度考察。

市场整合——该项从地区联系、城乡协调和对外开放三个方面来反映。市场一体化是破除体制机制障碍，推进要素自由流动，最终实现城市间、城乡间、国内外等多层次区域经济整合的过程（李雪松和孙博文，2015）。具体来说，第一，城市群的市场整合应主要考虑城市间的联系，这是因为人流、物流在城市之间双向或多向交互流动，从而实现各类资源要素在城市群内的分布优化（Hall and Pain，2006）。在城市间互补交流中，公路货运以机动、灵活、直达的特点成为运输联系的主要内容，因此选取地区公路货运总量与城市数量的比例来衡量城市间的经济联系情况（张建松等，2006）。公路货运量均值越高，说明该区域的要素流动越频繁，经济联系强度越高，城市群的发展质量也越高。第二，城市群的市场整合不仅需要加强城市间的交流联系，也要推进城乡经济的联动和社会的趋同，实现各主体的互动以及各类要素在城乡之间的有序流动与高效配置（石忆邵和杭太元，2013）。因此，选取城乡可支配收入的比例，以地区年末人口为权重加总，来代指城乡间的生活差距状况（叶璐和王济民，2021）。城乡间收入差距越小，说明城市间互动程度越大，两者统筹的一体化程度越深入，城市群发展质量越高。第三，新发展格局要求打通内外双循环，在防范地方保护、消除行政壁垒、打破市场分割的同时注重城市群对外开放程度，即利用全球要素、全球市场和占据全球产业链上游的水平（Taylor et al.，2011）。因此选取地区实际利用外资投资与 GDP 的比例来衡量城市群的对外开放情况（许学强和程玉鸿，2006）。实际利用外资比率越高，说明对外引进要素的利用率越高，与全球市场的联系程度越密切，城市群发展质量越高。

基础设施——该项从交通设施、移动通信和互联网络三个方面来反映。完备高效的基础设施建设应以提高交易效率、降低交易成本为目的，加快交通网、电信网、互联网等多平台的深度融合（邹卫星和周立群，2010）。具体来说，第一，从传统角度来看，运输网络促进中心城市与非中心城市间的外部性传导，推动区域经济协同增长，反映了设施建设状况与城市规模、人口、社会经济发展是否相适应（Li and Ni，2013）。因此，选取公路总里程与地区土地面积之比来衡量城市群的交通设施建设程度（郝凤霞和张诗葭，2021）。区域公路密度越大，说明该区域的交通设施越完善，城市间交易成本受限于地理距离的程度越小，城市群的发展质量越高。第二，从新兴角度看，网络新媒介的传播在城市群信息网络结构中的地位日趋重要（Malecki，2002）。因此，分别选取每万人电信用户数和每万人互联网用户数来衡量新网络关系建设程度（潘竞虎和胡艳兴，2015）。使用电信网络的人员密度越高，城市间的信息流总量和网络体系越动态开放，城市群发展质量越高。

3.4　城市群发展质量的测度与评价

3.4.1　测度方法与数据说明

1. 测度方法

选用熵权法作为测度方法。熵权法以各指标的熵值为基础，通过信息量大小确定多因素综合评价的权重。指标的信息熵越小，在综合评价中的权重（W）就越大。相较于主观赋权法，熵权法基于客观信息量进行赋权，可包含大部分原始信息。熵权法的计算过程具体如下：

（1）设有 m 个被评价对象，n 个评价指标，x_{ij}（$1 \leqslant i \leqslant m$，$1 \leqslant j \leqslant n$）为第 i 个评价对象的第 j 项指标，则决策矩阵为 $X = (x_{ij})_{m \times n}$；

（2）对所设决策矩阵 X 进行标准化处理，消除不同类型数据存在的量纲差异以保证测度准确性。正向指标按式（3-1）处理，负向指标按式（3-2）处理，获得标准化目标矩阵 R；

$$y_{ij} = \frac{x_{ij} - \min(x_{ij})}{\max(x_{ij}) - \min(x_{ij})} \qquad (3-1)$$

$$y_{ij} = \frac{\max(x_{ij}) - x_{ij}}{\max(x_{ij}) - \min(x_{ij})} \qquad (3-2)$$

（3）利用熵权法确定各指标的权重，将第 j 项评价指标的熵定义为 e_j，如式（3-3）所示。

$$e_j = k \times \sum_{i=1}^{m} f_{ij} \ln f_{ij}, \ j = 1, 2, \cdots, n \qquad (3-3)$$

其中，$f_{ij} = r_{ij} / \sum_{i=1}^{m} r_{ij}$，$k = 1/\ln m$，k 为波尔兹曼常数。令 k = 0，则第 j 项评价指标的熵权定义如式（3-4）所示。

$$w_j = (1 - e_j) / \sum_{j=1}^{n} e_j \left(0 \leqslant w_j \leqslant 1, \sum_{j=1}^{n} w_j = 1\right) \qquad (3-4)$$

2. 研究对象及数据说明

本章拟对我国 2003~2017 年的 15 个主要城市群进行研究，通过熵值法测度城市群的发展质量并进行相关分析。具体来说，在研究时间方面，基于统计指标口径的统一性，选择 2003 年为研究起点；同时，由于 2017 年中国经济迈入高质量发展阶段,对城市群发展的战略目标要求相应转变,以此为研究终点可以更好回顾城市群的发展历程。因此,本章选择对2003~2017年共15年的情况进行研究。在研究主体方面,本章根据《国家新型城镇化规划(2014~2020年)》《关于加快城市群规划编制工作的通知》以及国务院关于各城市群的批复通知,从"19+2"的城市群总体框架中进行选择。由于部分城市群(如黔中、滇中、宁夏沿黄、天山北坡等)数据受限,且喀什和拉萨都市圈正处于发育阶段,故研究主体确定为东部、中部、西部共计15个主要城市群。

在数据来源方面,参考《中国城市统计年鉴》的地级市标准,忽略城市合并及名称更改,统一以现有的城市行政边界为准。基于数据的可比性与连续性,共涉及184个地级市(剔除各民族自治州及县级市),并区分全市与市辖区的地域范围。以上数据主要来源于2004~2018年《中国城市建设统计年鉴》《中国区域经济统计年鉴》《中国城市统计年鉴》以及历年各市年鉴、统计年鉴、统计公报,数据缺失部分采用插值法和中值法补齐。需要注意的是,囿于各年鉴数据所限,为保证准确性和合理性,以下指标特别选取市辖区数据:经济分布、人口分布、土地分布、整体分工、内部分工、自然环保、资源利用和环卫建设;农村收入指标口径由于2011年后已由农村纯收入变为农村可支配收入,为保证数据连续性和完整性,暂时忽略其中的差异;考虑到物价等因素的影响,以2003年为基期对相关数据进行平减,且变量指标数据均取到小数点后三位;涉及人口相关指标均选择年末人口数据。2003~2017年15个主要城市群的统计信息如表3-3所示。

表3-3　　　　　　　　　　　数据基本特征的统计描述

子系统	准则层	变量名	最小值	最大值	均值	标准差
空间格局	空间紧凑	中心城市	0	5	1.333	1.170
		人口密度	0.005	0.078	0.037	0.0183
		经济密度	72.204	13794.620	1814.681	2169.219
	布局合理	经济分布	0.335	0.997	0.660	0.168
		人口分布	0.616	1.003	0.871	0.105
		土地分布	0.008	0.999	0.756	0.131
	功能分工	整体分工	2.083	31.121	9.451	6.378
		内部分工	0.217	24.588	3.272	3.883

子系统	准则层	变量名	最小值	最大值	均值	标准差
产业体系	产业升级	结构优化	0.301	0.601	0.423	0.058
		效率提升	4.671	57.891	18.184	9.410
		协同集聚	1.892	4.459	2.490	0.315
	创新驱动	专利产出	0.092	51.304	3.869	6.398
		科技投入	0.002	0.073	0.0155	0.013
		金融支持	1.018	5.275	2.557	0.806
绿色发展	生态安全	自然环保	0.140	0.500	0.375	0.051
		资源利用	106.416	1967.097	619.609	368.190
		污染减排	23.191	3566.9	440.348	567.708
	社会和谐	环卫建设	3.081	18.060	8.405	2.677
		医疗保健	9.053	47.139	21.602	7.152
		文化教育	0.098	0.233	0.175	0.030
协同联系	市场整合	地区联系	1112.750	55518.560	8369.614	7596.757
		城乡协调	0.259	0.543	0.393	0.063
		对外开放	0.0001	0.012	0.004	0.002
	基础设施	交通设施	0.127	1.706	0.825	0.375
		移动通信	1258.627	39032.410	8842.627	6546.465
		互联网络	203.616	7857.219	1563.04	1298.907

资料来源：笔者计算得出。

3.4.2　城市群发展质量的评价结果

1. 城市群发展质量的整体态势

为探究动态变化，将15个主要城市群的得分进行加总平均，得到2003~2017年的城市群整体质量得分，如图3-3所示。

从图3-3可以发现，总体而言，这一时期中国城市群发展质量呈持续上升的趋势，从2003年的0.118增加至2017年的0.428，增幅达362.71%。分阶段来看，2003~2005年城市群发展质量提升较为平稳，这与国家积极稳妥发展小城镇的城镇化战略有关，但受城镇化改革的遗留问题影响，发展速度较为缓慢；2006~2014年稳步增加且幅度有所加大，表明受中国特色城镇化道路的政策影响，区域规划如京津冀都市圈、杭州都市圈等开始出现，资源节约、环境友好、经济高效、社会和谐的城镇发展新格局逐步形成。2015～2017年，随着经济新常态与新型城镇化的推进，政府陆续批复出台长江中游城市群、哈长城市群、成渝城市群等一系列国家级发展规划，城市群发展质量得以快速增长，且年均增长率达 20 个百分点。以上表明，在经济改革的持续推进下，中国城市群致力于资源配置方式调整并逐步实现优化，整体发展质量和效益得到改善。

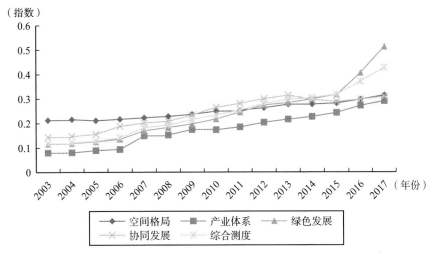

图 3-3 中国城市群发展质量整体态势

资料来源：笔者自绘。

进一步分解整体质量得分，以探究不同内在要素在中国城市群发展质量中的发展趋势，即明确资源配置方式调整的重点。

（1）空间格局指数缓慢稳定增长。该指数由 2003 年的 0.213 上升至 2017 年的 0.314，表明各城市群的空间紧凑、布局合理、功能分工优化不断增强。以表征功能分工程度的分工指数为例，2005 年分工内部比例为 2 倍以上的城市群占比为 46.67%，2017 年则上升至 66.67%，越来越多的服务业与制造业实现区域分工，提升了城市群中心城市与外围城市之间的功能定位。但与此同时，由于空间格局与经济、人口、土地等多方因素相关，且区域优化是动态调整的过程，因此指数增长速度也较为缓慢。

（2）产业体系指数前期增速较缓，中后期有所加快。党的十六大提出，要推进产业结构优化升级，形成以高新技术产业为先导、基础产业和制造业为支撑、服务业全面发展的产业格局，这为产业体系的优化指明发展方向。然而，不同城市群的产业结构差距依旧明显，至 2008 年京津冀、珠三角等城市群的第三产业占比均已超过 45%，而中原、呼包鄂榆、长江中游等城市群仍处于 30%~40%，以上区域差异造成产业体系指数的缓慢增长。2008 年后，地区间产业转移的速度与规模提升，以技术创新带动的产业链升级成为发展的主要方向，这一举动推动中国产业体系进一步实现区域协调和转型优化。

（3）绿色发展指数增长态势较好，后期增速快速上升。该指数从 2003 年的 0.116 上升至 2017 年的 0.513，城市群的生态安全与社会服务得到巨大改善。党的十六大以来，生态文明建设和可持续发展成为全面建成小康社会的具体目标，以环境污染治理投资总额为例，从 2003 年的 1627.7 亿元增加至 2014 年的 9575.5 亿元，由政府主导的环境管制持续优化生态环境。此后随着十八届五中全会召开，绿色发展理念上升成为统领全局的发展理念，生态文明建设被放到了更重要的位置，2015 年后绿色发展指数的增长速度远超以往。

（4）协同联系前中期快速上升，后期出现波动。空间格局指数从 2003 年的 0.143 上升至 2017 年的 0.309，表明城市群的跨区域流动和内部协调联动得到极大改善。十六届三中全会指出，要建立有利于形成促进区域经济协调发展的机制，此后国家通过建立完善的法制、鼓励市场导向的公平竞争以及保证良好的政府公共服务，不断推动区域一体协调发展。2015 年国家级城市群规划出台，一方面政策初期由于规划尺度导致实施难度较大，另一方面城市间的竞争也愈发激烈，因此城市群的协同联系水平反而下降。与此同时，随着政策逐步引导实施，城市群协同联系指数出现波动回升。

以上可以发现，2003~2017 年各内在要素的发展态势不同，表明资源配置各领域的调整力度不同。其中，空间格局指数增长较缓慢，体现出对于空间资源配置的重视程度仍然不足；产业体系指数中后期增长加快，体现出部门资源配置特别是创新投入与创新产出受到较大支持；绿色发展指数后期快速增加，体现出"关注民生、以人为本"的绿色资源配置已成为全社会的共识；协同联系指数波动中上升，体现出资源配置效能的进一步提升依旧是当前的关键难题。因此，城市群发展质量仍需要全面发展各领域，促进空间、产业、绿色、协同的共同进步。

2. 城市群发展质量的地区差异

表 3-4 为中国各城市群的发展质量得分表，选取 2003 年、2008 年、2013 年和 2017 年四个关键年份进行展示。由表 3-4 可知，珠三角、长三角及京津

冀城市群稳居前列，关中、呼包鄂榆、兰西城市群则长期位于末位。2003 年综合得分最高的珠三角城市群（0.235）是兰西城市群（0.015）的 15.67 倍，绝对值相差 0.220；平均得分最高的珠三角城市群（0.501）是最低的兰西城市群（0.090）的 5.57 倍，绝对值相差 0.411。榜首与榜尾的城市群在 2003～2017 年的相对差距虽有减小，但绝对差距仍显著拉大。

进一步从区域角度分析得分差异，可以发现东部地区城市群均值从 2003年的 0.186 上升至 2017 年的 0.600，数值增加 0.414，增长率为 322.58%；中部地区城市群均值从 2003 年的 0.090 上升至 2017 年的 0.224，数值增加0.254，增长率为 248.89%；西部地区城市群均值从 2003 年的 0.058 上升至2017 年的 0.290，数值增加 0.232，增长率为 500.00%。从以上结果可知，城市群发展质量整体水平呈东、中、西递减趋势，同时中部地区城市群的发展质量虽已实现较快增长，但其数值上升水平较东部地区仍明显不足，呈现出一定程度的非收敛趋势。出现上述情形的原因在于，中部地区起始发展质量较低，受中部崛起政策影响，产业升级、教育投入、基础建设程度都较以往得到显著改善，但东部地区依靠区位优势和改革开放的先发优势，比中部地区获得更多的发展机会，故这一资源政策的积累优势使质量水平的上升也更为明显。

表 3 - 4　　　　　　　　　中国各城市群的发展质量得分

区域	2003 年	2008 年	2013 年	2017 年	平均得分	平均排名
京津冀	0.224	0.350	0.427	0.633	0.385	3
长三角	0.234	0.349	0.538	0.780	0.434	2
珠三角	0.235	0.382	0.660	0.943	0.501	1
哈长	0.093	0.140	0.202	0.304	0.172	11
中原	0.084	0.153	0.238	0.389	0.190	9
呼包鄂榆	0.018	0.112	0.186	0.255	0.142	14
北部湾	0.080	0.128	0.221	0.325	0.175	10
长江中游	0.137	0.160	0.247	0.449	0.219	7
成渝	0.100	0.160	0.251	0.367	0.204	8
关中	0.078	0.118	0.201	0.272	0.154	13
兰西	0.015	0.056	0.106	0.231	0.090	15

续表

区域	2003 年	2008 年	2013 年	2017 年	平均得分	平均排名
辽中南	0.129	0.198	0.292	0.316	0.223	5
山东半岛	0.149	0.264	0.419	0.540	0.314	4
海峡西岸	0.147	0.188	0.256	0.388	0.224	6
晋中	0.044	0.127	0.208	0.232	0.153	12
东部地区	0.186	0.289	0.432	0.600	0.347	/
中部地区	0.090	0.145	0.224	0.344	0.184	/
西部地区	0.058	0.115	0.193	0.290	0.153	/

资料来源：笔者自制。

为深化对区域城市群的发展认知，需对各城市群的所处阶段进行具体划分。依据得分均值（M）及标准差（SD）将发展质量指数划分为 3 个阶段，即低分（得分低于 M－0.5SD＝0.162）、中分（得分介于 M－0.5SD 和 M＋0.5SD 之间）及高分（得分高于 M＋0.5SD＝0.315）区间。从总体平均得分来看，东部地区城市群包含 2 个区间，其中珠三角、长三角、京津冀城市群位于高分区间，辽中南、山东半岛、海峡西岸城市群位于中分区间；中部地区城市群包含 2 个区间，其中哈长、中原、长江中游城市群位于中分区间，晋中城市群位于低分区间；西部城市群包含 2 个区间，其中北部湾、成渝城市群位于中分区间，呼包鄂榆、兰西、关中城市群位于低分区间。从时间截面得分来看，2003 年各城市群的发展质量指数偏低，除东部城市群中的珠三角、长三角和京津冀城市群位于中分区间，其他城市群均处于低分区间；2008 年各城市群的发展质量指数有所提高，东部城市群中的珠三角、长三角和京津冀城市群依旧得分最高且进入高分区间，辽中南、山东半岛、海峡西岸城市群处于中分区间，中西部城市群仍处于低分区间；2013 年城市群发展质量指数高分区间都分布在东部地区，包含珠三角、长三角、京津冀、山东半岛城市群，其余中西部城市群基本处于中分区间，仅有西部地区的兰西城市群处于低分区间；2017 年中国城市群发展质量已达较高水平，仅有兰西、晋中、呼包鄂榆以及哈长城市群位于中分区间，其余城市群质量指数皆已进入高分区间，且珠三角、长三角和京津冀三大城市群的增长幅度遥遥领先。

综上所述，各城市群呈现东高西低的区域递减趋势，东部以高中分区间为主，中西部则中低分区间交杂，其中珠三角、长三角、京津冀三大城市群引领发展质量的最高水平，而兰西、呼包鄂榆城市群发展质量水平较低。同时，城市群间呈现出一定程度的收敛趋势，虽然大部分城市群的差距在逐年缩小，但应注意的是，三大城市群间本身存在极化现象，且中西部地区的发展质量虽已较快增长，实际水平相较东部地区仍有明显不足。以上表明，资源配置的分布格局拥有明显的非均衡性特征，东部地区的配置机制较健全完善，中西部地区的问题仍很显著。为此，应加强地区间的沟通交流，统筹缩小区域差距，实现合理的资源配置以整体推进城市群发展。

3. 城市群发展质量的内在要素分析

从综合水平显示各城市群的发展状态方面来看，这些阶段变化和个体差异主要表现在影响各城市群发展质量的内在要素指数的变化。通过鉴别并分析关键要素，识别不同区域或不同城市群的系统要素时序演进，可以揭示城市群发展质量水平提高的内在关键。因此将 2003 ~ 2017 年划分成两个阶段，即 2003 ~ 2010 年和 2011 ~ 2017 年，并将 15 个城市群的内在要素进行分类显示。通过测算得出以下三点结论。

第一，从东部地区城市群看，均由局部失衡转向均衡协调，但各城市群的发展问题与短板各不相同。具体来说，京津冀城市群由空间突出转向均衡协调，这归因于前期高空间紧凑度的大城市建设，但也导致户籍管理、交通建设等其他方面脱节，后期则通过中小城镇建设疏解北京市非首都功能，推动河北省城镇规划体系与京津有效对接，提升城市群均衡协调度。长三角城市群由空间、协同双突出转向均衡协调，究其原因与前期区域多次扩容相关，但在这一过程中各地经济同构化、主导产业同质化等问题也阻碍一体化进程，后期则通过价值链强化分工协作，构建培育优势产业集群的产业生态圈，推进城市群产业体系完善。珠三角城市群由协同突出转向均衡协调，前期由于作为改革开放先行地拥有较完善的市场体系，但实际上珠江经济腹地狭小且东西两岸资源配置不畅，后期则培育广佛肇、深莞惠、珠中江三大都市圈，通过产业对接与合作框架推动珠三角一体化进程。辽中南城市群与长三角城市群相似，也由空间、协同双突出转向均衡协调，关键点在于前期传统工业基地的大城市集聚与基础交通便利，但环境污染、资源浪费的粗放型经济增长不利于长远发展，后期则以经济结构转型的新型产业化为切入点，推进实现老工业基地振兴的格局，优化产业体系。山东半岛城市群和海峡西岸城市群均由产业低谷转向均衡协调，这归因于两者前期产业体系的层次较低，其中山东半岛城市群电力、纺织、化工等传统产业仍占工业总产值的1/3以上。海峡西岸城市群则缺乏主导产业且未形成真正的经济区，后期均依托沿海港口经济优势，立足区域科技创新平台，构建以现代服务业为主体、先进制造业为支撑的产业集群，提升产业发展品质。

第二，从中部地区城市群看，大部分城市群从多方失衡转向单方失衡。哈长城市群由产业低谷转向绿色突出，这是前期产业结构偏向资源型、传统型及重化工型，而轻工业和生产性服务业却发展滞后导致的，后期则在现代农业与现代服务业的基础上，统筹打造装备制造、智能机械、农林产品精深加工等优势产业集群，推动绿色循环低碳发展。晋中城市群自2003年后仍维持空间低谷状态，这可能与中心城市太原有关，发展空间受限且后继乏力，难以发挥辐射带动周边城镇的核心作用。中原城市群和长江中游城市群由空间突出转向产业低谷，主要归因于前期对郑州、武汉、长沙、南昌等中心城市的集中建设，但制造业低端发展、群内产业重合等问题仍未有效解决，如郑州市以矿物制品、金属冶炼、电热设备制造等粗放规模产业为主，且与开封、洛阳等次级城市重合度较高；又如长江中游的湖北、湖南与江西在机械制造、石油化工、金属冶炼等过千亿产值产业中，存在明显省际重合现象。

第三，从西部地区城市群看，内在要素的差异转变较为显著。一方面呼包鄂榆城市群和兰西城市群由均衡发展转向绿色突出，这与"绿水青山就是金山银山"的生态理念相关，另一方面则是转型稀土、天然气等资源型产业并整合培育高端产品加工体系。成渝城市群、北部湾城市群则与中原城市群、长江中游城市群相似，由空间突出转向产业低谷，关键问题由前期的大城市建设集中转为后期的产业低端重合，其中成渝城市群多为机械制造、农副食品、化工能源等产业，北部湾城市群则以农副食品、建筑材料等资源加工型产业为主。关中城市群从空间偏向转为绿色偏向，这也与《关中平原城市群发展规划》中贯彻始终的绿色发展理念相吻合。

综上所述，东部地区城市群逐步转向均衡发展，这与发展质量高数值的现状相吻合，表明高质量发展应持续推进演变机制中内在要素的动态耦合与优化治理；中部地区城市群的单方失衡尤其是产业方面尤为突出，需立足"双循环"战略，通过技术创新和制度创新推动产业基础高级化，打造更有活力、更具竞争力的现代化产业链；西部地区城市群的差异较为显著，但绿色发展理念的生态内涵仍是城市群转向的关键，需立足纵横双向的经济与生态协调，坚持面状保护、点状开发的策略，推动生态文明建设和可持续发展。同时，中国城市群的资源配置调整不全面且问题各不相同：东部地区的资源配置调整步入正轨；中部地区存在部门资源配置短板；西部地区的关键问题是绿色资源配置。为此，应加强区域政策的针对性，结合地区发展实际，把握各城市群的突出问题，差异化、精细化出台资源配置方式的优化方案。

3.5　城市群发展质量的时空演进

3.5.1　城市群发展质量的时序特征

1. 核密度分析法

使用核密度分析法分析历年中国城市群发展质量的分布特征。核密度分析的目的在于，获得可近似表示数据分布的密度函数的每点估计值，进而展示数据的分布情况。核密度估计的计算公式如式（3-5）所示。

$$f(y) = \frac{1}{nh} \sum_{i=1}^{n} k\left(\frac{y - y_i}{h}\right) \tag{3-5}$$

其中，$h > 0$ 表示核估计带宽，i 表示样本下标，$k(\cdot)$ 表示标准正态分布核函数，$(y - y_i)$ 表示带宽范围内估算中心点到样本点 i 的距离。

测算后可以发现：第一，在分布形态上，大部分年份呈单峰分布，个别年份呈双峰分布且间隔距离较小，说明城市群发展质量没有出现明显的两极分化；第二，在集中趋势上，分布函数的峰顶向高指数方向移动，且峰值对应概率密度呈下降趋势，说明中国城市群发展质量的整体水平在不断提高，而个体差距在逐步缩小；第三，上、中、下三类分位点的变化趋势相似，2015 年之前呈稳步上升趋势，之后增加速度较以往更快，上位点的增长速度明显超过中位点和下位点。以上说明总体上各城市群在 2003~2017 年均有进步，发展势头平稳且潜力较大，但城市群发展质量也存在差异，即高水平城市群存在先发优势，中低水平城市群质量提升相对较慢。

2. 马尔科夫状态转移矩阵

选取马尔科夫状态转移矩阵从相对水平方面进一步分析时序演进的特征，转移概率的计算公式如式（3-6）所示。

$$p_{ij}^{t,t+d} = \frac{\sum\limits_{t=T_0}^{T-d} n_{ij}^{t,t+d}}{\sum\limits_{t=T_0}^{T-d} n_i^{t,t+d}} (i = 1, 2, \cdots, k; j = 1, 2, \cdots, k; t = T_0, \cdots, T-d)$$

$$\tag{3-6}$$

其中，依据得分均值（M）及标准差（SD）将发展质量指数划分为 3 个阶段，分别为低分（得分低于 M - 0.5SD = 0.162）、中分（得分介于 M - 0.5SD 和

M + 0.5SD 之间）及高分（得分高于 M + 0.5SD = 0.315）；k 表示质量发展指数的等级数量，$n_{ij}^{t,t+d}$ 表示发展质量指数由 t 年份的等级 i 转移到（t + d）年份的等级 j 的城市群数量，$n_{ij}^{t,t+d}$ 表示发展质量指数在 t 年份属于等级 i 的城市群数量；分别取 d = 1，2，3，4，相应结果如表 3 – 5 所示。

表 3 – 5　　　　2003 ~ 2017 年中国城市群发展质量指数的马尔科夫转移矩阵

时间跨度 d	t 时态时刻 i	t + d 时刻状态 j		
		低分	中分	高分
1	低	0.8354	0.1646	0
	中	0.0110	0.8791	0.1099
	高	0	0	1
2	低	0.6962	0.3038	0
	中	0	0.7952	0.2048
	高	0	0	1
3	低	0.5769	0.4231	0
	中	0	0.7027	0.2973
	高	0	0	1
4	低	0.4286	0.5714	0
	中	0	0.5938	0.4063
	高	0	0	1

资料来源：笔者自制。

从表 3 – 5 可知，第一，在维持稳态上，城市群发展质量指数在不同等级上均有较强的稳定性。当时间跨度 d = 1 时，低分、中分和高分于 1 年后保持原本阶段的概率分别为 83.54%、87.91% 和 100%；当时间跨度 d ≥ 2 时，高分仍然维持不变，中分和低分留存原等级的概率有不同程度的下降，但基本仍维持在 50% 以上。第二，在邻近等级转移上，各等级向上转移的可能性较大，向下转移的可能性极小。当时间跨度 d = 1 时，低分和中分上升至另一等级的概率分别为 16.46% 和 10.99%，而向下转移的可能性仅有中分转低分的1.10%；当时间跨度 d ≥ 2 时，中分和低分向上转移的可能性稳步增加，如低分和中分在第四年的上升概率均已超过 50%，但向下转移的可能性却已降为 0。第三，在等级跃迁上，不存在得分指数跳级的可能性。在不同时间跨度，跨越等级 "断崖式下跌" 和 "飞跃式上升" 的可能性均为 0。综上所述，各城市群应注重补足发展质量的短板，突破当前所在固态区间，同时也应注意防范等级下降的可能性，稳步有序提升并力争迈入更高区间。

3. 二维联合概率密度函数

为探究城市群发展质量绝对数值随时间变化的可能性，选择参考高一铭等（2020）的二维联合概率密度函数 $f(x_t, x_{t+k})$ 进行分析，以 GDP 增加值为权重提升结果准确性，所用公式如式（3-7）、式（3-8）和式（3-9）所示。

$$f(x,y) = \frac{\sum_{i,t} w_{it}^{(x)} w_{it}^{(y)} K\left(\dfrac{x - x_{it}}{h_x}, \dfrac{y - y_{it}}{h_y}\right)}{h_x h_y \sum_{i,t} w_{it}^{(x)} w_{it}^{(y)}} \tag{3-7}$$

$$K(x, y) = \frac{1}{2\pi} e^{-\left(\frac{x^2 + y^2}{2}\right)} \tag{3-8}$$

$$h_t^{(opt)} = (4/3n)^{\frac{1}{5}} \min\{\sigma_t, IQR_t/1.35\} \tag{3-9}$$

其中 x，y 为不同时间与主体下的城市群发展质量指数取值，i 和 t 分别为城市群和时间下标；k = 1，2，3，4 为时间跨度，K(x，y) 为标准正态分布和函数，$f(x_t, x_{t+d})$ 为二维联合概率密度函数；h 为核估计的带宽，其两维度的最优带宽分别使用"拇指法则"确定，IQR 为样本四分位距，σ 为样本标准差；w_{it} 为权重，使用中国主要城市群历年 GDP 增加值加权。

图 3-4 显示不同时间跨度下，二维联合概率密度函数的估计结果，包含二维联合概率密度函数和其对应等高线图。图上方的虚线为对角线，即 $x_{t+d} = x_t$，在对角线上方的概率密度代表 $x_{t+d} > x_t$ 的可能性，即（t + d）年的城市群发展质量有所提高，超过基年 t 的可能性；反之对角线下方的概率密度则代表（t + d）年的城市群发展质量下降，低于基年 t 的可能性。

从图 3-4 可以看出以下三点。第一，城市群发展质量的集聚效应，特别是中高水平方面较为明显。具体来说，等高线密集区域远离原点且与其他分布相距不大，表现为大部分城市群的发展质量接近且较高。对应中高分区间的概率密度函数出现高峰，而其他区域相对平坦，且较高概率密度出现在对角线附近，故以自身初始发展水平为基准，逐步小幅变化。第二，不同时间跨度下，发展质量的转移模式存在区别。在图中，随时间跨度的增加，概率密度函数有向对角线右侧移动的倾向，当时间逐渐变长时，联合分布函数对角线上方的概率密度越来越大于对角线下方，表明中国城市群发展质量长期向好的趋势相当明显。第三，不同初始发展水平下，发展质量的转移趋势基本一致。其中低水平主体和高水平主体都倾向于在维持自身水平的前提下提升发展质量水平，具体体现为远离原点的概率密度不仅集中且偏向对角线右侧。

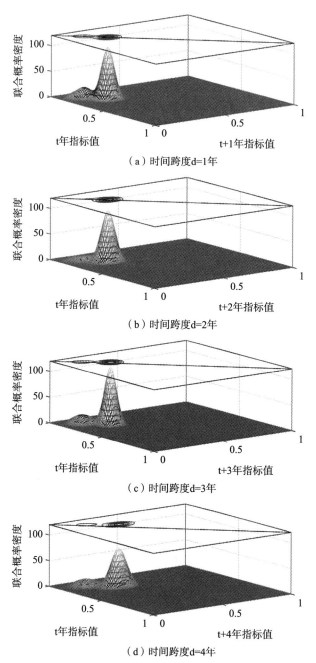

图 3 − 4　不同初始发展水平对城市群发展质量的影响

资料来源：笔者自绘。

基于上述时序特征规律可以看出，国家致力于推进统筹区域资源，城市群资源配置已得到一定程度的优化改善。但应注意的是，资源配置的调整不是一蹴而就的，也不可能一劳永逸，应在过程中坚持改革方向，防止停顿与倒退，稳步攻关重点领域和核心问题。同时，资源配置方式调整不应拘泥于区域发展程度，低水平城市群需要关注改革的时效性与针对性，高水平城市群更需要全面深化改革，实现新突破。

3.5.2　城市群发展质量的空间特征

1. 泰尔指数分解

本节将从空间差异方向进一步分析中国城市群发展质量的演变历程。由前文的区域差异得分可知，中国城市群存在东高西低的区域差异，东部城市群以高中分区间为主，且增长速度相对较快；中西部城市群以中低分区间交杂为特征，虽已较快增长但相较东部积累优势仍有明显不足。因此主要城市群间可能存在一定程度的非收敛趋势，需要通过计量工具进行专项分析。

为定量揭示历年中国城市群发展质量的整体差异，参考聂长飞和简新华（2020）的方法分析城市群发展质量的区域差异来源，将泰尔指数分解为组内差异和组间差异，具体公式设定如式（3-10）、式（3-11）和式（3-12）所示。

$$T = \frac{1}{n} \sum_{i=1}^{n} \left(\frac{Q_i}{Q} \times \ln \frac{Q_i}{Q} \right) \tag{3-10}$$

$$T_p = \frac{1}{n_p} \sum_{i=1}^{n_p} \left(\frac{Q_{pi}}{Q_p} \times \ln \frac{Q_{pi}}{Q_p} \right) \tag{3-11}$$

$$T = T_w + T_b = \sum_{p=1}^{3} \left(\frac{n_p}{n} \times \frac{\overline{Q_p}}{Q} \times G_p \right) + \sum_{p=1}^{3} \left(\frac{n_p}{n} \times \frac{\overline{Q_p}}{Q} \times \ln \frac{\overline{Q_p}}{Q} \right) \tag{3-12}$$

其中，T 表示中国城市群发展质量指数的泰尔指数，其大小介于 [0，1] 区间，数值越小，表明整体差异越小，反之则越大。T_p（p = 1，2，3）分别表示东、中、西部地区城市群发展质量指数的泰尔指数，i 表示城市群，n 表示全国主要城市群数量，n_p 表示东、中、西部地区主要城市群数量，Q_i 表示城市群 i 的发展质量指数，Q_{pi} 表示 p 地区城市群 i 的发展质量指数，Q 和 Q_p 分别为全国和各地区发展质量指数之和，$\overline{Q}$ 和 $\overline{Q_p}$ 分别表示全国和 p 地区发展质量指数的平均值。据上式可知，全国发展质量指数的泰尔指数可进一步分解为地区内差异泰尔指数 T_w 和 T_b。与此同时，定义 T_w/T 和 T_b/T 为地区内差异和地区间差异对整体差异的贡献率，定义（Q_p/Q）×（T_p/T）为地区内差异中各地区的贡献率。具体结果如表 3 - 6 所示。

由表 3 - 6 可知，泰尔指数整体呈下降趋势，城市群发展质量的区域间差距的贡献率在缩小。具体来说，第一，从整体差异来看，2003～2017 年中国城市群发展质量指数的差异最大和最小的年份分别出现在 2003 年和 2011 年。同时，中国城市群发展质量指数的泰尔指数在多数年份呈下降趋势，表明中国城市群发展质量指数的整体差异在不断缩小。第二，从结构分解角度来看，2005 年之前地区内差异贡献率呈下降趋势且均小于 40%，发展质量指数的整体差异大部分来源于地区间差异。2005 之后多数年份的地区间差异仍占主要地位，但数值和贡献率均下降，这可能归因于东部地区先发优势的效果弱于中西部地区，而地区内差异贡献率呈上升趋势，此时和地区间差异贡献率差距已较小。对地区内差异进一步分解后发现，从 2017 年东、中、西部地区的泰尔指数看，东部地区差异最大，中部地区次之，西部地区差异相对较小。此外，从东、中、西部地区对整体差异贡献率的均值看，东部地区所占比重呈较快上升趋势，中部地区所占比重呈先降后升的"U"型趋势，西部地区所占比重呈波动下降趋势，表明东部地区在整体差异的所占比重最大，西部地区次之，中部地区在整体差异的所占比重最小。

表 3 - 6　　2003～2017 年城市群发展质量指数的泰尔指数及其结构分解

年份	整体差异	地区内差异				地区间差异
		总体	东部	中部	西部	
2003	0.0808	0.0297 (0.37)	0.0134 (0.11)	0.0305 (0.08)	0.0910 (0.19)	0.0511 (0.63)
2004	0.0681	0.0241 (0.35)	0.0128 (0.12)	0.0183 (0.05)	0.0699 (0.18)	0.0440 (0.65)
2005	0.0602	0.0150 (0.25)	0.0129 (0.13)	0.0046 (0.01)	0.0333 (0.10)	0.0452 (0.75)
2006	0.0518	0.0149 (0.29)	0.0155 (0.18)	0.0006 (0.00)	0.0279 (0.11)	0.0369 (0.71)
2007	0.0470	0.0126 (0.27)	0.0163 (0.21)	0.0024 (0.01)	0.0119 (0.05)	0.0344 (0.73)

续表

年份	整体差异	地区内差异				地区间差异
		总体	东部	中部	西部	
2008	0.0502	0.0139 (0.28)	0.0157 (0.19)	0.0017 (0.01)	0.0205 (0.08)	0.0363 (0.72)
2009	0.0493	0.0147 (0.30)	0.0167 (0.20)	0.0008 (0.00)	0.0224 (0.09)	0.0346 (0.70)
2010	0.0499	0.0148 (0.30)	0.0162 (0.19)	0.0017 (0.01)	0.0242 (0.10)	0.0351 (0.70)
2011	0.0388	0.0137 (0.35)	0.0168 (0.25)	0.0006 (0.00)	0.0181 (0.11)	0.0250 (0.65)
2012	0.0396	0.0140 (0.35)	0.0194 (0.28)	0.0012 (0.01)	0.0120 (0.07)	0.0256 (0.65)
2013	0.0462	0.0164 (0.36)	0.0221 (0.28)	0.0016 (0.01)	0.0150 (0.07)	0.0298 (0.64)
2014	0.0396	0.0149 (0.38)	0.0213 (0.31)	0.0026 (0.01)	0.0099 (0.06)	0.0247 (0.62)
2015	0.0426	0.0178 (0.42)	0.0258 (0.34)	0.0068 (0.03)	0.0082 (0.04)	0.0248 (0.58)
2016	0.0453	0.0208 (0.46)	0.0307 (0.38)	0.0074 (0.03)	0.0086 (0.04)	0.0245 (0.54)
2017	0.0435	0.0201 (0.46)	0.0285 (0.37)	0.0128 (0.06)	0.0062 (0.03)	0.0234 (0.54)

注：括号中的数字为各部分的贡献率，即所占整体差异的比例，单位为%。

2. β计量收敛

2003~2017 年，中国城市群的发展质量差距随年份增长存在波动，但从总体上看呈下降趋势。这一结果是否表明中国城市群的发展质量存在收敛性、各地区的收敛性又是否存在差别？以上问题的解决将有利于深入分析空间特征。因此本节拟采用收敛计量模型，分类型、分地区验证中国城市群发展质量的收敛性。

基于经典的收敛假说，依据可能性与存在条件，经济收敛可被划分为绝对收敛、条件收敛和俱乐部收敛三种类型。具体来说，绝对收敛指初始水平差的地区必将追赶上初始水平好的地区，这种收敛是无条件的。与绝对收敛不同，条件收敛认为各区域都存在自身的发展均衡水平，区域间差距取决于区域初始水平与均衡水平的差距。俱乐部收敛则将初始水平、经济结构等因素都纳入影响经济增长差距的范畴，即内部状态类似的地区将一起达到局部稳定状态。此外，在索洛模型中，还会将收敛划分为 α 收敛和 β 收敛，其中 β 收敛与以上收敛概念相似，都强调初始条件差的地区会逐步追上发达地区。

基于以上对收敛理论的归纳，本章将分别采取 β 绝对收敛模型和条件 β 收敛模型对中国城市群整体地区发展质量差距进行分析。具体来说，β 收敛从增长率入手考察变化趋势，若增长率与初始发展质量呈负向关系，则落后地区发展质量的增长率将逐渐赶上发达地区，最终达到趋同的收敛状态。其中，绝对收敛将从城市群发展质量初始水平探究对收敛情况的影响，而条件收敛则会控制一系列影响因素，然后考虑收敛的实际情况。因此，将城市群发展质量的收敛模型设置如式（3-13）所示。

$$\frac{1}{T-t}\log\frac{y_{i,T}}{y_{it}} = \alpha + \beta\log y_{it} + X\gamma + \mu_i + \nu_t + \varepsilon_{it} \qquad (3-13)$$

式（3-13）中，左侧计算发展质量的增长率，T 取为 t+1，y_{it} 为第 i 个地区在 t 年的发展质量，以上采用对数化处理；β 为回归系数，μ_i 为地区固定效应，y_t 为时间固定效应，ε_{it} 是随机误差项，其中控制变量向量 X 在条件收敛时考虑，在绝对收敛时则不加入。在模型估计时，采用地区及时间双向固定效应估计。核心估计参数 β 度量了城市群发展质量的收敛情况，若中国主要城市群发展质量水平存在收敛，则预期系数 β 应显著为负。

本章选取以下控制变量。（1）固定资产投资。选取固定资产投资与 GDP 的比值（王冰和程婷，2015）反映这一对区域发展的重要驱动力量，变量名为 FA，单位为%。（2）税收负担。选取财政一般预算内收入与 GDP 的比值（孙久文和周玉龙，2015）反映城市群中影响市场主体活力程度的因素，变量名为 Tax，单位为%。（3）城镇化率。选取城镇人口占总人口的比例（朱孔来等，2011）反映城市群发育演化的前提与基础，变量名为 Urban，单位为%。以上数据均选自 2004~2018 年《中国城市统计年鉴》《中国城市建设统计年鉴》、各城市统计年鉴和历年公报，涉及人口指标的均选择年末人口数据，数据缺失部分采用插值法和中值法补齐。

由表 3-7 结果可知，全国样本中绝对收敛模型和条件收敛模型的 β 估计

值分别为 - 0. 3711 和 - 0. 3797，且均在 1% 的水平上显著。这一结果表明全国城市群发展质量的提升速度与初始层次为反向关联关系。具体来说，从全国来看，某城市群发展质量的初始层次若高于其他城市群，则提升速度会处于较落后状态，反之亦然。因此城市群发展质量确实存在 β 收敛，证实了发展质量的增长率在趋同的事实。

表 3 - 7　　　　　　　　　　中国城市群整体地区收敛回归结果

变量	绝对收敛	条件收敛
β	- 0. 3711 *** (- 5. 32)	- 0. 3797 *** (- 6. 48)
_cons	- 0. 3486 *** (- 5. 20)	- 0. 3781 *** (- 5. 09)
控制变量	无	控制
时间效应	控制	控制
地区效应	控制	控制
N	210	210
R^2	0. 5724	0. 5855

注：（1）括号中为 t 值；（2）*、**、*** 分别表示在 10%、5%、1% 水平上显著；（3）篇幅所限，未列出控制变量结果。

进一步分解收敛结果，使用 β 条件收敛模型分别对中国东部地区、中部地区、西部地区进行各区域回归分析。从表 3 - 8 可以看出，各地区的收敛结果表现出明显的地区异质性。除东部地区以外，中部地区和西部地区的 β 值均超过 0. 4，且在 5% 的水平上显著，表明部分地区城市群发展质量已出现俱乐部收敛情形。

表 3 - 8　　　　　　　　　分地区 β 条件收敛回归结果表

变量	东部	中部	西部
β	- 0. 1055 (- 0. 84)	- 0. 4871 ** (- 4. 52)	- 0. 4441 ** (- 3. 83)
_cons	- 0. 0239 (- 0. 19)	- 0. 4089 (- 1. 82)	- 0. 6306 ** (- 3. 60)

续表

变量	东部	中部	西部
控制变量	控制	控制	控制
时间效应	控制	控制	控制
地区效应	控制	控制	控制
N	84	56	70
R^2	0.7472	0.6937	0.6643

注：（1）括号中为 t 值；（2）＊、＊＊、＊＊＊分别表示在 10%、5%、1% 水平上显著；（3）篇幅所限，未列出控制变量结果。

综合上文验证发现，第一，东部地区的俱乐部 β 收敛不显著，在东部地区中，京津冀、长三角和珠三角发展尤为突出，存在极化现象，影响地区的发展质量均衡情况，应注重发展其他城市群，避免发展的过度差异与不平衡。第二，中西部地区呈现俱乐部 β 收敛显著，这与泰尔指数地区内中西部系数下降相呼应，即在中西部地区，区域间发展质量差距缩小的情况已出现，但政府仍需借鉴东部城市群的先进经验，注重各城市群间的联系交流，在发展质量提升的基础上推动城市群的协调发展。第三，城市群整体存在 β 收敛，与整体泰尔指数相呼应，但这并不与东部城市群的先发优势冲突，中部地区与西部地区的发展阶段较为趋近，推动地区间的发展差距降低进而影响整体差距。

基于上述空间特征规律可以看出，资源配置方式调整成为各城市群筹备政策规划的共识，城市群之间已显示出促进区域均衡的倾向。值得注意的是，各地区对资源配置优化的重视和投入力度不同，东部地区长期处于优势地位，拥有制度变迁与技术进步带来的领先经验，中西部地区则基础薄弱，资源配置的全面深化改革刚刚起步。各地区内部的资源配置倾向也存在差异：东部地区中的京津冀、长三角、珠三角城市群对标世界级城市群，打造全球资源配置中心，其改革的高度、力度、深度、广度均优于同地区其他城市群；中西部地区的城市群则在区域政策的偏向扶持下，集中解决资源配置的专项问题，不存在较大的地区间差距。

3.5.3　城市群发展质量与经济增长数量的关系探讨

1. 城市群发展质量与经济增长数量的一致性分析

首先对城市群发展质量与规模扩张的关系进行分析，其中以人均 GDP 代指规模扩张程度。选取 2017 年各城市群发展质量指数排名和人均 GDP 排名，如表 3 - 9 所示，并对质量与数量的关系进行如下设定：若质量排名与数量排名相减的结果为 0，则为质量"同步型"；若相减结果为正，则为质量"落后型"；若相减结果为负，则为质量"领先型"。此外，质量排名与数量排名之差的绝对值越大，则质量与数量发展的一致性就越低。

如表 3 - 9 所示，2017 年中国质量同步型城市群有 4 个，质量落后型城市群与质量领先型城市群分别为 5 个和 6 个。具体来说，东部地区的山东半岛、长三角、海峡西岸和珠三角城市群属于质量同步型，其质量与数量排名均相对靠前，京津冀城市群属于质量领先型，辽中南城市群则属于质量落后型。中部地区的中原、长江中游城市群属于质量领先型，哈长、晋中城市群属于质量落后型。西部地区的关中、成渝、北部湾城市群属于质量领先型，兰西、北部湾、呼包鄂榆城市群属于质量落后型。

表 3 - 9　　2017 年中国城市群发展质量指数与经济增长数量的排序比较

地区	城市群	质量排名	数量排名	排名之差	类型
东部地区	辽中南	10	6	4	落后型
	京津冀	3	5	−2	领先型
	山东半岛	4	4	0	同步型
	长三角	2	2	0	同步型
	海峡西岸	7	7	0	同步型
	珠三角	1	1	0	同步型
中部地区	哈长	11	9	2	落后型
	晋中	15	10	5	落后型
	中原	6	13	−7	领先型
	长江中游	5	8	−3	领先型
西部地区	呼包鄂榆	13	3	10	落后型
	关中	12	14	−2	领先型
	兰西	14	12	2	落后型
	成渝	8	11	−3	领先型
	北部湾	9	15	−6	领先型

资料来源：笔者计算得出。

从质量与数量发展的一致性来看，中国城市群发展质量与数量的一致性水平发展较高。具体来说，质量排名与数量排名之差的绝对值小于等于 3 的城市群有 10 个，分别为京津冀、山东半岛、长三角、海峡西岸、珠三角、哈长、长江中游、关中、成渝和兰西城市群。与此同时，质量排名与数量排名之差的绝对值大于 3 的城市群数量有 5 个，分别为辽中南、晋中、中原、呼包鄂榆和北部湾城市群，且城市群的绝对差距最高可达 10，说明这些城市群质量与数量的一致性较低，存在较大问题，必须在经济发展过程中协调好质量与数量的关系，使质量与数量得以同步提升。

2. 城市群发展质量与经济增长数量的二维同步矩阵

为更加明确质量与数量的关系，以各城市群 GDP 增速代表数量扩张速度（数据来源于《中国城市统计年鉴》，且以可比价格计算），同时以上文所测城市群发展质量指数代表质量发展状况，构建二维坐标系进行分析。选择 10% 作为发展数量扩张速度的参考标准值，0.24（中等得分的中位线）作为质量发展状况的参考标准值，以城市群 GDP 增速和发展质量指数是否超过平均值为基准，将平面划分为"高速高质""高速低质""低速低质""低速高质"四个象限。

如图 3 – 5 所示，以 2010 年为界，将 2003 ~ 2017 年按时间均分为两个阶段，观察城市群发展速度与发展质量的关系。2003 ~ 2010 年，中国城市群总体处于"高速低质"阶段。此时受加入 WTO、投资扩张等因素影响，中国各城市群的经济增长速度较快，如长三角城市群连续五年经济增长速度均超过 15%，但仍存在中小城市发展迟滞、小城镇发展急需引导和扶持等城镇化改革问题，城市群发展质量处于较低阶段。2011 ~ 2017 年，中国城市群已向"低速高质"方向转变。一方面，中国逐步推进经济转型与产业升级，增速从 10% 降至 7%，告别高能耗、高污染、高增长的经济模式；另一方面，党的十八大报告强调，坚持走中国特色新型工业化、信息化、城镇化、农业现代化道路，绿色生态、社会服务、城乡差距等关系到民生的方面在城镇化过程中更加受到重视，京津冀、长三角、珠三角等三大城市群均已迈入高分阶段且基本实现均衡发展。

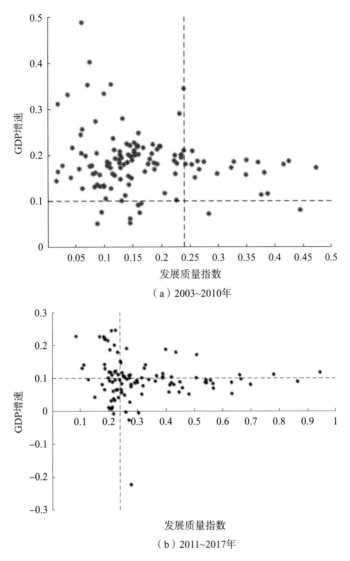

（a）2003~2010年

（b）2011~2017年

图 3 – 5 2011 年之前和之后城市群发展质量和 GDP 增速的二维矩阵

资料来源：作者计算并自绘。

图 3 – 6 展示了全国城市群均值移动轨迹，通过实际数据进一步验证分析发展阶段可以发现，第一阶段仍为 2003 ~ 2010 年，此时处于"高速低质"阶段，波动较大，因受 2007 ~ 2008 年国际经济危机的冲击，2009 年速度和质量双提升的进程被打断，城市群经济增长速度明显下降，城市群发展质量虽仍保持上升，但提升幅度明显较小，至 2010 年恢复正常水平。第二阶段则为 2011 ~

2017 年，此时处于"低速高质"阶段；值得注意的是，2011～2012 年处于调整转型期，虽然数据表征位置较为特殊，但此时发展速度受经济转型影响，呈现明显下降趋势，且发展质量较以往获得较大提升，实际表现为"低速高质"水平。同时，在 2015～2017 年，一方面发展速度在 2015 年降低触底，转而逐步向 10% 水平攀升，这得益于技术创新和研发投入对经济增长的强力推动；另一方面发展质量也飞速跃进，特别是由 2015 年的 0.32 上升至 2017 年的 0.43，实现数量与质量的双向进步。

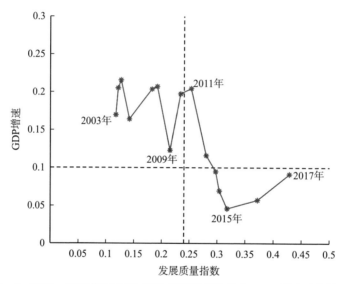

图 3 - 6　2003～2017 年城市群 GDP 发展质量均值和 GDP 增速均值的关系
资料来源：笔者计算并自绘。

　　总体来看，中国城市群发展已经进入"低速高质"发展区间，同时均值移动轨迹也表明随着城市群发展速度的降低，城市群发展质量的提升越来越受到关注。特别是 2015 年以后，城市群发展质量上升幅度已超过历年平均水平，增长速度也稳步回升，城市群已由注重规模扩张的高速发展向高质量发展转变。

　　基于上述城市群发展质量与数量的分析也可以发现，资源配置方式的偏向导致不同发展结果，传统的粗放型发展带来经济增长的同时，也凸显了发展潜力与质量不足；现代的集约型发展虽带来增长减速的阵痛，但在"引擎换挡"的推动下未来可期。因此，中国城市群的发展需要全面优化资源配置方式，激发内生增长潜力，深化要素市场化配置改革，聚焦实现质量和数量的兼顾提升和同步推进。

3.6　本章小结

本章以资源配置方式为主要着手点，以高质量发展为导向，结合实际构建城市群质量转型的逻辑机制，从空间格局、产业体系、绿色发展以及协同联系四个方面解析城市群发展质量，构建相应的城市群发展质量指标体系，运用熵权法确定指标权重，测度 2003 ～ 2017 年中国 15 个主要城市群的发展质量指数。在此基础上进一步分析城市群发展质量指数的时序演进和区域差异，并对城市群发展质量与经济增长数量的关系进行探讨，揭示中国城市群发展演变的内在时空规律。主要得出以下结论。

第一，2003 年以来中国城市群发展质量整体上呈持续上升趋势，并可将其划分为缓慢上升、稳步提升、高速增长三个阶段，前期以空间格局为主，绿色发展则后来居上。中国城市群发展质量存在区域差异，发展质量水平整体呈现东、中、西递减趋势，东部城市群偏向均衡发展，中部城市群存在单方失衡特别是产业失衡，西部城市群的生态理念尤为突出。

第二，城市群发展质量没有出现明显的两极分化，但高水平城市群存在先发优势和极化现象，中低水平城市群质量提升相对较慢。城市群发展质量指数在不同等级上均具有较强的稳定性，中高水平城市群发展质量存在集聚效应。

第三，中国城市群发展质量指数的整体差异在不断缩小。从结构差异来看，2005 年之前发展质量指数的整体差异大部分来源于地区间差异；2005 年之后的多数年份，地区间差距仍起主要影响，但地区内差异贡献率呈上升趋势且与地区间的差距已较小。中国城市群发展质量增长速度与期初水平呈较强的负相关，东部地区可能产生极化现象，而中西部地区则已出现区域内发展质量差距缩小的情况。

第四，中国城市群发展质量与数量的整体一致性水平发展较高。2004 ～ 2010 年城市群总体处于"高速低质"阶段，存在中小城市和小城镇发展迟滞等低质量问题；2013 ～ 2017 年城市群总体处于"低速高质"阶段，2015 年后增长速度恢复且发展质量跃进，实现"又好又快"的双向进步。

以上表明，资源配置方式优化是中国城市群发展质量的核心。具体来说，中国城市群致力于资源配置方式优化且已获得阶段性成果，但内在领域的调整力度不同，仍需要全面发展各领域以促进共同进步。在时序进程中存在倒退现象，需要防止一蹴而就、一劳永逸的错误思想；在空间分布中非均衡性特征明显，仍需加强地区沟通交流与整体统筹。此外，发展模式的粗放特征未完全转变，需要加快推进资源配置改革。

第4章 城市群城市产业集聚的类型划分与集聚影响

本章主要探讨城市群产业聚集问题。在构建一个空间经济学一般均衡模型的基础上，探讨制造业与服务业空间协同集聚的成因与作用效应，并运用数值模拟探讨分析协同集聚不同形态的影响因素与形成机理。随后，以珠三角城市群为例，探讨高技术产业协同聚集评价、类型与主要影响因素。

4.1 引　　言

4.1.1 问题提出

世界区域经济格局正在经历巨大变化，过去城市各自发展，现已转变为依托中心城市，并以此为核心带动周边城市的都市圈、城市群网络状发展，城市群已然成为推动区域经济发展的主要载体。2018 年《中共中央　国务院关于建立更加有效的区域协调发展新机制的意见》指出要加强城市群内部城市间的紧密合作。目前中国大多数城市群内部城市间同质化竞争现象突出，城市群内部的产业协同发展与规划布局越来越成为政府的工作重心。

产业的发展根植于空间属性。产业在空间的集聚已成为区域经济学、新经济地理学的最典型特征，是地方经济建设、创新发展的重要推动力量。在产业融合发展的背景下，除单一产业集聚外，更应该包含多产业的空间协同集聚。通过以产业为纽带，依托城市群为发展平台辐射带动区域发展的新模式，是中国未来高质量发展的主要方向。一方面，以长三角、珠三角城市群为代表，服务业布局在中心城市，制造业往往分布在周边其他城市，形成产业在空间上的分离式集聚形态；另一方面，以中原、关中平原城市群为代表，则呈现出中心城市制造业与服务业不断集聚发展，周围城市产业集聚规模下降的中心式集聚形态。

　　从整体上看，我国的制造业与服务业在空间中不平衡、不充分发展的问题仍比较突出。制造业高投入、高消耗、高污染的粗放发展模式使产能严重过剩，产品的技术含量和附加值不高，整体处于全球价值链分工的中低端。制造业转型升级迫在眉睫，空间集聚更需要思考如何合理布局。中国服务业发展水平和服务质量参差不齐，业务较初级或低端、内部结构不合理、专业化水平不高、核心服务能力欠缺等问题依旧突出（陈艳莹和鲍宗客，2013）。尤其是知识密集型的高端要素需求不足，生产性服务仍比较稀缺，对制造业的支持力度达不到预期的要求。从全球视角来看，中国高技术产业整体上还处于较低水平，远低于美国、日本等发达国家。更为重要的是，中国制造业与服务业各自集聚态势虽已比较明显，但在空间上的良性互动格局还未充分形成，产业融合发展缺乏在空间布局上的思考。在都市圈或城市群等大尺度空间层面上，制造业与服务业良性互动关系被割裂，协同性不强、关联深度不够、产业趋同竞争、集而不群等问题严重，产业总体竞争力在空间上未能形成"1+1>2"的效应。与传统产业相比，高技术产业具有更高的技术含量、更多的产品附加值与更强的市场竞争力。

　　推动形成产业集聚空间优化的格局，更好地发挥制造业与服务业的"双轮驱动"效应，将成为中国未来经济发展的新动力。国家非常重视产业融合发展在优化结构转型和创新发展中的作用，中央和地方政府颁布相关意见及优惠政策，引导产业结构向制造业与服务业"双轮驱动"转化（江曼琦和席强敏，2014）。2015年5月国务院发布《中国制造2025》，提出深化互联网在制造领域的应用，推进信息化与工业化深度融合的主要任务。2019年中共中央和国务院颁布《关于推动先进制造业和现代服务业深度融合发展的实施意见》，指出要深化业务关联、链条延伸、技术渗透，推动先进制造业和现代服务业相融相长、耦合共生。因此，以制造业与服务业为代表的产业协同集聚不仅是产业发展趋势，更是转变经济发展方式、推动经济高质量发展的重要驱动力。二者在有限的空间范围内集聚，可以发挥产业协同优势，重新整合产业价值链，实现产业结构优化升级，提升区域竞争力。

　　珠三角是中国最具有创新实力的区域，其发展不仅关系粤港澳大湾区的建设与发展，还承载着"一带一路"关键节点、中国特色社会主义先行示范区等多项国家政策，具有重要战略意义。珠三角城市群制造业发展起步早，近年又致力于打造国际科技创新中心与现代服务业基地，高技术产业发展基础较好。然而，珠三角城市群的高技术产业同样面临区域发展不均衡的难题，不利于城市群产业升级换代与整体竞争力提升。2020年《广东省人民政府关于培育发展战略性支柱产业集群和战略性新兴产业集群的意见》表明高技术产业成为广东省"十四五"时期的发展重心。因此，推动珠三角城市群高技术产业协同集聚有助于珠三角地区有效整合资源、合理布局产业，对各城市优势互补、分工协作有重要作用。

综上所述，"服务型经济""再工业化"的产业融合互动、"双轮驱动"发展逐渐成为新趋势，政策导向也注重促进多产业集聚在空间布局上的优化，推动形成优势互补的多产业空间集聚形态，以此作为构建现代化产业体系的重要支撑。现实背景激发了对产业空间协同集聚这一新话题的关注。值得深思的是，在理论上，区域间制造业与服务业的空间协同集聚形态（分离式集聚、中心式集聚）演变规律与驱动机制是怎样的？以珠三角为代表的城市内部以及城市间高技术产业协同集聚呈现何种特征？不同空间协同集聚形态的生成及演化机制又受到哪些重要因素的影响？这些理论与实践问题亟待厘清。

4.1.2　文献综述

1. 高技术产业发展

（1）高技术产业协同集聚。高技术产业为什么需要协同集聚？江曼琦和席强敏（2014）研究表明为了降低制造业服务化过程中产生的交易成本，生产服务业与技术密集型制造业更趋向于空间上的协同集聚发展。学者们利用多种方法对高技术产业协同集聚发展水平进行了研究，利用区位商与行业集中度指标（赵玉林和魏芳，2008）、泰尔指数（席艳玲和吉生保，2012）、空间基尼系数（封伟毅和杨硕，2020）、改良的 EG 指数（张虎等，2017）等对高技术产业的集聚度进行了定量研究。除了对高技术产业的协同聚集度进行单一测算之外，近年来许多学者还进行了进一步的研究。杨浩昌等（2020）研究了高技术产业集聚对绿色技术创新绩效的影响。上述研究大多是基于省际层面和行政区层面，基于珠三角城市群或市级层面的研究比较少。张昱和曾倩（2019）以城市群为主体，研究了知识密集型与高技术产业间的协同发展情况，但无法体现城市内部的产业协同水平。李艺铭（2020）通过莫兰指数、区位商等指标测算总结了粤港澳大湾区电子信息产业协同发展特征。王友丽和南宁豫（2020）的研究基于现状与理论层面说明了粤港澳大湾区高科技产业供应链应该如何协同发展，但没有进行定量分析。

（2）高技术产业发展的影响因素。促进高技术产业发展的前提是对其影响因素进行理论与实证分析。朱波强等（2011）的研究从内生性和外生性角度出发，利用因子分析方法，从理论层面对高技术产业发展的影响因素进行探讨。利用实证方法研究高技术产业发展影响因素的文献较多，主要集中在创新促动、政策推动、区位优势带动等方面。认同创新促进观点的学者居多，约翰（John，2004）认为创新模式直接关乎高技术产业的核心竞争力；鲍尔（Paul，2007）同样肯定了创新投入在高新技术产业发展过程中发挥的关键作用；曲婉和康小明（2012）认为创新投入是影响高技术产业创新效率的主要因素。另一部分学者则认为高技术产业的发展在很大程度上取决于政府的支持力度。史丹和李晓斌（2004）、张同斌和范庆泉（2010）认同制度因素对高技术产业发展的作用，研究结果表明，区域发展战略的不同导致各地政府对高技术产业的扶持力度存在差异。

2. 产业协同集聚

（1）产业协同集聚的内涵。"协同集聚"首先由埃利森和格莱泽（Ellison and Glaeser，1997）提出，他们认为异质性产业或存在产业关联，或存在技术关联，通过在空间范围内的集聚产生正外部性。自此以后，对产业协同集聚概念的界定众说纷纭，尚未形成标准答案。维拉尔和里瓦斯（Villar and Rivas，2001）认为服务业主要聚集在中心地区，而制造业主要集聚在外围地区，强调了异质性企业的空间分布。安德森（Andersson，2006）则认为异质性产业相距越近越有利于二者间的相互扶持。蔡翼飞和张车伟（2012）则关注产业集聚带来的负面影响，认为产业集聚利用外部性不断吸引生产要素流入，导致地区间的发展差距扩大。近年来，学者们对产业协同集聚的定义更加强调产业间的异质性。胡尊国等（2015）、刘月等（2017）指出产业协同集聚强调的是产业之间异质、产业关联紧密、空间分布相邻，而且产业间或存在垂直关联，或存在技术关联。综合各学者的研究结论，不难总结出产业协同集聚的一个重要特征，即产业间的异质性与关联性、区域间的分工性与合作性、空间上的邻近性与聚集性。

（2）产业协同路径。学界对于制造业与服务业协同发展的观点主要可以概括为以下三种。一是需求遵从论，该观点从制造业的重要性出发，认为制造业对服务业的市场需求为服务业奠定了发展基础。一些学者认为制造业规模扩张所带来的服务业独立是促使服务业蓬勃发展的主因（Cohen and Zysman，1987；Francois，1990）。邹德玲（2010）将制造业对服务业的促进作用与服务业对制造业的拉动作用进行对比分析，发现前者的作用远大于后者。二是供给主导论，该观点则是从服务业的重要性出发，认为正是由于服务业体系的不断完善，才推动了制造业部门的发展壮大和竞争力提升（Eswaran and Kotwal.，2002；Restuccia et al.，2008；Eloranta and Turunen，2016）。三是互动论。与前两种观点的单一视角相比，互动论显得更加客观全面，此观点认为服务业与制造业的协同发展在于二者互相依赖、相辅相成（Lodefalk，2014）。刘奕等（2017）基于"互联网＋"的发展背景，证实了制造业与服务业之间的高度关联性，凌永辉等（2017）的研究进一步验证了两者之间的互动关系，尽管这种关系存在一定程度上的空间异质性与不对称性。基于以上研究可以发现，无论是制造业先扩张再推动服务业升级，还是服务业先发展再推动制造业发展，均存在密切的产业关联，且随着技术的升级换代，服务业与制造业对彼此的依赖性只增不减。

（3）产业协同集聚水平测度。理论的研究是为了服务于实践，在探讨产业协同集聚的内涵与路径之后，学者们运用了区位商指数、EG 指数、DO 指数等多种方法对产业协同集聚程度进行了分析。其中 EG 指数、DO 指数等主要用于测算多个产业间的产业协同集聚度，余下方法用来测算单一产业的集聚水平。吉亚辉和甘丽娟（2015）基于区位商对生产性服务业与制造业二者之间的协同关系进行了识别与判定。该方法具有数据易得、计算简便、结果直观等优点，因而得到广泛应用。钟韵和秦嫣然（2021）运用 EG 指数对珠三角服务业协同集聚水平进行了测度，此方法对数据的要求较高，需要利用企业层面的数据，数据可得性不强，因此使用该方法的研究相对较少。正是因为如此，许多学者对 EG 指数进行简化与改良，以此降低测算的复杂性。例如，江曼琦和席强敏（2014）曾使用简化后的 EG 指数法对 19 个生产性服务业和 30 个制造业间的协同集聚度进行了测算。袁海红等（2014）基于城市视角，以北京市的企业微观数据为例，利用 DO 指数对城市内产业集聚展开了测度与多方位分析。DO 指数法具有行业间可比性，且空间尺度的变化不会对测算结果的无偏性造成影响，而缺点在于需要使用微观数据，数据获取的难度较大，因此使用该方法进行评价的研究数量远低于前几种方法。

（4）产业协同集聚的影响因素。众多学者同时就产业协同集聚的影响因素展开分析。马歇尔（Marshall，1961）认为产业集聚可以产生外部规模经济，降低信息与人才搜寻成本。还有一种观点认为，产业协同集聚根本上是由区域自然禀赋差异造成的（Kim，1999）。然而，埃利森（Ellison，2010）的研究表明马歇尔外部性对产业协同集聚发挥的作用要强于自然禀赋所发挥的作用。马国霞等（2007）也认为正是外部规模经济导致了产业协同集聚，不同的是他考虑到异质性产业间的上下游关联同样对产业协同集聚造成影响。事实上，陈国亮和陈建军（2012）同样发现了产业关联的重要性，基于中国城际面板的实证研究，证明了产业关联对于促进第二产业与第三产业协同集聚具有显著正向作用。除了自然禀赋、规模经济、产业关联外，近年来学者们又从政策支持、知识密集度、城市规模、基础设施、消费可获得性等方面提出了许多独到见解（陈曦等，2018；钟韵和秦嫣然，2021；尹希果和刘培森，2013；李琳和刘莹，2014）。

3. 产业间协同集聚形成机制

（1）基于产业分工理论（如图4-1所示）。产业分工是经济社会发展到一定阶段的产物，对生产效率的提升与生产方式的变革有巨大的推动作用。在工业化发展的初级阶段，服务业往往作为服务环节内置于制造业内部，没有实现完全意义上的独立。而随着市场环境的变化与生产方式的变革，生产效率越来越成为企业存活的命脉，此时服务业也逐渐从制造业中分离出来。一方面，制造业与服务业分工的日益细化有效降低了制造业企业成本，使其能够专注于提升制造环节效率，明确其核心优势与市场定位。另一方面，制造业企业成本下降使利润增加，从而扩大生产规模，提升产品定位，而制造业规模的扩张又会使其对服务业的数量与质量提出新的要求，推动服务业专业化水平和规模化效应提升。

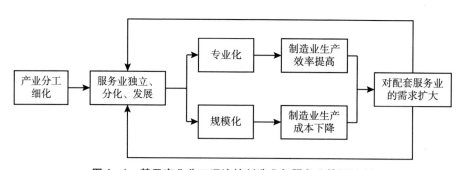

图4-1 基于产业分工理论的制造业与服务业协同机制

资料来源：笔者自绘。

（2）基于产业集聚理论（如图4-2所示）。马歇尔（Marshall）曾将产业集聚的外部性归纳为产业能获得专业化的配套服务、有利于信息的传播以及劳动力的循环往复三个方面。雅各布斯（Jacobs）则认为多元化的产业集聚能有效促进企业创新。一般来说，企业在特定区域集聚可以共享基础设施、共担风险成本；有利于隐性知识的共享与传播，使得知识溢出最大化；减少人才等资源的搜寻成本，起到"资源池"的作用。基于此，制造业与服务业在区域内的集聚分布能够有效促进二者的协同发展。一是因为异质性产业在空间内部的集聚可以大幅降低企业的信息搜寻成本以及厂商的交易成本；二是方便不同产业员工的技术交流与信息交换，促进知识的传播与扩散；三是有利于两个产业形成长期稳定的互惠关系，减少运营成本，降低生产风险。因此，产业集聚不仅有利于制造业与服务业自身的发展，还将加速二者的融合互动，促进两个产业在协同发展过程中更加紧密。

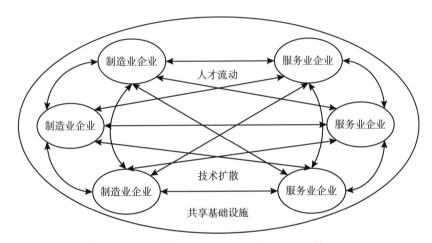

图 4 - 2　基于产业集聚理论的制造业与服务业协同机制

资料来源：笔者自绘。

（3）基于产业关联理论（如图 4 - 3 所示）。产业关联是以投入与产出为纽带的经济行为，通常可以划分为前向关联与后向关联两种类型。制造业与服务业之间存在着产业上的前后向关联。一方面，服务业蕴含的人力资本和隐性知识可以通过中间投入进入制造业生产过程中；另一方面，制造业生产出的产品可以直接进入消费部门，部分产品通过流通环节再次成为服务业的研发、生产设备。这种产业关联不仅能使制造业的最终产品附加值更高、盈利性更强，而且能使服务业的创新、灵感、设计作为最终产品进入消费市场，推动科研成果向生产力转化。在瞬息万变的消费市场中，制造业与服务业协同发展是产业持续焕发生机的必然选择。

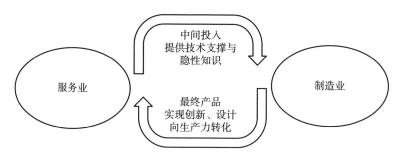

图4-3　基于产业关联理论的制造业与服务业协同机制

资料来源：笔者自绘。

　　（4）基于交易成本理论（如图4-4所示）。有学者在探讨市场与企业之间的关系时，认为某项经营活动是由企业自身承担还是依托市场主要取决于内部管理成本与市场交易成本的高低。随着信息技术的进步，市场交易成本逐步下降，一些企业为追求自身的专业化发展，将非核心业务剥离出去，转交给专业化更高的企业完成。简单来说，这种现象也称为企业的外包服务。企业通过外包服务将人力、物力、财力集中于核心生产环节，提升其专业化水平，提高生产效率，降低生产成本。基于此，制造业企业可以将服务、设计与研发等生产环节外包给服务业企业，实现二者的协同发展。这不仅能够提升制造业企业的生产效率与产业附加值，还有利于推进服务业企业的转型升级，形成良性循环。

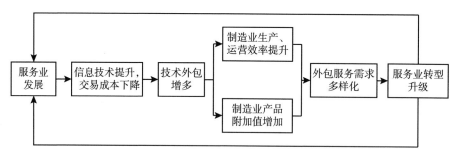

图4-4　基于交易成本理论的制造业与服务业协同机制

资料来源：笔者自绘。

　　（5）基于价值链理论（如图4-5所示）。企业的价值链体现在生产活动中的研发、生产、销售等各阶段，而不同阶段的附加值分布并不均匀。价值链曲线呈现研发与销售环节两端高、中间低的"微笑"状。制造业企业想要实现可持续发展，仅停留在生产加工环节是不够的，必须向产业链的高端延伸。

因此，增加生产过程中的研发、设计等服务环节能够推动制造业的发展，提升其最终产品的附加值。同时，制造业生产规模也将进一步刺激服务业的发展，最终在产业间形成良性互动。

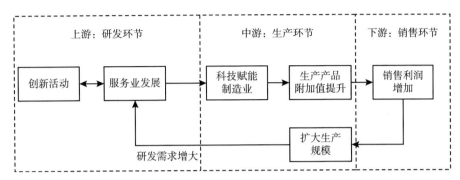

图4－5 基于价值链理论的制造业与服务业协同机制

资料来源：笔者自绘。

4. 文献评述

已有研究丰富了制造业与服务业协同集聚发展的相关研究，但以下四个方面仍有待深化与丰富。

第一，理论上，多产业空间集聚形态的演化机制及作用效应机理仍是一个"黑箱"。现有研究大多以经验研究为主，理论研究较少，尤其基于演化机理及影响效应的机制仍有许多理论盲点。一些学者运用空间经济学模型对单一产业集聚展开研究，但缺乏对产业空间协同集聚的关注。现有理论模型忽略了多产业空间集聚与融合互动的结合，没能将劳动异质性、服务业生产与消费、产业生产关联、空间歧视定价特征纳入统一的空间经济学分析框架进行系统解释。

第二，研究对象上，对制造业与服务业多产业空间集聚形态缺乏足够关注。众多研究关注单一产业集聚特征，但缺乏对具有较强产业关联的空间协同集聚的研究。此外，现有研究按产业联动、空间协同定位两大主线分别展开，但对二者关系的研究尚处于分割状态。就高技术产业而言，部分学者将高技术产业默认为高技术制造业，研究与其他产业的协同关系，忽略了高技术制造业与高技术服务业本身的协同关系。

第三，研究视角上忽略了城市间的协同发展关系。在对产业协同集聚进行定量分析时，多数文献仅对整体的产业协同集聚度进行了测量，鲜少测度区域间产业协同集聚的交互关系。然而，产业协同集聚不仅包括区域内产业协同，还包括区域间产业协同，上述做法无法体现区域间的产业协同关系。

第四，研究方法上存在一定局限。在理论上，大部分学者采用局部均衡分析建模，但分析结论多为局部最优解，缺乏系统考量。部分学者考虑使用空间经济模型，但模型设置未涉及关联因素，仅考虑运输成本对均衡演化的影响，有待进一步改进。学者们对"中心式集聚"的论述比较多，研究多集中于城市层面，而对"分离式集聚"的关注非常少，测度的指数也不能很好地体现空间结构上真正的协同式集聚程度。更为重要的是，对于多空间集聚形态形成与演化的条件目前仅限于经验讨论，未能构建一个系统而完整的理论分析框架。

本章拓展原有 CP 模型框架，融入劳动异质、服务业生产与消费、产业生产关联、空间歧视定价因素，构建空间经济学一般均衡模型，并运用数值模拟分析制造业与服务业空间协同集聚不同形态的影响因素与形成机理，试图解构多产业空间集聚形态演化机理的"黑箱"，通过对中国集聚形态和影响效应的实证分析搭建联系理论与实际的桥梁。可能边际贡献在于：一是研究对象上关注中国多产业空间集聚形态问题，深入认识空间集聚与产业融合的地域属性特征；二是研究视角上关注城市群内部城市间的产业协同；三是研究内容上关注多产业空间集聚形态，搭建"现象—机制—效应"的学术分析框架，系统阐述制造业与服务业产业空间集聚的三种表现形态（中心式集聚、分离式集聚、均分分散）、形成机理以及结果效应；四是研究方法上基于模型演绎到实证检验的思路，进一步完善空间经济学对现实的解释。

4.2　产业协同集聚形态的演化与形成机制：一个空间经济模型

4.2.1　模型设计

1. 模型内容

图 4 - 6 为模型框架图，模型内容包括以下三点。

（1）模型设计与构建。分析消费市场行为，构建包含农业品、制造业品及服务业品的效用函数及预算约束，通过效用最大化求解产品需求函数。分析劳动力要素市场行为，设定行业劳动力比例结构，构建因实际工资的差异产生的子动态调整方程。分析厂商生产行为，融入劳动异质、垄断竞争、规模收益

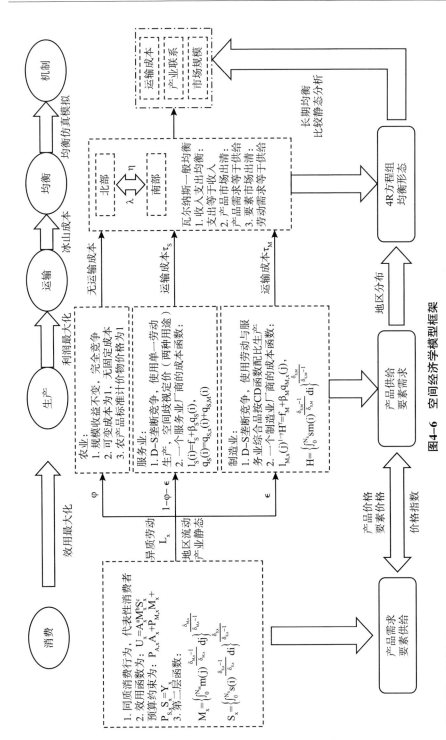

图4-6　空间经济学模型框架

资料来源：笔者自绘。

递增、产业生产关联、歧视定价因素，分别设定农业、制造业与服务业生产函数，通过利润最大化求解产品供给函数。加入冰山运输成本、信息传送成本因素，分析存在制造业与服务业运输成本下空间生产与消费行为的调整。

（2）模型均衡方程与求解。设定北部、南部两区域，根据瓦尔纳斯一般均衡（Walrasian General Equilibrium），保证产品市场、劳动要素市场及收入市场出清，得到一般均衡方程组，拟采用 Matlab 非线性方程组近似求解均衡解。

（3）影响因素的比较静态分析与空间集聚形态的演化机制总结。使用数值模拟工具，比较静态分析参数运输成本、生产关联紧密度对各种空间集聚形态的形成与演化的影响，最终总结空间集聚形态的主要影响因素，并回答主要作用规律。

2. 对传统核心——边缘模型的改进

（1）加入异质性劳动要素。劳动者消费行为虽为同一类型，但存在不同类型的劳动力，行业内不能转换，地区之间长期可以转换。

（2）制造业与服务业关联生产。引入服务业，使用劳动力单要素生产。同时，调整制造业生产，使用普通劳动力及服务业综合品作为中间产品生产。

（3）空间歧视定价。由于服务业产品既可以用于消费，也可以用于中间产品生产，因此存在厂商价格歧视的可能。此外，由于存在空间因素，会出现空间价格歧视。

4.2.2　模型构建①

1. 消费市场

从事农业、制造业与服务业的劳动力在消费行为方面保持同一类型，代表性消费者的效用函数以第一层柯布道格拉斯生产（C－D）函数与第二层不变替代弹性 CES 函数相嵌而成。

具体来看，设三种综合产品需求量分别为农业品 A、制造业 M、服务综合品 S，对应价格指数分别为 P_A、P_M、P_S，则效用函数设定如式（4－1）、式（4－2）和式（4－3）所示。

---

① 模型设置时，字母设置的下标规则为：北部地区（1 地）用 1 表示，南部地区（2 地）用 2 表示；农业、制造业与服务业分别用 A、M、S 表示。

$$U = A^a M^b S^c \tag{4-1}$$

$$M = \left\{\int_0^{N_M} m(i)^{\frac{\delta_M-1}{\delta_M}} di\right\}^{\frac{\delta_M}{\delta_M-1}} \tag{4-2}$$

$$S = \left\{\int_0^{N_S} s(j)^{\frac{\delta_S-1}{\delta_S}} dj\right\}^{\frac{\delta_S}{\delta_S-1}} \tag{4-3}$$

其中，式（4-1）是第一层 C-D 函数，a、b、c 为各自产品的支出份额，满足 $a+b+c=1$。式（4-2）和式（4-3）是第二层 CES 函数，反映了制造业品和服务业综合品的组成，i、j 分别代表每个制造业品和服务业品，m(i)、s(j) 为对应的需求函数，δ_M 与 δ_S 分别表示消费者在制造业品与服务品的不变替代弹性。需要说明的是，若消费者更加偏好某类商品，产品间替代弹性将越小，产品需求价格弹性将越小，该支出比例也将越大。在本模型中，假定代表性消费者更加偏好制造业品，因此上述参数满足两个条件，即 $b<c$，$\delta_M < \delta_S$。

进一步，若代表性消费者的总收入为 Y，则预算约束如式（4-4）所示。

$$P_A A + \int_0^{N_M} p_M(i) m(i) di + \int_0^{N_S} p_S(j) s(j) dj = Y \tag{4-4}$$

其中，i 表示制造业典型厂商，亦代表第 i 种制造业品，总共有 N_M 个制造业厂商；j 表示服务业典型厂商，亦代表第 j 种服务品，总共有 N_S 个服务业厂商。结合式（4-1）至式（4-4）的效用函数与预算约束条件，可推导求出代表性消费者各自商品的需求函数，并得到制造业品和服务综合品价格指数的表达式，如式（4-5）至式（4-9）所示[①]：

$$A = aY/P_A \tag{4-5}$$

$$P_M = \left\{\int_0^{N_M} p_M(i)^{1-\delta_M} dj\right\}^{\frac{1}{1-\delta_M}} \tag{4-6}$$

$$m(i) = p_M(i)^{-\delta_M} P_M^{\delta_M-1} bY \tag{4-7}$$

$$P_S = \left\{\int_0^{N_S} p_S(j)^{1-\delta_S} di\right\}^{\frac{1}{1-\delta_S}} \tag{4-8}$$

$$s(j) = p_S(j)^{-\delta_S} P_S^{\delta_S-1} cY \tag{4-9}$$

2. 要素配置

除农业劳动力外，制造业和服务业劳动力长期只能在地区之间自由流动。与此同时，劳动力职业之间不能转化。设劳动力为 L，从事农业、工业、服务

---

① 具体推导结果详见附录1。

业的劳动力分别为 φL，ϵL，$(1 - \varphi - \epsilon) L$。其中，为模型简便计，从事农业的劳动力比重在两地均为 1/2，且地区不能流动；从事工业的劳动力在北部的比重为 λ，在南部的为 $1 - \lambda$，地区之间存在流动；从事服务业的劳动力在北部的比重为 η，在南部为 $1 - \eta$，地区之间存在流动。不失一般性，将劳动力总数标准化，令 $L = 1$。由此，劳动力供给的分配情况如表 4 - 1 所示。

表 4 - 1　　　　　　　　　　劳动力供给的分配情况

分类	农业	制造业	服务业	地区汇总
北部地区	$\dfrac{1}{2}\varphi$	$\lambda\epsilon$	$\eta(1 - \varphi - \epsilon)$	$\dfrac{1}{2}\varphi + \lambda\epsilon + \eta(1 - \varphi - \epsilon)$
南部地区	$\dfrac{1}{2}\varphi$	$(1 - \lambda)\epsilon$	$(1 - \eta)(1 - \varphi - \epsilon)$	$\dfrac{1}{2}\varphi + (1 - \lambda)\epsilon + (1 - \eta)(1 - \varphi - \epsilon)$
行业汇总	φ	ϵ	$1 - \varphi - \epsilon$	1

资料来源：笔者自制。

同时，按照现实情形，假定从事工业的劳动力总数多于服务业，即满足 $\epsilon > \dfrac{1 - \varphi}{2}$。因此，制造业厂商数量也多于服务业厂商，同时制造业劳动力工资低于服务业。

由于存在实际工资的差异，必然会产生对应的复制子动态调整方程，首先以制造业为例，如式（4 - 10）所示。

$$\dot{\lambda} = \lambda(\omega_{1,M} - \overline{\omega_M}) \tag{4 - 10}$$

其中，$\omega_{1,M}$ 为制造业劳动力在北部所获得的实际工资，$\overline{\omega_M}$ 为制造业劳动力整体的实际工资。复制子动态方程反映的是制造业劳动力在北部的人数增长率，受两方面因素影响。一方面与本身的数量比重 λ 成正比，另一方面与实际工资溢价（$\omega_{1,M} - \overline{\omega_M}$）成正比。因此，当出现 $\omega_{1,M} > \overline{\omega_M}$ 时，$\dot{\lambda}$ 为正，此时正的增长率表明制造业劳动力在北部的比重 λ 将保持递增态势。

进一步，平均工资 $\overline{\omega_M}$ 的表达式为：

$$\overline{\omega_M} = \frac{\epsilon\lambda L\omega_{1,M} + \epsilon(1 - \lambda)L\omega_{2,M}}{\epsilon L} = \lambda\omega_{1,M} + (1 - \lambda)\omega_{2,M} \tag{4 - 11}$$

最终可简化为：

$$\dot{\lambda} = \lambda(1 - \lambda)(\omega_{1,M} - \omega_{2,M}) \tag{4 - 12}$$

同理对于服务业有下列调整方程：

$$\dot{\eta} = \eta(1 - \eta)(\omega_{1,S} - \omega_{2,S}) \tag{4 - 13}$$

因此，制造业与服务业劳动力的地区流动动态方程如式（4－12）、式（4－13）所示。

3. 产品生产

（1）农业品生产。农产品通过农业劳动力生产得到，且无论处于何地农业可变成本 $\beta_A = 1$。同时，农产品市场保持完全竞争与规模收益不变，生产过程无固定成本。由此，生产函数与利润函数分别如式（4－14）、式（4－15）所示：

$$l_A = \beta_A q_A = q_A \qquad (4-14)$$

$$\Pi = P_A q_A - W_A l_A = (P_A - W_A) q_A \qquad (4-15)$$

其中，q_A 为农产品的生产数量，l_A 为所需要的劳动力数目，W_A 为对应劳动力的工资价格。进一步地，不失一般性，将农产品价格标准化 $P_A = 1$，由于完全竞争价格接受者此时无经济利润，因此 $\Pi = 0$，进而可得 $P_A = W_A = 1$。

（2）制造业品生产。制造业产品生产处于规模收益递增与垄断竞争状态。此外，生产中不存在范围经济，即一个厂商只生产一种产品。制造业产品由使用制造业劳动力与服务业综合品得到，两者中间产品的配比采用柯布道格拉斯生产（C－D）函数，从而更好体现出制造业与服务业的产业融合与生产联系。与此同时，生产中使用的服务业综合品由服务品作为中间产品的需求 $SM(j)$ 经过不变替代弹性 CES 函数合成。因此，一个代表性制造业厂商的成本函数设置如式（4－16）、式（4－17）所示。

$$l_M(i)^{1-\gamma} H(i)^{\gamma} = f_M + \beta_M q_M(i) \qquad (4-16)$$

$$H(i) = H = \left\{ \int_0^{N_S} sm(j)^{\frac{\delta_{S,M}-1}{\delta_{S,M}}} dj \right\}^{\frac{\delta_{S,M}}{\delta_{S,M}-1}} \qquad (4-17)$$

其中，$q_M(i)$ 为某一制造业品的生产数量，$l_M(i)$ 为对应所需要的制造业劳动力数目。为模型简便计，f_M 为每个厂商的常固定成本，反映出生产规模收益递增的特征；β_M 为每个厂商的常可变成本。制造业劳动力和服务业综合品的投入份额分别为 $1-\gamma$、γ。$sm(j)$ 为每种服务业品投入制造业生产中的需求量，$H(i)$ 为对应每种制造业品所需要的合成后的服务业综合品数量。事实上，由于厂商同质为空间经济模型的基本结论，因此每个制造业厂商生产所需的数量也必定相同，即满足 $H(i) = H$。$\delta_{S,M}$ 为服务业品作为制造业中间生产时的不变替代弹性。需要重点说明的是，上文中的 δ_S 与现在出现的 $\delta_{S,M}$ 分别表示消费者以及用于制造业品生产的不同服务业产品间的替代弹性。假定服务业品优先用于生产，因此有 $\delta_{S,M} < \delta_S$。

进一步地，设 $p_M(i)$ 为制造业品 i 的价格，W_M 为制造业劳动力的工资，$p_{S,M}(j)$ 为某一服务业品作为中间产品时的价格[①]，$P_{S,M}$ 为服务业品作为中间产品时最终合成的综合品价格指数。此时代表性制造业厂商 i 的利润函数如式 (4 – 18) 所示：

$$\Pi(i) = p_M(i)q_M(i) - W_M^{1-\gamma}P_{S,M}^\gamma \{f_M + \beta_M q_M(i)\} \qquad (4-18)$$

通过求解制造业厂商利润最大化问题，可推导求出服务业中间投入综合品的价格指数、制造业品的价格与产量、服务业中间投入品以及劳动力的需求数量，具体结果见式 (4 – 19) 至式 (4 – 23)[②]：

$$P_{S,M} = \left\{\int_0^{N_S} p_{S,M}(j)^{1-\delta_{S,M}}dj\right\}^{\frac{1}{1-\delta_{S,M}}} \qquad (4-19)$$

$$p_M(i) = p_M = W_M^{1-\gamma}P_{S,M}^\gamma \qquad (4-20)$$

$$q_M(i) = q_M = b \qquad (4-21)$$

$$sm(j) = p_{S,M}(j)^{-\delta_{S,M}}P_{S,M}^{\delta_{S,M}+\gamma-1}W_M^{1-\gamma}\gamma b \qquad (4-22)$$

$$l_M(i) = l_M = \left\{\frac{b}{H^\gamma}\right\}^{\frac{1}{1-\gamma}} \qquad (4-23)$$

因此，制造业厂商的生产是同质的，与传统空间经济模型保持一致。需要说明的是，不失一般性，上述推导过程中使用式 (4 – 24) 和式 (4 – 25) 的标准化条件。

$$\beta_M = \frac{\delta_{M,x} - 1}{\delta_{M,x}} \qquad (4-24)$$

$$f_M = \frac{b}{\delta_{M,x}} \qquad (4-25)$$

（3）服务业品生产。服务业产品生产同样处于规模收益递增与垄断竞争状态。此外，生产中同一个厂商只生产一种产品。具体而言，生产过程仅使用服务业劳动力生产，一个代表性制造业厂商的成本函数设置如式 (4 – 26) 和式 (4 – 27) 所示：

$$l_S(j) = f_S + \beta_S q_{ST}(j) \qquad (4-26)$$

$$q_{ST}(j) = q_S(j) + q_{S,M}(j) \qquad (4-27)$$

其中，$q_{ST}(j)$ 为服务业品 j 的生产总数量，由于存在提供给消费者消费以及投入制造业生产两种用途，包括用于消费的为 $q_S(j)$，用于投入制造业生产的为 $q_{S,M}(j)$。$l_S(j)$ 为对应所需要的服务业劳动力数目。同样，为模型简便计，

---

① 该变量的具体计算详见服务业品的生产过程计算。

② 具体推导结果详见附录2。

f_S 为每个厂商的常固定成本，反映出生产规模收益递增的特征；β_S 为每个厂商的常可变成本。需要注意的是，服务业品作为一种更为高级的产品，在基准条件下假定服务业产品的固定与可变生产成本均高于制造业品，即满足 $f_S > f_M$、$\beta_S > \beta_M$。这一假定也是从事服务业生产的劳动力工资相对较高的前提基础。

进一步地，由于服务业品的两种用途不同，且天然分割不可相互转化，导致服务业垄断竞争厂商在生产中存在空间歧视定价。设 $p_S(j)$ 为服务业品的价格，$p_{S,M}(j)$ 为服务业品作为中间产品的价格，W_S 为服务业劳动力的工资，则此时代表性服务业厂商 j 的利润函数如式（4-28）所示。

$$\Pi(j) = p_S(j)q_S(j) + p_{S,M}(j)q_{S,M}(j) - W_S l_S(j) \qquad (4-28)$$

通过求解服务业厂商利润最大化问题，可推导求出服务业品的价格与产量以及所需劳动力的需求数量，具体结果见式（4-29）至式（4-33）[①]。

$$p_S(j) = p_S = \frac{\delta_S}{\delta_S - 1}\beta_S W_S \qquad (4-29)$$

$$p_{S,M}(j) = p_{S,M} = \frac{\delta_{S,M}}{\delta_{S,M} - 1}\beta_S W_S \qquad (4-30)$$

$$q_S(j) = q_S = \frac{f_S(\delta_S - 1)}{2\beta_S} \qquad (4-31)$$

$$q_{S,M}(j) = q_{S,M} = \frac{f_S(\delta_{S,M} - 1)}{2\beta_S} \qquad (4-32)$$

$$l_S(j) = l_S = \frac{f_S(\delta_S + \delta_{S,M})}{2} \qquad (4-33)$$

因此，在同一用途下的生产是同质的，这与传统空间经济模型保持一致。不同的是，对于不同类别下的生产产量不同，并且产品之间替代弹性越大，厂商越会提供更多产品给对应消费者，这体现了歧视定价的原则。

4. 空间运输

在上文的模型构建中，并未考虑空间因素。CP 模型创造性地引入冰山运输成本，划分南部与北部两个地区，这为考虑其空间相互影响奠定基础。本模型借鉴传统 CP 模型，引入空间运输环节，具体包括农业品、制造业品以及服务业品三个部分。

（1）农业品。由于农业品自由贸易不存在冰山成本，则不同地区价格均为 1，即 $P_{1,A} = P_{2,A} = 1$，结合 0 利润条件，可得 $W_{1,A} = W_{2,A} = 1$。

---

① 具体推导结果详见附录 3。

（2）制造业品。制造业品存在贸易成本，以冰山运输成本 τ_M 来表示。假定北部地区有 $n_{1,M}$ 数量的厂商，南部地区有 $n_{2,M}$ 数量的厂商，总量满足 $n_{1,M} + n_{2,M} = N_M$。同时，设北部与南部地区的产品价格分别为 $p_{1,M}$、$p_{2,M}$，收入分别为 Y_1、Y_2。两地的价格指数与总需求对应调整如下。

第一，价格指数。假设北部与南部消费者均消费 N_M 种制造业品，由于 $n_{1,M}$ 种商品在北部生产，其价格为 $p_{1,M}$；$n_{2,M}$ 种商品在南部生产，其价格为 $p_{2,M}$。因此，依照式（4-6）所求的制造业综合品的价格指数 P_M 表达式，再结合推导出制造业品价格同质的条件，北部和南部制造业综合品的价格指数 $P_{1,M}$、$P_{2,M}$ 分别可调整如式（4-34）和式（4-35）所示。

$$P_{1,M} = \left\{ n_{1,M} p_{1,M}^{1-\delta_M} + n_{2,M} (p_{2,M} \tau_M)^{1-\delta_M} \right\}^{\frac{1}{1-\delta_M}} \tag{4-34}$$

$$P_{2,M} = \left\{ n_{1,M} (p_{1,M} \tau_M)^{1-\delta_M} + n_{2,M} p_{2,M}^{1-\delta_M} \right\}^{\frac{1}{1-\delta_M}} \tag{4-35}$$

第二，消费的总需求。对第 i 种制造业品而言，其消费的总需求来自两方面：一方面是北部地区自身的消费需求，另一方面是南部地区的消费需求，但由于存在贸易运输损耗，因此必须乘以冰山运输成本 τ_M。因此，依照式（4-7）所求的制造业品的需求 $m(i)$ 表达式，再结合推导出制造业品价格同质的条件，北部地区第 i 种制造业品的总需求 $m_1(i)$ 可调整如式（4-36）所示。

$$m_1(i) = m_1 = p_{1,M}^{-\delta_M} P_{1,M}^{\delta_M-1} bY_1 + (p_{1,M} \tau_M)^{-\delta_M} P_{2,M}^{\delta_M-1} bY_2 \tau_M \tag{4-36}$$

可以看出，制造业品价格同质条件使得需求也保持同质，即对任意的制造业品，均满足 $m_1(i) = m_1$。

（3）服务业品。服务业品属于无形产品，同样存在贸易成本，但不能以冰山运输成本表示。借鉴已有学者研究，本模型采用信息传送成本 τ_S 表征贸易成本。假定北部地区有 $n_{1,S}$ 数量的厂商，南部地区有 $n_{2,S}$ 数量的厂商，总量满足 $n_{1,S} + n_{2,S} = N_S$。此外，不同于制造业品的单一用途，由于服务业品存在最终消费及中间产品生产两类用途，故需分别考虑。因此，设北部与南部地区最终消费的产品价格分别为 $p_{1,S}$、$p_{2,S}$，中间生产的产品价格分别为 $p_{1,S,M}$、$p_{2,S,M}$。对此，北部与南部所产生的价格指数与总需求对应调整如下。

第一，价格指数。分别考虑最终消费和中间产品生产两个部分。

首先，最终消费。假设北部与南部消费者均消费 N_S 种服务业品，由于 $n_{1,S}$ 种商品在北部生产，其价格为 $p_{1,S}$；$n_{2,S}$ 种在南部生产，其价格为 $p_{2,S}$。因此，依照式（4-8）所求的服务业最终消费综合品的价格指数 P_S 表达式，再结合推导出服务业品最终消费价格同质的条件，北部和南部服务业最终消费综合品的价格指数 $P_{1,S}$、$P_{2,S}$ 可调整如式（4-37）和式（4-38）所示。

$$P_{1,S} = \left\{ n_{1,S} p_{1,S}^{1-\delta_S} + n_{2,S} (p_{2,S}\tau_S)^{1-\delta_S} \right\}^{\frac{1}{1-\delta_S}} \tag{4-37}$$

$$P_{2,S} = \left\{ n_{1,S} (p_{1,S}\tau_S)^{1-\delta_S} + n_{2,S} p_{2,S}^{1-\delta_S} \right\}^{\frac{1}{1-\delta_S}} \tag{4-38}$$

其次，中间产品生产。假设北部与南部制造业厂商均使用 N_S 种服务品，由于 $n_{1,S}$ 种商品在北部生产，其价格为 $p_{1,S,M}$；$n_{2,S}$ 种商品在南部生产，价格为 $p_{2,S,M}$。因此，依照式（4-19）所求的服务业中间生产综合品的价格指数 $P_{S,M}$ 表达式，再结合推导出服务业品中间生产价格同质的条件，北部和南部服务业中间生产综合品的价格指数 $P_{1,S,M}$、$P_{2,S,M}$ 可调整如式（4-39）和式（4-40）所示：

$$P_{1,S,M} = \left\{ n_{1,S} p_{1,S,M}^{1-\delta_{S,M}} + n_{2,S} (p_{2,S,M}\tau_S)^{1-\delta_{S,M}} \right\}^{\frac{1}{1-\delta_{S,M}}} \tag{4-39}$$

$$P_{2,S,M} = \left\{ n_{1,S} (p_{1,S,M}\tau_S)^{1-\delta_{S,M}} + n_{2,S} p_{2,S,M}^{1-\delta_{S,M}} \right\}^{\frac{1}{1-\delta_{S,M}}} \tag{4-40}$$

第二，对某地区的总需求。对第 j 种服务业品而言，其消费的总需求来自两方面：一方面是北部地区自身的消费需求，另一方面是南部地区的消费需求，但由于存在贸易信息损耗，因此必须乘以信息传送成本 τ_S。因此，对于两类不同途径的最终需求，分别依照式（4-9）、式（4-22）所求的服务业品的最终消费需求 s(j)、中间产品需求 sm(j) 表达式，再结合推导出服务业品同一用途内价格同质的条件，北部地区第 j 种服务业品的最终消费总需求 $s_1(j)$、中间产品总需求 $sm_1(j)$ 可分别调整如式（4-41）、式（4-42）所示。

$$s_1(j) = s_1 = p_{1,S}^{-\delta_S} P_{1,S}^{\delta_S-1} cY_1 + (p_{1,S}\tau_S)^{-\delta_S} P_{2,S}^{\delta_S-1} cY_2 \tau_S \tag{4-41}$$

$$sm_1(j) = sm_1 = p_{1,S,M}^{-\delta_{S,M}} P_{1,S,M}^{\delta_{S,M}+\gamma-1} W_{1,M}^{1-\gamma} \gamma b + (p_{1,S,M}\tau_S)^{-\delta_{S,M}} P_{2,S,M}^{\delta_{S,M}+\gamma-1} W_{2,M}^{1-\gamma} \gamma b \tau_S$$
$$\tag{4-42}$$

可以看出，服务业品价格同质条件使得其同一用途内需求也保持同质，即对任意的制造业品，均满足 $s_1(j) = s_1$、$sm_1(j) = sm_1$。同时，由于空间歧视定价的存在，不同用途下的需求量存在异质性。

4.2.3　模型均衡

1. 瓦尔纳斯一般均衡条件

（1）收入支出均衡。消费者无论处于北部或南部，收入的来源均为劳动工资。因此，南北部地区的总收入必定等于当地从事农业、制造业、服务业劳动力的收入总和。结合表 4-1 的劳动力供给分配情况，收入支出均衡情况下式（4-43）、式（4-44）成立。

$$Y_1 = \frac{1}{2}\varphi + \lambda\epsilon W_{1,M} + \eta(1 - \varphi - \epsilon)W_{1,S} \qquad (4-43)$$

$$Y_2 = \frac{1}{2}\varphi + (1 - \lambda)\epsilon W_{2,M} + (1 - \eta)(1 - \varphi - \epsilon)W_{2,S} \qquad (4-44)$$

（2）产品市场出清。产品市场包括三类。

第一，农业品。由于不存在贸易成本，故农业品市场出清时，只需考虑产品总需求等于总供给，即满足 $A = q_A$。结合表 4-1 的劳动力供给分配情况，式（4-5）、式（4-14）的条件代入可变为 $aY = l_A = \varphi$，因此农业品市场出清情况下式（4-45）成立。

$$Y = \frac{\varphi}{a} = Y_1 + Y_2 \qquad (4-45)$$

第二，制造业品。由于存在冰山运输成本，故制造业品市场出清时，需考虑地区因素。以北部地区为例，若产品需求等于供给，即满足 $m_1 = q_{1,M}$。其中，厂商生产的供给量 q_M 保持两地一致。因此，将式（4-36）、式（4-21）的条件代入并化简，制造业品市场出清情况下式（4-46）成立。

$$p_{1,M}^{-\delta_M}\{P_{1,M}^{\delta_M-1}Y_1 + P_{2,M}^{\delta_M-1}\tau_M^{1-\delta_M}Y_2\} = 1 \qquad (4-46)$$

第三，服务业品。将从最终消费及中间产品生产两类不同用途逐一分析。

首先，最终消费。由于存在信息传送成本，故服务业品市场出清时，需考虑地区因素。以北部地区为例，若产品需求等于供给，即满足 $s_1 = q_{1,S}$。其中，厂商生产的供给量 q_S 保持两地一致。因此，将式（4-41）、式（4-31）的条件代入并化简，服务业品市场出清情况下式（4-47）成立。

$$p_{1,S}^{-\delta_S}\{P_{1,S}^{\delta_S-1}cY_1 + P_{2,S}^{\delta_S-1}\tau_S^{1-\delta_S}cY_2\} = \frac{f_S(\delta_S - 1)}{2\beta_S} \qquad (4-47)$$

其次，中间产品生产。由于存在信息传送成本，故服务业品市场出清时，需考虑地区因素。以北部地区为例，若产品需求等于供给，即满足 $sm_1 = q_{1,S,M}$。其中，厂商生产的供给量 $q_{S,M}$ 保持两地一致。因此，将式（4-42）、式（4-32）的条件代入并化简，服务业品市场出清情况下式（4-48）成立。

$$p_{1,S,M}^{-\delta_{S,M}}\{P_{1,S,M}^{\delta_{S,M}+\gamma-1}W_{1,M}^{1-\gamma}\gamma b + P_{2,S,M}^{\delta_{S,M}+\gamma-1}W_{2,M}^{1-\gamma}\tau_S^{1-\delta_{S,M}}\gamma b\} = \frac{f_S(\delta_{S,M} - 1)}{2\beta_S}$$

$$(4-48)$$

（3）要素市场均衡。要素市场均衡包括以下两方面。

第一，要素价格。各地的要素价格以产品价格形式表征，结合上文推导出的对应价格方程，式（4-49）至式（4-54）成立。

$$p_{1,M} = P_{1,S,M}^{\gamma}W_{1,M}^{1-\gamma} \qquad (4-49)$$

$$p_{2,M} = P_{2,S,M}^{\gamma} W_{2,M}^{1-\gamma} \tag{4-50}$$

$$p_{1,S} = \frac{\delta_S}{\delta_S - 1} \beta_S W_{1,S} \tag{4-51}$$

$$p_{2,S} = \frac{\delta_S}{\delta_S - 1} \beta_S W_{2,S} \tag{4-52}$$

$$p_{1,S,M} = \frac{\delta_{S,M}}{\delta_{S,M} - 1} \beta_S W_{1,S} \tag{4-53}$$

$$p_{2,S,M} = \frac{\delta_{S,M}}{\delta_{S,M} - 1} \beta_S W_{2,S} \tag{4-54}$$

第二，要素供求关系。从事农业、制造业与服务业的劳动力，市场均衡条件下其要素需求必须等于供给。由于农业供需条件已在式（4-45）推导中使用，故仅需要考虑制造业与服务业的情况。

首先，制造业劳动力供求分析。由式（4-23）可知，单位制造业品所需要的劳动力均为 l_M，而北部地区有 $n_{1,M}$ 个生产厂商，因此北部制造业劳动力总需求为 $n_{1,M}l_M$。同时，表 4-1 的劳动力供给分配情况表明北部地区制造业劳动力总供给为 $\lambda\epsilon$。因此，均衡条件下必有 $n_{1,M}l_M = \lambda\epsilon$ 成立，通过代入化简后，式（4-55）成立。

$$n_{1,M} = \frac{\lambda\epsilon}{\left\{\dfrac{b}{H^{\gamma}}\right\}^{\frac{1}{1-\gamma}}} \tag{4-55}$$

同理，对于南部地区而言，式（4-56）也成立。

$$n_{2,M} = \frac{(1-\lambda)\epsilon}{\left\{\dfrac{b}{H^{\gamma}}\right\}^{\frac{1}{1-\gamma}}} \tag{4-56}$$

在以上两式的计算中，H 的表达式需要提前给出，H 经化简最终由式（4-57）给出[①]。

$$H = \left\{\frac{2(1-\varphi-\epsilon)}{f_S(\delta_{S,x} + \delta_{S,M})}\right\}^{\frac{\delta_{S,M}}{\delta_{S,M}-1}} \frac{f_S(\delta_{S,M}-1)}{2\beta_S} \tag{4-57}$$

其次，服务业劳动力供求分析。由式（4-33）可知，单位制造业品所需要的劳动力均为 l_S，而北部地区有 $n_{1,S}$ 个生产厂商，因此北部制造业劳动力总需求为 $n_{1,S}l_S$。与此同时，表 4-1 的劳动力供给分配情况表明北部地区服务业劳动力总供给为 $\eta(1-\varphi-\epsilon)$。因此，均衡条件下必有 $n_{1,S}l_S = \eta(1-\varphi-\epsilon)$ 成

---

① 具体推导结果详见附录4。

立，通过代入化简后，式（4-58）成立。

$$n_{1,S} = \frac{2\eta(1-\varphi-\epsilon)}{f_S(\delta_{S,x}+\delta_{S,M})} \tag{4-58}$$

同理，对于南部地区而言，式（4-59）也成立。

$$n_{2,S} = \frac{2(1-\eta)(1-\varphi-\epsilon)}{f_S(\delta_{S,x}+\delta_{S,M})} \tag{4-59}$$

2. 均衡方程组

汇总推导过程中的均衡条件，均衡方程组由 4R 方程组（收入、价格指数、名义工资、实际工资）以及辅助方程组构成，体现出系统均衡状态下满足的基本条件。利用推导条件，将上述均衡方程调整为仅包含收入、价格指数、名义工资、实际工资因变量在内的方程式子，最终整理得到 4R 方程组。

（1）4R 方程组。主要包括四类方程。

第一，收入方程。结果见式（4-60）至式（4-62）：

$$Y = \frac{\varphi}{a} = Y_1 + Y_2 \tag{4-60}$$

$$Y_1 = \frac{1}{2}\varphi + \lambda\epsilon W_{1,M} + \eta(1-\varphi-\epsilon)W_{1,S} \tag{4-61}$$

$$Y_2 = \frac{1}{2}\varphi + (1-\lambda)\epsilon W_{2,M} + (1-\eta)(1-\varphi-\epsilon)W_{2,S} \tag{4-62}$$

第二，价格指数方程。结果见式（4-63）至式（4-68）：

$$P_{1,M} = \left\{ n_{1,M}p_{1,M}^{1-\delta_M} + n_{2,M}(p_{2,M}\tau_M)^{1-\delta_M} \right\}^{\frac{1}{1-\delta_M}} \tag{4-63}$$

$$P_{2,M} = \left\{ n_{1,M}(p_{1,M}\tau_M)^{1-\delta_M} + n_{2,M}p_{2,M}^{1-\delta_M} \right\}^{\frac{1}{1-\delta_M}} \tag{4-64}$$

$$P_{1,S} = \left\{ n_{1,S}p_{1,S}^{1-\delta_S} + n_{2,S}(p_{2,S}\tau_S)^{1-\delta_S} \right\}^{\frac{1}{1-\delta_S}} \tag{4-65}$$

$$P_{2,S} = \left\{ n_{1,S}(p_{1,S}\tau_S)^{1-\delta_S} + n_{2,S}p_{2,S}^{1-\delta_S} \right\}^{\frac{1}{1-\delta_S}} \tag{4-66}$$

$$P_{1,S,M} = \left\{ n_{1,S}p_{1,S,M}^{1-\delta_{S,M}} + n_{2,S}(p_{2,S,M}\tau_S)^{1-\delta_{S,M}} \right\}^{\frac{1}{1-\delta_{S,M}}} \tag{4-67}$$

$$P_{2,S,M} = \left\{ n_{1,S}(p_{1,S,M}\tau_S)^{1-\delta_{S,M}} + n_{2,S}p_{2,S,M}^{1-\delta_{S,M}} \right\}^{\frac{1}{1-\delta_{S,M}}} \tag{4-68}$$

第三，要素名义价格方程。名义工资以隐函数形式呈现，结果见式（4-69）至式（4-74）：

$$p_{1,M} = P_{1,S,M}^{\gamma} W_{1,M}^{1-\gamma} \tag{4-69}$$

$$p_{2,M} = P_{2,S,M}^{\gamma} W_{2,M}^{1-\gamma} \tag{4-70}$$

$$p_{1,S} = \frac{\delta_S}{\delta_S-1}\beta_S W_{1,S} \tag{4-71}$$

$$p_{2,S} = \frac{\delta_S}{\delta_S - 1}\beta_S W_{2,S} \tag{4-72}$$

$$p_{1,S,M} = \frac{\delta_{S,M}}{\delta_{S,M} - 1}\beta_S W_{1,S} \tag{4-73}$$

$$p_{2,S,M} = \frac{\delta_{S,M}}{\delta_{S,M} - 1}\beta_S W_{2,S} \tag{4-74}$$

第四，要素实际价格方程：实际工资用 ω 表示，以地区商品的价格指数调整。由于 $P_A = 1$，因此只需调整制造业与服务业品，结果见式（4-75）至式（4-78）：

$$\omega_{1,M} = W_{1,M} P_{1,M}^{-b} P_{1,S}^{-c} \tag{4-75}$$

$$\omega_{2,M} = W_{2,M} P_{2,M}^{-b} P_{2,S}^{-c} \tag{4-76}$$

$$\omega_{1,S} = W_{1,S} P_{1,M}^{-b} P_{1,S}^{-c} \tag{4-77}$$

$$\omega_{2,S} = W_{2,S} P_{2,M}^{-b} P_{2,S}^{-c} \tag{4-78}$$

（2）辅助方程组。主要包括两类方程。

第一，产品市场出清方程。结果见式（4-79）至式（4-81）：

$$p_{1,M}^{-\delta_M}\{P_{1,M}^{\delta_M - 1}Y_1 + P_{2,M}^{\delta_M - 1}\tau_M^{1-\delta_M}Y_2\} = 1 \tag{4-79}$$

$$p_{1,S}^{-\delta_S}\{P_{1,S}^{\delta_S - 1}cY_1 + P_{2,S}^{\delta_S - 1}\tau_S^{1-\delta_S}cY_2\} = \frac{f_S(\delta_S - 1)}{2\beta_S} \tag{4-80}$$

$$p_{1,S,M}^{-\delta_{S,M}}\{P_{1,S,M}^{\delta_{S,M}+\gamma - 1}W_{1,M}^{1-\gamma}\gamma b + P_{2,S,M}^{\delta_{S,M}+\gamma - 1}W_{2,M}^{1-\gamma}\tau_S^{1-\delta_{S,M}}\gamma b\} = \frac{f_S(\delta_{S,M} - 1)}{2\beta_S}$$

$$\tag{4-81}$$

第二，厂商数量方程。结果见式（4-82）至式（4-85）：

$$n_{1,M} = \frac{\lambda\epsilon}{\left\{\dfrac{b}{H^\gamma}\right\}^{\frac{1}{1-\gamma}}} \tag{4-82}$$

$$n_{2,M} = \frac{(1-\lambda)\epsilon}{\left\{\dfrac{b}{H^\gamma}\right\}^{\frac{1}{1-\gamma}}} \tag{4-83}$$

$$n_{1,S} = \frac{2\eta(1-\varphi-\epsilon)}{f_S(\delta_{S,x} + \delta_{S,M})} \tag{4-84}$$

$$n_{2,S} = \frac{2(1-\eta)(1-\varphi-\epsilon)}{f_S(\delta_{S,x} + \delta_{S,M})} \tag{4-85}$$

第三，H 表达式。结果见式（4-86）：

$$H = \left\{\frac{2(1-\varphi-\epsilon)}{f_S(\delta_{S,x} + \delta_{S,M})}\right\}^{\frac{\delta_{S,M}}{\delta_{S,M}-1}}\frac{f_S(\delta_{S,M} - 1)}{2\beta_S} \tag{4-86}$$

4.2.4　影响因素分析与数值模拟

1. 求解与分析过程

大多数研究在分析参数影响时，往往利用均衡方程组中的一条进行分析，但这其实是一种局部均衡分析，忽视了其他方程中内生变量的相互影响。本模型则以经济系统的一般均衡为前提，通过求解均衡下内生变量的表达式进行参数分析，使结论更为严谨。

具体来说，在分析参数如何影响协同集聚状态时，主要以上文提出的制造业与服务业劳动力的地区流动动态方程为分析依据，如式（4 - 87）和式（4 - 88）所示：

$$\dot{\lambda} = \lambda(1 - \lambda)(\omega_{1,M} - \omega_{2,M}) \tag{4 - 87}$$

$$\dot{\eta} = \eta(1 - \eta)(\omega_{1,S} - \omega_{2,S}) \tag{4 - 88}$$

由于两地人员流动以实际工资差进行调整，因此若能通过均衡联立方程组求解内生因变量关于外生参数的表达式，再代入上述两个核心动态调整方程中，便能分析参数对协同集聚状态的影响。然而，由于均衡方程组为非线性方程组，求解十分困难，因此本模型采用数值模拟的方式进行分析。具体步骤如下。

（1）确定变量类型。明确联立方程组中的内生变量、外生参数与前定变量是一项基础工作，若不能区分，则会影响最终求解的准确性。外生参数完全由外界给定，不受前定变量和因变量的影响；前定变量由外生参数给定，不受因变量的影响；内生变量则由系统均衡计算得出，受各类变量的综合影响。因此，从三者进入方程组的顺序看，依次为外生参数、前定变量、内生变量。

通过分析联立方程组可以看到，式（4 - 60）至式（4 - 81）是真正的内生变量所构成的联立方程组。式（4 - 82）至式（4 - 86）独立于系统外，仅视作参数条件前定计算结果，故厂商数目与 H 变量均可视作前定变量。此外，一个基本的要求是内生变量的个数必须等于方程的个数，这是方程组存在唯一解的必要但不充分条件。在本模型中，内生变量与方程个数均为 22 个，因此可进一步分析。表 4 - 2 展示了一般均衡联立方程组的变量分类情况，其中部分外生参数由于标准化条件的设置已得到确定。

表 4 – 2　　　　　　　　　　　　一般均衡联立方程组的变量分类情况

分类	变量
外生参数	消费: δ_M、δ_S、$\delta_{S,M}$、a、b、c 劳动力分配: φ、ϵ 生产: γ、β_S、f_S 运输: τ_M、τ_S 劳动力比重: λ、η
前定变量	厂商数目: $n_{1,M}$、$n_{2,M}$、$n_{1,S}$、$n_{2,S}$、H
内生变量	收入: Y_1、Y_2 商品价格: $p_{1,M}$、$p_{2,M}$、$p_{1,S}$、$p_{2,S}$、$p_{1,S,M}$、$p_{2,S,M}$ 价格指数: $P_{1,M}$、$P_{2,M}$、$P_{1,S}$、$P_{2,S}$、$P_{1,S,M}$、$P_{2,S,M}$ 名义工资: $W_{1,M}$、$W_{2,M}$、$W_{1,S}$、$W_{2,S}$ 实际工资: $\omega_{1,M}$、$\omega_{2,M}$、$\omega_{1,S}$、$\omega_{2,S}$

资料来源: 笔者自制。

（2）基准情形下参数校准。要进行参数的比较静态分析，必须先设置基准情形，最关键的就是对于参数的赋值。基准情形下的参数赋值，一方面必须满足之前假设的要求，另一方面要尽量贴合现实。结合谭洪波（2015）关于空间经济模型参数赋值的讨论，经过分析考虑后，基准情形下参数赋值情况如表 4 – 3 所示。

表 4 – 3　　　　　　　　　　　　基准情形下参数赋值情况

参数	δ_M	δ_S	$\delta_{S,M}$	a	b	c	φ
赋值	2	4	3	0.2	0.3	0.5	0.2
参数	ϵ	γ	β_S	f_S	τ_M	τ_S	
赋值	0.5	0.4	0.7	0.2	2	2	

资料来源: 笔者自制。

需要注意的是，除了设置上述参数外，制造业与服务业劳动力在北部的比重（λ 与 η）也需要设定。然而，这两个参数是本章重点关注的核心参数，不能简单设置唯一的情形。为了更好分析出不同劳动力空间结构情形下的参数变化规律，同时为确保结论稳健可信，本模型将劳动力的比重划分为 0.3、0.5、0.7 三种情况，分别代表某行业劳动力缺乏、一般、富裕三种类型。由于两个参数的不同设置，最终会出现 9 种不同情形。

（3）比较静态分析。本模型将重点关注交通便利程度、产业紧密联系程度方面变化对协同集聚形态的影响。实际上，两地实际工资的差值反映了协同集聚形态实现的程度，若两地实际工资差距的绝对值越大，表明两地在该行业中选择在某地集聚的倾向更加明显；反之，两者差距的绝对值越接近于0，代表某行业在两地更容易出现均匀分布的情形。因此，要想成为中心式或分离式协同集聚形态，必须满足制造业与服务业两地的实际工资差距的绝对值不断变大。参数的比较静态影响协同集聚形态，转变为建立在对两地实际工资差距的绝对值的认知基础上。

具体来看，首先将基准情形参数赋值代入方程组求解内生变量的均衡解，得到两者实际工资差距与协同集聚形态的结论。其次，保持其余参数不变，分析目标参数的变动情况，再代入求解得到新的均衡解，并得到两者实际工资差距与协同集聚形态的新结论。最后，将两者进行比较，分析参数比较静态变化下是否对协同集聚形态产生影响。

（4）求解方法。在方法的选取上，本模型采用Matlab软件中的fsolve算法求解非线性方程组的近似数值解，作为数值模型与比较静态分析的主要工具。

2. 交通便利程度

表4-4反映了交通便利程度对协同集聚形态的影响。本模型同时模拟了制造业与服务业运输成本单独变化的情形和共同变化的情形，包括上升和下降两种态势。得到的基本结论如下。

（1）对于制造业运输成本，针对各种劳动力比例情形，不管是对制造业还是服务业，其本身与两地实际工资差距的绝对值呈负相关。也就是说，制造业运输成本过高会导致产业在地区的协同集聚形态倾向更加不明显，均质分布更易出现。进一步地，制造业运输成本的下降有助于加速分离式集聚与协同式集聚的出现。因此，制造业的交通运输条件越便利，越有利于培育产业在地区间的协同集聚形态。

（2）对于服务业运输成本，针对各种劳动力比例情形，不管是对制造业还是服务业，其本身与两地实际工资差距的绝对值呈正相关，服务业运输成本过高有利于产业在地区的协同集聚形态倾向。因此，服务业便利的交通运输条件并不利于促进产业在地区间协同集聚形态的形成。

（3）更重要的是，由于存在服务业作为中间产品生产，因此相比于制造业，其运输成本的变化对协同集聚形态的形成作用更加明显。

表4－4 交通便利程度对协同集聚形态的影响

初始比例	参数分类		制造业劳动力实际工资			服务业劳动力实际工资		
			北部	南部	差值	北部	南部	差值
$\lambda = 0.3$ $\eta = 0.3$	基准	$\tau_M = \tau_S = 2$	0.280	0.452	− 0.172	0.841	0.775	0.066
	增加	$\tau_M = 3$	0.264	0.424	− 0.160	0.796	0.773	0.023
		$\tau_S = 3$	0.309	0.814	− 0.505	0.808	0.602	0.206
		$\tau_M = \tau_S = 3$	0.288	0.768	− 0.480	0.766	0.601	0.165
	减小	$\tau_M = 1.5$	0.295	0.454	− 0.159	0.887	0.790	0.097
		$\tau_S = 1.5$	0.306	0.368	− 0.062	0.866	0.849	0.017
		$\tau_M = \tau_S = 1.5$	0.323	0.371	− 0.048	0.913	0.864	0.049
$\lambda = 0.3$ $\eta = 0.5$	基准	$\tau_M = \tau_S = 2$	0.522	0.729	− 0.207	0.784	0.552	0.232
	增加	$\tau_M = 3$	0.491	0.632	− 0.141	0.753	0.568	0.185
		$\tau_S = 3$	0.651	1.364	− 0.713	0.736	0.401	0.335
		$\tau_M = \tau_S = 3$	0.598	1.198	− 0.600	0.707	0.414	0.293
	减小	$\tau_M = 1.5$	0.549	0.770	− 0.221	0.820	0.553	0.267
		$\tau_S = 1.5$	0.463	0.479	− 0.016	0.843	0.679	0.164
		$\tau_M = \tau_S = 1.5$	0.483	0.508	− 0.025	0.881	0.681	0.200
$\lambda = 0.3$ $\eta = 0.7$	基准	$\tau_M = \tau_S = 2$	0.738	0.850	− 0.112	0.765	0.415	0.350
	增加	$\tau_M = 3$	0.707	0.704	0.003	0.740	0.434	0.306
		$\tau_S = 3$	0.924	1.566	− 0.642	0.717	0.299	0.418
		$\tau_M = \tau_S = 3$	0.859	1.316	− 0.457	0.694	0.314	0.380
	减小	$\tau_M = 1.5$	0.771	0.924	− 0.153	0.796	0.411	0.385
		$\tau_S = 1.5$	0.596	0.512	0.084	0.839	0.544	0.295
		$\tau_M = \tau_S = 1.5$	0.611	0.561	0.050	0.874	0.540	0.334
$\lambda = 0.5$ $\eta = 0.3$	基准	$\tau_M = \tau_S = 2$	0.910	1.289	− 0.379	0.747	0.438	0.309
	增加	$\tau_M = 3$	0.841	1.191	− 0.350	0.723	0.435	0.288
		$\tau_S = 3$	0.980	2.051	− 1.071	0.733	0.345	0.388
		$\tau_M = \tau_S = 3$	1.135	2.186	− 1.051	0.691	0.314	0.377
	减小	$\tau_M = 1.5$	0.967	1.361	− 0.394	0.770	0.444	0.326
		$\tau_S = 1.5$	0.479	0.561	− 0.082	0.852	0.672	0.180
		$\tau_M = \tau_S = 1.5$	0.498	0.572	− 0.074	0.882	0.693	0.189

续表

初始比例	参数分类		制造业劳动力实际工资			服务业劳动力实际工资		
			北部	南部	差值	北部	南部	差值
$\lambda = 0.5$ $\eta = 0.5$	基准	$\tau_M = \tau_S = 2$	0.262	0.186	0.076	1.013	0.854	0.159
	增加	$\tau_M = 3$	0.262	0.170	0.092	0.971	0.836	0.135
		$\tau_S = 3$	2.538	2.859	−0.321	0.680	0.217	0.463
		$\tau_M = \tau_S = 3$	2.543	2.301	0.242	0.663	0.223	0.440
	减小	$\tau_M = 1.5$	0.266	0.197	0.069	1.050	0.874	0.176
		$\tau_S = 1.5$	0.860	0.778	0.082	0.801	0.487	0.314
		$\tau_M = \tau_S = 1.5$	0.872	0.829	0.043	0.828	0.498	0.330
$\lambda = 0.5$ $\eta = 0.7$	基准	$\tau_M = \tau_S = 2$	1.860	1.423	0.437	0.719	0.262	0.457
	增加	$\tau_M = 3$	1.818	1.125	0.693	0.704	0.270	0.434
		$\tau_S = 3$	2.885	2.529	0.356	0.682	0.179	0.503
		$\tau_M = \tau_S = 3$	2.580	1.891	0.689	0.674	0.194	0.480
	减小	$\tau_M = 1.5$	1.916	1.614	0.302	0.737	0.260	0.477
		$\tau_S = 1.5$	1.023	0.740	0.283	0.804	0.396	0.408
		$\tau_M = \tau_S = 1.5$	1.015	0.811	0.204	0.830	0.404	0.426
$\lambda = 0.7$ $\eta = 0.3$	基准	$\tau_M = \tau_S = 2$	0.210	0.164	0.046	1.043	0.895	0.148
	增加	$\tau_M = 3$	0.199	0.166	0.033	1.017	0.850	0.167
		$\tau_S = 3$	0.115	0.122	−0.007	1.185	0.923	0.262
		$\tau_M = \tau_S = 3$	0.108	0.115	−0.007	1.157	0.891	0.266
	减小	$\tau_M = 1.5$	0.218	0.165	0.053	1.069	0.934	0.135
		$\tau_S = 1.5$	0.357	0.314	0.043	0.967	0.759	0.208
		$\tau_M = \tau_S = 1.5$	0.365	0.317	0.048	0.989	0.797	0.192
$\lambda = 0.7$ $\eta = 0.5$	基准	$\tau_M = \tau_S = 2$	0.240	0.111	0.129	1.089	0.866	0.223
	增加	$\tau_M = 3$	0.235	0.101	0.134	1.059	0.835	0.224
		$\tau_S = 3$	1.946	2.063	−0.117	0.774	0.236	0.538
		$\tau_M = \tau_S = 3$	1.895	1.778	0.117	0.762	0.234	0.528
	减小	$\tau_M = 1.5$	0.244	0.119	0.125	1.116	0.897	0.219
		$\tau_S = 1.5$	0.316	0.162	0.154	1.049	0.808	0.241
		$\tau_M = \tau_S = 1.5$	0.322	0.176	0.146	1.072	0.836	0.236

续表

初始比例	参数分类		制造业劳动力实际工资			服务业劳动力实际工资		
			北部	南部	差值	北部	南部	差值
$\lambda = 0.7$ $\eta = 0.7$	基准	$\tau_M = \tau_S = 2$	2.865	1.129	1.736	0.744	0.213	0.531
	增加	$\tau_M = 3$	0.265	0.056	0.209	1.106	0.807	0.299
		$\tau_S = 3$	3.594	1.569	2.025	0.737	0.163	0.574
		$\tau_M = \tau_S = 3$	0.247	0.057	0.190	1.112	0.764	0.348
	减小	$\tau_M = 1.5$	0.268	0.084	0.184	1.157	0.835	0.322
		$\tau_S = 1.5$	0.309	0.094	0.215	1.113	0.798	0.315
		$\tau_M = \tau_S = 1.5$	0.315	0.113	0.202	1.134	0.810	0.324

资料来源：笔者计算得出。

3. 产业紧密联系程度

表4-5反映了产业紧密联系程度对协同集聚形态的影响，用服务业参与中间产品生产的比重参数来表征，本模型同时模拟了上升或下降的两种情形。得到的基本结论是针对各种劳动力比例情形，产业紧密联系程度与制造业两地实际工资差距的绝对值呈负相关关系，但与服务业呈正相关关系。因此，当产业紧密联系程度增加时，制造业在地区的集聚形态倾向更加不明显，服务业在地区的集聚形态倾向更加明显。最终，产业融合导致地区间出现混同均衡式的集聚，即制造业选择均匀分散、服务业选择集聚扎堆的特殊情形。

表4-5　　　　　　　　产业紧密联系程度对协同集聚形态的影响

初始比例	参数分类		制造业劳动力实际工资			服务业劳动力实际工资		
			北部	南部	差值	北部	南部	差值
$\lambda = 0.3$ $\eta = 0.3$	基准	$\gamma = 0.4$	0.280	0.452	-0.172	0.841	0.775	0.066
	增加	$\gamma = 0.5$	0.086	0.032	0.054	0.989	1.145	-0.156
	减小	$\gamma = 0.3$	1.982	3.674	-1.692	0.573	0.288	0.285
$\lambda = 0.3$ $\eta = 0.5$	基准	$\gamma = 0.4$	0.522	0.729	-0.207	0.784	0.552	0.232
	增加	$\gamma = 0.5$	0.169	0.058	0.111	0.951	0.900	0.051
	减小	$\gamma = 0.3$	2.056	3.566	-1.510	0.580	0.258	0.322

续表

初始比例	参数分类		制造业劳动力实际工资			服务业劳动力实际工资		
			北部	南部	差值	北部	南部	差值
$\lambda=0.3$ $\eta=0.7$	基准	$\gamma=0.4$	0.738	0.850	−0.112	0.765	0.415	0.350
	增加	$\gamma=0.5$	0.287	0.085	0.202	0.923	0.676	0.247
	减小	$\gamma=0.3$	1.867	3.100	−1.233	0.604	0.234	0.370
$\lambda=0.5$ $\eta=0.3$	基准	$\gamma=0.4$	0.910	1.289	−0.379	0.747	0.438	0.309
	增加	$\gamma=0.5$	0.101	0.031	0.070	0.988	1.035	−0.047
	减小	$\gamma=0.3$	6.235	5.807	0.428	0.553	0.168	0.385
$\lambda=0.5$ $\eta=0.5$	基准	$\gamma=0.4$	0.262	0.186	0.076	1.013	0.854	0.159
	增加	$\gamma=0.5$	0.226	0.076	0.150	0.931	0.749	0.182
	减小	$\gamma=0.3$	12.075	7.553	4.522	0.504	0.110	0.394
$\lambda=0.5$ $\eta=0.7$	基准	$\gamma=0.4$	1.860	1.423	0.437	0.719	0.262	0.457
	增加	$\gamma=0.5$	0.434	0.123	0.311	0.888	0.518	0.370
	减小	$\gamma=0.3$	7.125	5.694	1.431	0.541	0.119	0.422
$\lambda=0.7$ $\eta=0.3$	基准	$\gamma=0.4$	0.210	0.164	0.046	1.043	0.895	0.148
	增加	$\gamma=0.5$	1.388	0.195	1.193	0.796	0.409	0.387
	减小	$\gamma=0.3$	3.373	4.344	−0.971	0.678	0.221	0.457
$\lambda=0.7$ $\eta=0.5$	基准	$\gamma=0.4$	0.240	0.111	0.129	1.089	0.866	0.223
	增加	$\gamma=0.5$	0.451	0.112	0.339	0.879	0.535	0.344
	减小	$\gamma=0.3$	7.231	3.936	3.295	0.610	0.141	0.469
$\lambda=0.7$ $\eta=0.7$	基准	$\gamma=0.4$	2.865	1.129	1.736	0.744	0.213	0.531
	增加	$\gamma=0.5$	1.179	0.112	1.067	0.841	0.343	0.498
	减小	$\gamma=0.3$	15.022	3.549	11.473	0.546	0.087	0.459

资料来源：笔者计算得出。

4.3　高技术产业发展现状：以珠三角城市群为例

4.3.1　相关概念界定

1. 高技术制造业范围界定

高技术制造业是指在国民经济行业中研发经费投入强度较高的制造业，具有知识密集型、资源消耗少、研发投入大等特点。根据国家统计局发布的相关分类标准，本章将高技术制造业的细分行业总结于图 4 - 7。

在实际的研究过程中，由于国民经济行业分类标准的变化以及细分行业数据的可得性，很难考虑到所有高技术产业的细分行业。例如，陈子韬等（2020）、封伟毅和杨硕（2020）都认为信息化学品制造业 2015 年才被列入高技术产业，统计年份较短，不予纳入研究范围。此外，以往的研究对象都仅限于省级层面，具体到珠三角城市群市级层面的研究时，数据的可得性受限更多。一方面，部分行业前后统计口径存在一定差异；另一方面，细分行业大多精确到三位数代码或四位数代码，数据可得性不强。例如，在（GB/T 4754 - 2017）分类标准中，信息化学品制造业在（GB/T 4754 - 2011）标准的基础上被分解为文化用信息化学品制造（C2664）与医学生产用信息化学品制造（C2665）；航空、航天器及设备制造（C374）与医疗仪器设备及器械制造（C358）也同样出现了内容上的增减与调整。因此，在遵循科学性、合理性、易操作性等原则的前提下，参照丁焕峰和杜丽璇（2010）的数据处理方法，将医药制造业、计算机、信息和其他电子设备制造业与仪器仪表制造业的相关数据合并为高技术制造业。

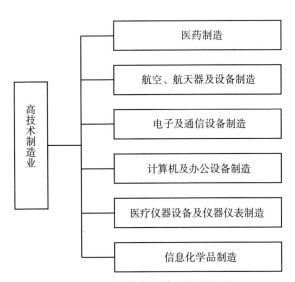

图 4 - 7　高技术制造业细分行业

资料来源：《高技术产业（制造业）分类（2017）》。

2. 高技术服务业范围界定

高技术服务业指利用高技术手段为社会经济生活提供服务活动的产业集合。高技术产业不仅包含高技术制造业，高技术服务业也具有高投入、高创新、高附加值等特征，同属于高技术产业的范畴。根据国家统计局的相关分类标准，将高技术服务业的细分行业总结于图4－8。

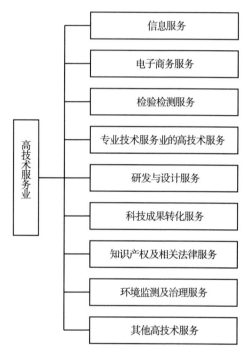

图4－8 高技术服务业细分行业

资料来源：《高技术产业（服务业）分类（2018）》。

同样地，在实证研究中由于数据的缺失或不可得性，学者们会在合理范围内进行取舍与调整。本章参照陈安平（2020）的处理方法，通过对高技术产业的诸多细分行业进行整合与调整，将信息传输、软件和信息技术服务业与科学研究和技术服务业合并为高技术服务业。

3. 城市群高技术产业协同集聚概念界定

考虑城市群层面的产业协同集聚时，以往研究大多从城市群整体或城市群背景下单个城市的层面进行研究，鲜少有人对城市群城市间的关系进行探讨。

然而，城市群的功能作用不仅体现在各城市的简单加总上，更体现在城市间的联系中。周奕（2018）的研究发现产业协同集聚的空间边界约为 500 公里，而珠三角城市群城市间最远距离为 182 公里，因此城市间异质性产业协同集聚依然能够在一定程度上发挥效果。基于此，将城市群高技术制造业与高技术服务业协同集聚划分为城市内协同集聚与城市间协同集聚两个方面。其中，城市内协同集聚指的是城市群中单个城市的高技术产业协同集聚情况，强调个体协同水平；城市间协同集聚则指城市群中两两城市之间的高技术产业协同集聚情况，强调城际协同水平。

结合城市群的功能特征，突破行政边界局限，本书认为城市群高技术产业协同集聚指的是高技术制造业与高技术服务业在城市群范围内集聚，二者之间高度关联、互相促进，以求共同发展的过程，包括城市内协同集聚与城市间协同集聚两个方面。

4.3.2　珠三角城市群高技术制造业和高技术服务业发展现状

1. 高技术制造业总量变化趋势与区域差异

得益于改革开放后的加工贸易业与香港、澳门的产业转移，珠三角城市群制造业发展起步较早，发展基础良好。2004～2018 年珠三角城市群高技术制造业保持稳定增长态势。高技术制造业从业人员由 2004 年的 126.53 万人增长至 2018 年的 355.91 万人；高技术制造业规模以上工业企业单位数由 2004 年的 2335 个增长至 2018 年的 6285 个。随着产业规模的逐渐扩大，2004～2018 年珠三角城市群高技术制造业从业人员与规模以上企业单位数都出现了增速放缓趋势。[①]

为探索珠三角城市群各城市高技术制造业的地区发展差异，利用 ArcGIS 分级显示工具的自然间断点分级法将从业人员数据划分为 3 类，并将其命名为组内较低水平、组内中等水平与组内较高水平。研究发现，珠三角城市群各城市高技术制造业发展差异较明显，而随着时间的推移这种差距逐渐扩大。2004 年，广州、东莞、深圳的高技术制造业处于珠三角城市群中的较高水平，惠州与珠海处于中等水平，其余城市处于较低水平，大体呈现"东高西低"特征。2008 年，珠海的高技术制造业也失去了竞争优势，无法跻身中等发展水平，此时"东高西低"的特征愈加明显。2013 年以后，产业发展优势进一步聚集

---

① 本节数据来源于《广东工业统计年鉴》与广东省各市统计年鉴，经作者整理得出。

到深圳、东莞，而其他城市都处于相对低的发展水平，区域差异进一步扩大。

2. 高技术服务业总量变化趋势与区域差异

与高技术制造业相比，珠三角城市群高技术服务业发展起步较晚。数字经济时代下，高技术服务业已成为珠三角城市群近年来重点扶持的行业之一。2004~2018年珠三角城市群高技术服务业表现出持续增长趋势。其中，高技术服务业从业人员由2004年的17.26万人增长至2018年的90.54万人，2013年后增速逐渐平缓；高技术服务业法人单位数由2004年的1.52万个增长至2018年的33.30万个，增速不断加快。总体来看，高技术服务业的产业有更为广阔的发展空间。

2004~2018年珠三角城市群高技术服务业发展速度较快，组内中高发展水平的城市数量增多，但区域差距仍然存在。2004年，仅有广州、深圳2个核心城市的高技术服务业处于珠三角城市群中的中高水平，其余城市都处于较低的发展水平，呈现出"中间高两边低"的分布特征。2008年，佛山的高技术服务业发展迅速，跻身于中等发展水平，至此，仍只有广州、深圳、佛山3个区域中心城市的高技术服务业具有一定竞争力。2013年以后，高技术服务业逐渐遍地开花，东莞、珠海等城市的高技术服务业也成长起来，进一步奠定了珠三角城市群高技术服务业的"中心—外围"结构。广州、深圳为第一层，处于较高发展水平；佛山、东莞、珠海为第二层，处于中等发展水平；中山、惠州、江门、肇庆为第三层，处于较低发展水平，区域间的发展差异依然明显。

4.3.3　珠三角城市群高技术产业发展现状与存在的问题

珠三角城市群高技术产业在发展的过程中可能存在以下问题。一是高技术产业发展总体水平不高、发展动力不足。珠三角城市群高技术产业发展起步较晚，总体发展水平不高，高技术产业的科技含量较低，技术投入占地区生产总值的比重仅为3.19%，落后于世界三大湾区。同时，近年来高技术产业的增长速度下降，存在发展动力不足的可能。二是珠三角城市群高技术服务业的发展水平与高技术制造业的发展水平不均衡，出现了比较严重的"脱节"现象。珠三角城市群的发展起步于"三来一补"的加工贸易，制造业基础较好，导致高技术制造业的发展水平明显高于高技术服务业。但这种脱节关系使得高技术服务业无法为制造业的优化升级提供支持，二者之间尚未形成良好的协同发展关系。三是高技术产业发展水平的城际差异较大，城市群内部发展不平衡现象十分突出。具体表现在深圳与东莞的高技术制造业、高技术服务业都处于中高水平，广州、佛山、珠海高技术服务业发展迅速，而高技术制造业发展较为缓慢；中山、江门、肇庆等地高技术制造业与高技术服务业发展水平都比较低。从长远来看，城市群内部高技术产业发展差距过大制约了城市群协同发展，对单个城市的产业转型升级以及城市群形成发展合力均形成制约。

4.4 高技术产业协同集聚评价与时空演化：以珠三角城市群为例

4.4.1 产业协同集聚评价方法选择

产业集聚不能等同于产业协同集聚，后者在前者的基础上更加强调异质性产业间的关联与促进。近年来，多位学者对 EG 指数计算方法进行改进与简化，以提高方法的实用性与便捷度。例如，陈建军等（2016）构建了简化的产业协同集聚指标，具体方法如式（4-89）、式（4-90）所示。其中，syn 为 a 产业与 b 产业的协同集聚指标，S_{ma} 为 a 产业在 m 城市的集聚度，S_{mb} 为 b 产业在 m 城市的集聚度。产业集聚度又可以利用区位商加以计算，令 LQ_{ij} 表示区域内 j 城市 i 产业的区位商，q_{ij} 为 j 城市 i 产业的从业人数，q_j 为 j 城市所有产业的从业人数之和，q_i 为区域内所有城市 i 产业的从业人数之和，q 为区域内所有产业的从业人数总和。

$$syn = \left(1 - \frac{|S_{ma} - S_{mb}|}{|S_{ma} + S_{mb}|}\right) + (S_{ma} + S_{mb}) \qquad (4-89)$$

$$LQ_{ij} = \frac{\dfrac{q_{ij}}{q_j}}{\dfrac{q_i}{q}} \qquad (4-90)$$

该协同集聚测度方法已经在学界得到广泛应用，张虎（2017）等学者都先后使用该方法对产业协同集聚进行了定量分析。本书在评价珠三角城市群高技术产业协同集聚水平时同样采用上述方法，其中产业集聚度利用高技术制造业与高技术服务业从业人员所计算的区位商加以衡量。

4.4.2　高技术产业协同集聚评价结果

1. 城市内产业协同集聚评价结果

根据陈建军等（2016）提出的简化的 EG 指数方法，可将珠三角城市内高技术产业协同集聚水平的计算公式总结如式（4-91）和式（4-92）所示。

$$syn_1 = \left(1 - \frac{|S_{ma} - S_{mb}|}{|S_{ma} + S_{mb}|}\right) + (S_{ma} + S_{mb}) \tag{4-91}$$

$$S_{ma} = \frac{\dfrac{q_{ma}}{q_m}}{\dfrac{q_a}{q}}, \quad S_{mb} = \frac{\dfrac{q_{mb}}{q_m}}{\dfrac{q_b}{q}} \tag{4-92}$$

其中，syn_1 为 m 城市内高技术产业协同集聚度，S_{ma} 为高技术制造业在 m 城市的区位商，S_{mb} 为高技术服务业在 m 城市的区位商。q_{ma} 与 q_{mb} 分别为 m 城市高技术制造业、高技术服务业的从业人数，q_m 为 m 城市所有产业的从业人数之和，q_a 为珠三角九市高技术制造业的从业人数之和，q_b 为珠三角九市高技术服务业的从业人数之和，q 为珠三角九市所有产业的从业人数之和。基于此，本章可测算出珠三角城市内高技术产业协同集聚水平，如表4-6所示。

表4-6　　　　2004~2018年珠三角城市群城市内高技术产业协同集聚度

年份	广州	深圳	佛山	东莞	惠州	中山	珠海	江门	肇庆
2004	3.4050	4.2630	1.4226	2.0568	2.4250	1.5866	3.1951	1.3928	1.0629
2005	3.3849	4.0723	1.4728	1.9725	2.5307	1.7681	4.0562	1.4431	1.1132
2006	3.3083	4.0074	1.5834	2.0081	2.4596	1.7312	3.8171	1.4304	1.0937
2007	3.1401	4.0351	1.7136	2.1619	2.3447	1.6461	3.9109	1.4227	1.0901
2008	2.8326	4.3513	1.6996	2.1415	2.2191	1.5144	3.8903	1.3534	1.0132
2009	2.7251	4.4492	1.6410	2.1927	2.0823	1.4679	4.0125	1.3252	0.9788
2010	2.5296	4.8508	1.6877	1.9451	1.8727	1.4899	3.8961	1.2591	0.9726
2011	3.0349	4.6830	1.5410	1.4319	2.0643	1.7945	4.3261	1.2983	1.0637
2012	2.9472	4.6699	1.5168	1.3895	2.0957	1.6415	4.3215	1.3118	1.1168

续表

年份	广州	深圳	佛山	东莞	惠州	中山	珠海	江门	肇庆
2013	2.8574	4.4810	1.5229	1.7239	1.9248	1.7066	4.1965	1.3989	1.2178
2014	2.8024	4.4498	1.5453	1.6977	2.0227	1.7702	4.2609	1.2786	1.2818
2015	2.7553	4.3316	1.6066	1.8454	2.0762	1.6125	4.4415	1.2606	1.3679
2016	2.5052	4.5735	1.6544	1.8768	2.0756	1.5619	4.5226	1.3365	1.3450
2017	2.4969	4.4057	1.6818	2.1302	2.1442	1.5032	4.5646	1.4139	1.3117
2018	2.4517	4.3728	1.6411	1.9848	2.2391	1.4066	4.1574	1.4403	1.2805

资料来源：《广东省统计年鉴》，经笔者整理计算得出。

由表 4 - 6 可知，2004 ~ 2018 年珠三角城市内高技术产业协同集聚度位于（0.50，5.00）区间，平均协同集聚度为 2.35，各城市随时间发展的趋势不同。广州高技术产业协同集聚度总体呈下降趋势；深圳在 2010 年前高技术产业协同集聚度基本保持上升趋势，2010 年后出现缓慢下降，总体变化幅度较小；佛山高技术产业协同集聚度稳定在较低水平；东莞高技术产业协同集聚度变化存在明显的阶段特征，2012 年前东莞高技术产业协同集聚度持续下降，2012 年后高技术产业协同集聚度重回上升趋势；惠州的变化趋势与东莞相似，2010 年前惠州高技术产业协同集聚度持续下降，而 2010 年后高技术产业协同集聚度再次呈现缓慢上升趋势；中山的高技术产业协同集聚度同样维持在较低水平，随时间的波动幅度较小；珠海的高技术产业协同集聚度则呈现波动增长趋势；江门、肇庆的高技术产业协同集聚度历年都处于珠三角城市群的最低水平，协同发展程度较低，可能与高技术产业规模较小有关。

根据上述测算结果，以 2004 年、2008 年、2013 年、2018 年为例，将珠三角城市内高技术产业协同集聚水平划分为 3 个等级，如表 4 - 7 所示。

表 4 - 7　　　　　珠三角城市内高技术产业协同集聚水平划分

年份	较低协同水平（0.00 ~ 2.00）	中等协同水平（2.00 ~ 3.50）	较高协同水平（3.50 ~ 5.00）
2004	佛山、中山、江门、肇庆	广州、东莞、惠州、珠海	深圳
2008	佛山、中山、江门、肇庆	广州、东莞、惠州	深圳、珠海

续表

年份	较低协同水平 (0.00~2.00)	中等协同水平 (2.00~3.50)	较高协同水平 (3.50~5.00)
2013	佛山、东莞、惠州、中山、江门、肇庆	广州	深圳、珠海
2018	佛山、东莞、中山、江门、肇庆	广州、惠州	深圳、珠海

资料来源：笔者自制。

2. 城市间产业协同集聚评价结果

将城市内高技术产业协同集聚水平的公式进行简单变形，即可得到珠三角城市间高技术产业协同集聚水平的计算公式，如式（4－93）、式（4－94）所示。

$$syn_2 = \left(1 - \frac{|S_{ma} - S_{nb}|}{|S_{ma} + S_{nb}|}\right) + (S_{ma} + S_{nb}) \tag{4-93}$$

$$S_{ma} = \frac{\dfrac{q_{ma}}{q_m}}{\dfrac{q_a}{q}}, \quad S_{nb} = \frac{\dfrac{q_{nb}}{q_n}}{\dfrac{q_b}{q}} \tag{4-94}$$

其中，syn_2 为珠三角城市群中 m、n 两个城市间的高技术产业协同集聚度，S_{ma} 为高技术制造业在 m 城市的区位商，S_{nb} 为高技术服务业在 n 城市的区位商。q_{ma} 为 m 城市高技术制造业的从业人数，q_{nb} 为 n 城市高技术服务业的从业人数，q_m 与 q_n 分别为 m 城市和 n 城市所有产业的从业人数，q_a 与 q_b 分别为珠三角九市高技术制造业、高技术服务业的从业人数，q 为珠三角九市所有产业的从业人数之和。

对城市间高技术产业协同集聚度进行测算时，A 城市与 B 城市选择何种产业协同是需要率先确定的问题。倘若同时考虑二者，对其进行平均加权，则会损失部分信息。陈英武（2015）的做法是将城市群内的全部城市划分为中心城市与外围城市两个级别，默认中心城市总是提供服务业，外围城市总是提供制造业。这种做法无疑具有一定合理性，但是无法保证每个城市群只有一个中心城市，也无法保证中心城市的高技术服务业一定具有比较优势，更无法计算同等级别城市之间的协同集聚水平。基于此，本章在陈英武的研究基础上加以改良，结合现实发展情况与两个城市的产业集聚度，通过"比较优势"法加以判断，判断结果如图4－9所示。深圳、广州、佛山在提供高技术服务业方面存在比较优势，而其他城市则在提供高技术制造业方面存在比较优势。

广州 S – 深圳 M	深圳 S – 佛山 M	佛山 S – 东莞 M	东莞 M – 惠州 S	惠州 M – 中山 S	中山 M – 珠海 S	珠海 M – 江门 S	江门 M – 肇庆 S
广州 S – 佛山 M	深圳 S – 东莞 M	佛山 S – 惠州 M	东莞 M – 中山 S	惠州 M – 珠海 S	中山 M – 江门 S	珠海 M – 肇庆 S	—
广州 S – 东莞 M	深圳 S – 惠州 M	佛山 S – 中山 M	东莞 M – 珠海 S	惠州 M – 江门 S	中山 M – 肇庆 S	—	—
广州 S – 惠州 M	深圳 S – 中山 M	佛山 S – 珠海 M	东莞 M – 江门 S	惠州 M – 肇庆 S	—	—	—
广州 S – 中山 M	深圳 S – 珠海 M	佛山 S – 江门 M	东莞 M – 肇庆 S	—	—	—	—
广州 S – 珠海 M	深圳 S – 江门 M	佛山 S – 肇庆 S	—	—	—	—	—
广州 S – 江门 M	深圳 S – 肇庆 S	—	—	—	—	—	—
广州 S – 肇庆 S	—	—	—	—	—	—	—

图 4 – 9　珠三角城市间高技术产业协同集聚测算标准

注：M 代表高技术制造业，S 代表高技术服务业。

基于式（4 - 93）和式（4 - 94）可测算出珠三角城市间高技术产业协同集聚水平，如表 4 - 8 与表 4 - 9 所示。根据表中内容，2004 ~ 2018 年珠三角城市间高技术产业协同集聚水平位于（0.00，6.00）范围内，均值为 2.67，略高于城市内高技术产业协同集聚水平，表明城市间高技术产业的分工合作有利于城市群高技术产业协同度的提升。如表 4 - 8、表 4 - 9 所示，2004 ~ 2018 年珠三角各城市间高技术产业协同集聚度的平均值位于（1.50，4.00）区间，不同城市有不同的发展趋势。广州与其他城市的高技术产业协同度平均值呈波动下降趋势；深圳与其他城市的高技术产业协同度平均值大致呈缓慢上升态势；东莞与惠州均存在明显的阶段特征，高技术产业协同度平均值大致表现为先下降后上升；珠海与其他城市的高技术产业协同度平均值一直稳定在（3.00，3.50）范围内，变化幅度小；中山与其他城市的高技术产业协同度平均值稳定在较低水平；佛山、江门、肇庆与其他城市的高技术产业协同度平均值则都呈缓慢下降态势。

表4-8　　2004~2018年珠三角城市群城市间高技术产业协同集聚度

年份	广-深	广-佛	广-东	广-惠	广-中	广-珠	广-江	广-肇	深-佛	深-东	深-惠	深-中	深-珠	深-江	深-肇	佛-东	佛-惠	佛-中
2004	5.052	2.611	4.682	4.473	2.732	5.139	2.610	2.429	1.991	4.053	3.944	2.129	4.316	1.990	1.779	2.801	2.682	1.602
2005	4.840	2.718	4.747	4.568	2.914	5.183	2.694	2.514	2.022	4.021	3.927	2.247	4.272	1.994	1.781	2.603	2.497	1.762
2006	4.757	2.806	4.841	4.541	3.000	4.995	2.701	2.522	2.097	4.053	3.895	2.319	4.141	1.975	1.763	2.701	2.523	1.856
2007	4.510	2.688	4.917	4.346	2.878	4.771	2.511	2.335	2.207	4.261	3.936	2.414	4.177	2.010	1.811	3.166	2.836	1.955
2008	4.746	2.584	4.813	4.068	2.772	4.416	2.369	2.177	2.296	4.390	3.821	2.493	4.170	2.066	1.859	3.060	2.639	1.938
2009	4.923	2.573	4.884	3.937	2.764	4.314	2.363	2.181	2.261	4.415	3.670	2.463	4.050	2.035	1.837	2.953	2.416	1.891
2010	5.052	2.557	4.522	3.609	3.050	4.296	2.256	2.112	2.423	4.408	3.492	2.926	4.181	2.113	1.964	2.616	2.143	1.982
2011	5.387	2.716	4.109	3.961	3.342	4.591	2.537	2.441	2.228	3.691	3.540	2.900	4.179	2.030	1.922	2.167	2.097	1.887
2012	5.310	2.639	4.020	4.005	3.228	4.481	2.478	2.389	2.198	3.645	3.630	2.828	4.111	2.020	1.922	2.218	2.211	1.951
2013	5.147	2.658	4.087	4.162	3.245	4.527	2.522	2.434	2.171	3.673	3.750	2.803	4.119	2.019	1.920	2.145	2.183	1.842
2014	5.162	2.667	4.062	4.303	3.257	4.519	2.501	2.456	2.155	3.627	3.872	2.793	4.086	1.969	1.918	2.066	2.195	1.769
2015	4.970	2.685	4.234	4.363	3.307	4.636	2.453	2.466	2.193	3.816	3.946	2.862	4.143	1.934	1.948	2.204	2.275	1.825
2016	4.721	2.504	4.104	4.301	3.123	4.535	2.265	2.224	2.405	4.019	4.216	3.032	4.451	2.160	2.119	2.203	2.317	1.793
2017	4.642	2.526	4.150	4.436	3.109	4.539	2.275	2.212	2.349	4.000	4.286	2.948	4.349	2.088	2.022	2.258	2.427	1.823
2018	4.465	2.481	4.306	4.624	3.046	4.453	2.285	2.137	2.372	4.214	4.494	2.947	4.362	2.172	2.019	2.294	2.495	1.741

资料来源:《广东省统计年鉴》,经笔者整理计算得出。

表 4－9　2004～2018 年珠三角城市群城市间高技术产业协同集聚度

年份	佛－珠	佛－江	佛－肇	东－惠	东－中	东－珠	东－江	东－肇	惠－中	惠－珠	惠－江	惠－肇	中－珠	中－江	中－肇	珠－江	珠－肇	江－肇
2004	3.086	1.421	1.126	2.549	2.487	2.913	2.525	2.469	2.362	2.797	2.401	2.344	1.624	1.584	1.588	2.823	2.770	1.395
2005	2.884	1.435	1.122	2.637	2.487	3.804	2.420	2.522	2.378	3.709	2.310	2.414	2.129	1.765	1.765	2.709	2.806	1.434
2006	2.798	1.422	1.113	2.639	2.452	3.729	2.444	2.436	2.266	3.569	2.257	2.250	2.151	1.720	1.710	2.545	2.538	1.432
2007	3.076	1.469	1.205	2.700	2.542	3.996	2.532	2.556	2.175	3.684	2.164	2.190	2.271	1.632	1.665	2.433	2.457	1.417
2008	2.822	1.401	1.103	2.670	2.444	4.111	2.692	2.493	1.968	3.683	2.243	2.023	2.335	1.854	1.586	2.440	2.230	1.386
2009	2.608	1.335	1.031	2.653	2.452	4.342	2.622	2.561	1.851	3.633	2.047	1.976	2.420	1.713	1.627	2.256	2.189	1.338
2010	2.481	1.236	0.980	2.377	2.224	4.015	2.310	2.267	1.695	3.275	1.796	1.745	2.697	1.604	1.547	2.167	2.122	1.273
2011	2.432	1.244	1.060	2.135	2.084	3.840	1.845	1.976	2.012	3.690	1.767	1.902	3.058	1.518	1.671	2.134	2.254	1.261
2012	2.462	1.254	1.093	2.103	1.943	3.858	1.817	2.360	1.936	3.843	1.809	2.353	3.056	1.493	2.104	2.089	2.598	1.270
2013	2.388	1.298	1.136	1.883	2.026	3.752	1.765	1.767	2.066	3.828	1.809	1.810	2.887	1.395	1.396	2.035	2.037	1.398
2014	2.321	1.267	1.182	1.887	2.067	3.800	1.982	1.727	2.196	4.043	2.114	1.870	2.978	1.672	1.367	2.242	2.008	1.374
2015	2.440	1.225	1.247	2.000	2.023	4.038	1.996	1.823	2.098	4.167	2.072	1.903	3.098	1.581	1.366	2.244	2.083	1.344
2016	2.462	1.284	1.214	1.954	2.009	4.091	1.984	1.832	2.129	4.288	2.105	1.958	3.109	1.532	1.340	2.257	2.117	1.381
2017	2.493	1.301	1.191	1.962	1.993	4.176	1.903	1.799	2.173	4.461	2.088	1.989	3.136	1.389	1.251	2.158	2.061	1.259
2018	2.385	1.340	1.070	2.026	2.032	4.080	2.020	1.855	2.245	4.251	2.234	2.078	2.808	1.390	1.159	2.117	1.957	1.144

资料来源：《广东省统计年鉴》，经笔者整理计算得出。

根据上述测算结果,同样可将珠三角城市间高技术产业协同集聚水平划分为3个等级,如表4-10所示。

表4-10　　　　　　　　　珠三角城市间高技术产业协同集聚水平划分

时间	较低协同水平	中等协同水平	较高协同水平
2004年	肇庆	佛山、中山、江门	广州、深圳、东莞、惠州、珠海
2008年	肇庆	佛山、惠州、中山、江门	广州、深圳、东莞、珠海
2013年	佛山、江门、肇庆	东莞、惠州、中山	广州、深圳、珠海
2018年	江门、肇庆	佛山、东莞、中山	广州、深圳、惠州、珠海

资料来源:笔者自制。

4.4.3　高技术制造业与高技术服务业协同集聚时空演化

珠三角城市群高技术产业协同集聚发展的动态演化特征反映了区域内部高技术产业资源的配置格局,为高技术产业协同集聚向合理化方向发展提供了理论基础。根据上述测算结果可知,珠三角城市群高技术产业协同集聚发展过程中蕴含着丰富的时空演化信息,为充分挖掘其动态特征,参考高一鸣等(2020)的做法,借助标准正态分布核函数、二维联合概率密度函数、产业协同集聚度分布图等工具进行进一步探索。

1. 城市内产业协同集聚时空演化分析

(1)标准正态分布核函数。核密度估计方法可以用来估计2004~2018年珠三角城市内高技术产业协同集聚水平的分布函数,其表达式如式(4-95)至式(4-97)所示:

$$f_t(x) = \frac{1}{h_t \sum\limits_{i=1}^{n} \omega_{it}} \sum_{i=1}^{n} \omega_{it} K\left(\frac{x - x_i}{h_t}\right) \qquad (4-95)$$

$$K(x) = \frac{1}{\sqrt{2\pi}} e^{-\frac{x^2}{2}} \qquad (4-96)$$

$$h_t^{(opt)} = (4/3n)^{1/5} \min\{\sigma_t, \ IQR_t/1.35\} \qquad (4-97)$$

其中,$f(\cdot)$为高技术产业协同集聚度的分布函数,x为高技术产业协同集聚度的取值,$K(\cdot)$为标准正态分布核函数,h为核估计的带宽,最优带宽

$h^{(opt)}$ 基于"拇指法则"加以选择，其中 i 和 t 分别为地区与时间的下标，IQR 为协同集聚水平的四分位距，σ、ω 分别为标准差与权重，本书利用平均权重进行测算。

根据 2004～2018 年珠三角城市内高技术产业协同集聚水平的概率分布，可以发现城市内协同集聚度指标在时间维度上有以下特征：第一，历年分布函数的高峰大多出现在（1.00，3.00）区间，众数位于（1.00，1.50）区间，表明 2004～2018 年珠三角城市内高技术产业协同集聚整体水平较低，多数城市还处于较低水平协同集聚状态；第二，在考察时间内，分布函数大多呈"双峰"态势，表明城市内高技术产业协同集聚水平存在两极分化现象，组间差异较大；第三，双峰的高度大致呈现由低到高的趋势，意味着较低水平协同、较高水平协同的组内差异变小，分布逐渐集中。

（2）二维联合概率密度函数图。在了解珠三角城市内高技术产业协同集聚度的分布情况后，估计二维联合概率密度函数 $f = (x_t, x_{t+k})$ 以分析初始协同水平对未来若干年珠三角城市内高技术产业协同集聚度发展的影响，其中 k 为时间跨度。二维联合概率密度函数 $f = (x_t, x_{t+k})$ 仍然使用核密度方法估计，采用二维标准正态分布核函数，计算方法如式（4-98）和式（4-99）所示，两个维度最优带宽使用"拇指法则"来确定。

$$f(x, y) = \frac{\sum\limits_{i \cdot t} \omega_{it}^{(x)} \omega_{it}^{(y)} K\left(\dfrac{x - x_{it}}{h_x}, \dfrac{y - y_{it}}{h_y}\right)}{h_x h_y \sum\limits_{i \cdot t} \omega_{it}^{(x)} \omega_{it}^{(y)}} \tag{4-98}$$

$$K(x, y) = \frac{1}{2\pi} e^{-\frac{(x^2 + y^2)}{2}} \tag{4-99}$$

其中，二维联合概率密度函数及其映射出的等高线图的中间的线条为对角线，即 $x_{t+k} = x_t$。在对角线上方的概率密度代表 $x_{t+k} > x_t$ 的可能性，即报告年度（t+k 年）珠三角城市内产业协同集聚水平有所提高，超过基年（t 年）的可能性；同理，对角线下方的概率密度代表该年度产业协同集聚水平出现下降，低于基年的可能性。

图 4-10 显示了不同时间跨度下，二维联合概率密度函数的估计结果。珠三角城市内高技术产业协同集聚水平的二维联合概率密度函数呈现出如下演变特征：第一，等高线密集分布区域位于（1.00，3.00）范围内，处于图像偏左位置，低水平聚集效应明显；第二，在时间跨度较小时（k≤2），等高线图可分为两个组别，随着时间跨度增加，双峰特征减弱，意味着较高协同水平组分布日益分散；第三，无论时间跨度如何变化，联合分布函数对角线上方的概

率密度都略微大于对角线下方的概率密度，可以判断珠三角城市内高技术产业协同集聚水平长期向好的趋势没有发生改变。

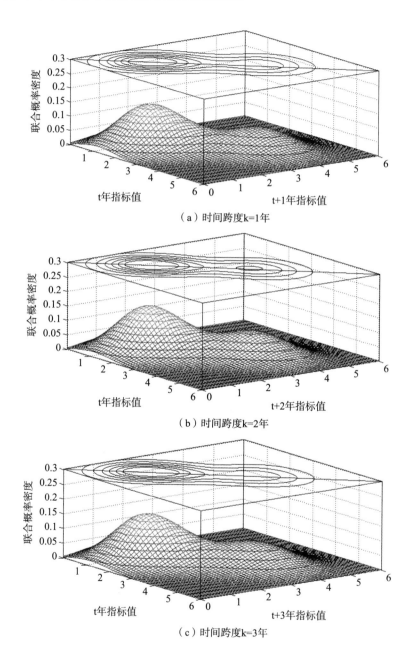

（a）时间跨度k=1年

（b）时间跨度k=2年

（c）时间跨度k=3年

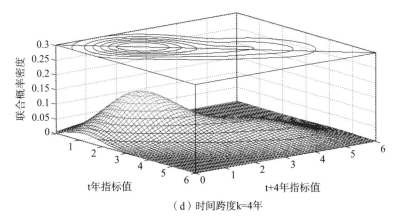

（d）时间跨度k=4年

图 4 - 10　不同初始发展水平对珠三角城市内高技术产业协同集聚的影响

资料来源：笔者自绘。

（3）珠三角城市内高技术产业协同集聚地区分布。为探索 2004～2018 年珠三角城市内高技术产业协同集聚度的地区分异特征，本章以 2004 年、2008 年、2013 年、2018 年的数据为例，利用 ArcGIS 的分级显示工具将数据进行可视化处理。城市内高技术制造业与高技术服务业协同集聚地区分布表明，2004～2018 年珠三角城市内高技术产业协同集聚水平在空间上呈现如下特点。第一，区域分布呈现"东高西低"的特征，珠三角东岸城市的高技术产业协同集聚水平整体高于珠三角西岸城市，区域差异明显。第二，随着时间的推移，城市内高技术产业协同集聚水平较高的城市数量有所下降。2008 年后广州的高技术产业协同水平明显下降，可能与其省会城市的服务功能不断强化而制造功能不断弱化有关。2013 年东莞、惠州的高技术产业协同水平也出现了下降，这可能是因为东莞与惠州的计算机、信息和其他电子设备制造业发展速度较快，而配套研发、商业服务无法满足其制造业发展需求造成的。

2. 城市间产业协同集聚时空演化分析

（1）标准正态分布核函数图。根据上述方法，可以得到 2004～2018 年珠三角城市间高技术产业协同集聚水平的概率分布图，此处同样采用平均权重进行计算。可以发现珠三角城市间产业协同集聚指标在时间维度上呈以下特征：第一，历年分布函数的高峰同样位于（1.00，3.00）区间，众数出现在 1.00 附近，表明 2004～2018 年珠三角城市间高技术产业协同集聚水平整体不高，多数城市组还处于低水平的协同状态；第二，在考察期内，分布函数大致呈

"双峰"态势，表明城市间高技术产业协同集聚水平同样存在两极分化现象；第三，左侧处于较高协同水平的峰体出现由低到高的发展趋势，意味着拥有高协同集聚水平的城市组分布日益集中。

（2）二维联合概率密度函数图。图4－11显示了不同时间跨度 k 下，2004～2018年珠三角城市间高技术产业协同集聚度的二维联合概率密度函数 $f(x_t, x_{t+k})$ 估计结果。

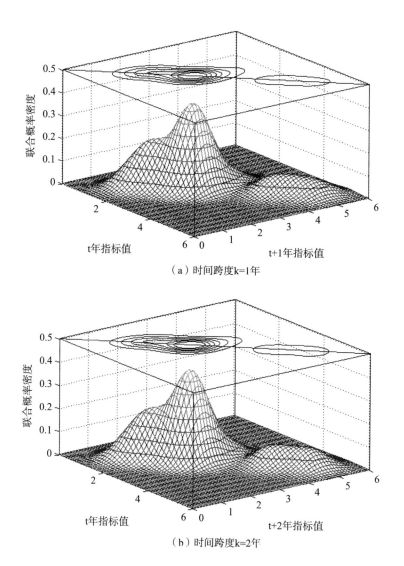

（a）时间跨度k=1年

（b）时间跨度k=2年

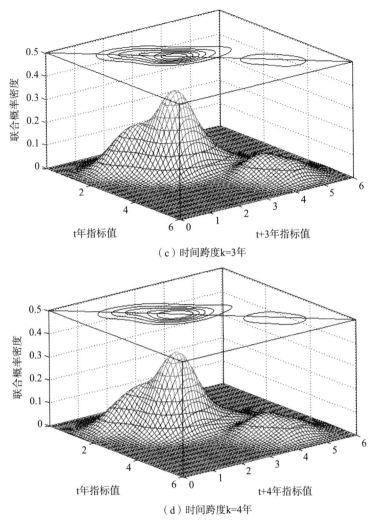

（c）时间跨度k=3年

（d）时间跨度k=4年

图 4 - 11　不同初始发展水平对珠三角城市间高技术产业协同集聚的影响

资料来源：笔者自绘。

图 4 - 11 中，珠三角城市间高技术产业协同集聚水平的二维联合概率密度函数呈如下演变特征。第一，等高线密集分布区域位于（2.00，4.00）范围内，中等水平聚集效应明显。第二，在时间跨度较小时（k≤2），等高线图大致可分为 3 个部分，左侧峰体为较低水平协同组，中间峰体为中等水平协同组，右边高度较小的峰体为较高水平协同组；随着时间跨度的增加，左侧峰体与右侧峰体逐渐融合，由"多峰"向"双峰"态势转变，意味着较低协同水平组分布日益分散。第三，随着时间跨度的增加，处于不同协同集聚水平的

"城市组别"初始协同集聚度对未来若干年高技术产业协同集聚度产生的影响存在区别。其中，左侧峰体的概率密度函数有向对角线上移的倾向，当时间跨度较长（k≥3）时，联合分布函数对角线上方的概率密度明显大于对角线下方；而右侧峰体的概率密度函数有向对角线下移的倾向，当时间跨度较长时，联合分布函数对角线上方的概率密度明显小于对角线下方。长期来看，城市间高技术产业协同发展会对处于较低协同水平的城市存在"帮扶"作用，而对本身就具有较高协同水平的城市则有所制约。

（3）珠三角城市间高技术产业协同集聚地区分布。同样地，2004～2018年珠三角城市间高技术产业协同集聚水平在空间上呈现以下演变特征。第一，城市间协同集聚水平不高，区域间差异较大。广州—东莞、广州—深圳等城市组的协同集聚度在区域内处于较高水平，意味着广州的高技术服务业与深圳、东莞、惠州、珠海的高技术制造业形成了较好的配合关系；而深圳—肇庆、佛山—肇庆、中山—肇庆、江门—肇庆等城市组的高技术产业协同集聚度较低，江门、肇庆等珠江西岸高技术制造业与高技术服务业都不具有比较优势，产业亟待转型升级。第二，随时间的推移，区域差异持续存在。2004～2018年城市间高技术产业协同集聚水平的地区差异基本保持稳定。

4.4.4　对比分析与讨论

根据上文对高技术产业协同集聚度的评价与演化分析结果，对珠三角九市城市内、城市间高技术产业协同集聚情况进行对比分析。首先，根据城市内、城市间高技术产业协同水平划分标准，对珠三角九市的所属协同类型进行分类。

如图4－12所示，广州稳定处于城市内中等协同、城市间较高协同状态；深圳稳定处于城市内较高协同、城市间较高协同状态；佛山处于城市内较低协同、城市间中等协同状态；东莞前阶段处于城市内中等协同、城市间较高协同状态，而后阶段处于城市内较低协同、城市间中等协同状态；惠州所属的类型较不稳定，城市内、城市间协同集聚度大致在中高水平波动；中山稳定处于城市内较低协同、城市间中等协同状态；珠海自2008年后一直处于城市内较高协同、城市间较高协同状态；江门前期处于城市内较低协同、城市间中等协同状态，后期转变为城市内较低协同、城市间较低协同状态；肇庆稳定处于城市内较低协同、城市间较低协同的水平。

不难发现，由于深圳与珠海高技术制造业与高技术服务业发展的均衡性，2004～2018年深圳与珠海城市内、城市间产业协同集聚度基本处于较高水平。

相比之下，广州、佛山等城市的高技术服务功能更加突出；而东莞、惠州的高技术制造功能日益强化，其城市内高技术产业协同度有所下降，而城市间协同度有所提升。中山、江门、肇庆等城市的主导产业主要为家电、机械装备等传统产业，高技术产业在地区生产总值中所占规模不大，加之地区高校与科技机构较少，创新能力也较弱，故其城市内、城市间协同集聚度往往处于中低水平。

a. 2004	城市内较低协同	城市内中等协同	城市内较高协同	b. 2008	城市内较低协同	城市内中等协同	城市内较高协同
城市间较低协同	肇庆			城市间较低协同	肇庆		
城市间中等协同	佛山、中山、江门			城市间中等协同	佛山、中山、江门	惠州	
城市间较高协同		广州、东莞、惠州、珠海	深圳	城市间较高协同		广州、东莞	深圳、珠海
c. 2013	城市内较低协同	城市内中等协同	城市内较高协同	d. 2018	城市内较低协同	城市内中等协同	城市内较高协同
城市间较低协同	佛山、肇庆、江门			城市间较低协同	肇庆、江门		
城市间中等协同	东莞、惠州、中山			城市间中等协同	佛山、东莞、中山		
城市间较高协同		广州	深圳、珠海	城市间较高协同		广州、惠州	珠海、深圳

图 4 - 12　2004～2018 年珠三角各城市产业协同集聚类型判断

资料来源：笔者自绘。

对 2004～2018 年珠三角城市内高技术产业协同集聚度与城市间高技术产业协同集聚度进行比较分析。同样以 2004 年、2008 年、2013 年、2018 年为例，将珠三角九市的城市内高技术产业协同集聚度与城市间高技术产业协同集聚度进行比较，结果如表 4 - 11 所示。可以明显看出，2004～2018 年珠海、深圳的城市内高技术产业协同集聚度持续大于城市间高技术产业协同集聚度；而广州、佛山、东莞、惠州、中山、江门、肇庆的城市间高技术产业协同集聚度持续大于城市内高技术产业协同集聚度，与上文结论基本一致。

表4-11 珠三角城市内高技术产业协同集聚度与城市间高技术产业协同集聚度比较

年份	城市内协同集聚度大于城市间协同集聚度	城市间协同集聚度大于城市内协同集聚度
2004	深圳、珠海	广州、佛山、东莞、惠州、中山、江门、肇庆
2008	深圳、珠海	广州、佛山、东莞、惠州、中山、江门、肇庆
2013	深圳、珠海	广州、佛山、东莞、惠州、中山、江门、肇庆
2018	深圳、珠海	广州、佛山、东莞、惠州、中山、江门、肇庆

资料来源：笔者自制。

总体来看，第一，尽管目前珠三角城市群高技术产业整体发展水平不高，但在城市间协同发展的背景之下，大多数城市仍能在城际合作过程中取长补短，因而珠三角城市间高技术产业协同集聚平均水平高于城市内平均水平。第二，由于珠三角各城市高技术制造业与高技术服务业发展水平存在初始差异，后期发展过程中城市定位与发展路径不一致，使珠三角城市内、城市间的产业协同集聚度在空间分布上存在较大的地区差异。第三，长期来看，处于较高协同集聚水平的城市自身高技术制造业与高技术服务业均较为发达，在寻求城市间协同发展的过程中难免舍近求远，反而使协同度出现下降；而在与低协同城市的合作过程中，能够补齐低协同城市的短板，产生一定的帮扶效果。第四，深圳、珠海城市内的高技术制造业与高技术服务业都处于较高发展水平，能够形成良性互动，城市内协同度高于城市间协同水平；而广州仅高技术服务业发达，东莞与惠州仅高技术制造业发达，佛山、中山、江门、肇庆高技术制造业与高技术服务业均较落后，故其城市间协同度高于城市内协同度。

4.5 高技术产业协同集聚影响因素研究：以珠三角城市群为例

4.5.1 城市内高技术产业协同集聚影响因素分析

1. 模型构建与指标选取

建立2004~2018年珠三角城市群九市的面板数据模型，参考以往学者的研究方法，选取产业规模、固定投资、人力资本、与港澳间经济联系、对外开放、交通设施、政府支持等7个指标来考察其对珠三角城市内高技术产业协同发展的影响，构建模型如式（4 – 100）所示：

$$syn1_{it} = \alpha_0 + \alpha_1 ind_{it} + \alpha_2 cap_{it} + \alpha_3 hum_{it} + \alpha_4 sez_{it} + \alpha_5 ope_{it} + \alpha_6 tra_{it} + \alpha_7 pol_{it} + \varepsilon_{it}$$

$$(4 - 100)$$

其中，下标 i 和 t 分别表示第 i 个地区和第 t 年，$syn1_{it}$ 为被解释变量，ind_{it}、cap_{it}、hum_{it}、sez_{it}、ope_{it}、tra_{it}、pol_{it} 等为解释变量，ε_{it} 为误差项。

具体来说，这些影响因素的说明与测度如下。

（1）产业规模（ind）。产业集聚能够使企业获得专业化的配套服务，有利于信息的共享与传播。因此，高技术产业规模较大的城市可能比高技术产业规模较小的城市更有效率，产业协同集聚水平更高。马国霞等（2007）的研究也验证了规模经济对产业协同集聚发展的积极作用。本章选取各城市高技术产业年末从业人员的自然对数值衡量各城市高技术产业规模，预期符号为正。

（2）固定投资（cap）。高技术产业兼具高技术、高投入特征，在发展中不仅需要大量研发经费，还需要大量的固定资本投入，用于高技术企业的场所建设、材料购置、设备更新等多个方面。尹希果和刘培森（2013）发现扩大固定资产投资能提高制造业集聚度，中西部地区产业集聚对固定资产投资的依赖性更强。基于此，选择固定资本投入的自然对数值衡量城市的固定资本投入水平，预期符号为正。

（3）人力资本（hum）。现代经济增长不可单纯依赖物质资本的投入，劳动者的知识水平一定程度上能够替代传统生产要素。克鲁格曼（Krugman，1991）、范剑勇（2006）、孙健和尤雯（2008）认为人才集聚与产业集聚表现出高度的正向关联。利用珠三角各市普通高等学校在校学生数量与城市年末人口总量之比衡量人力资本指标，预期符号为正。

（4）与港澳间经济联系（sez）。高康等（2018）认为"热点"地区由于具有经济水平、区位条件等优势，可能对周围地区产生正外部性或负外部性，并探索了发达地区要素流动对周边地区产业集聚是否具有溢出效应。作为粤港澳大湾区的中心城市，香港与澳门在和珠三角城市的要素流通与经济往来中，也可能对珠三角城市产生外部性，从而影响高技术产业的协同发展。利用引力模型计算珠三角各市与香港、澳门的经济联系，公式如式（4 – 101）所示，sez_{ab} 为 A、B 城市间的经济联系，gdp、people 分别指各城市的地区生产总值与人口数量，distant 表示城市间距离，预期符号不确定。

$$sez_{ab} = \frac{\sqrt{gdp_a \times people_a \times gdp_b \times people_b}}{distant_{ab}^2} \qquad (4 - 101)$$

（5）对外开放（ope）。外商在对外直接投资的同时带来了先进的技术与经验，而这些技术会在产业间、企业间、人际交流间得到扩散。徐维祥等（2016）认为外商直接投资带来的技术溢出对服务业集聚具有正向影响。采用外商直接投资的自然对数衡量对外开放水平，预期符号为正。

（6）交通设施（tra）。交通运输对于产业发展十分重要，交通便利性是城市产业协同集聚的关键要素之一，区域内交通通达度越高，产业内交流合作的可能性越大（Gallagher，2013；Billings and Johnson，2016）。本章选取通车里程的自然对数值代表城市交通基础设施，预期符号为正。

（7）政府支持（pol）。随着新一轮技术革命的到来，高技术产业逐渐成为一个国家或地区经济增长的支撑点，国家与当地政府给予其优惠政策与资金支持。政府对高技术企业的政策支持一方面可以缓解初创企业的资金压力，降低企业风险，另一方面也可以引导社会资本投入。然而，政策的过多干预又容易带来市场分割、资源错配等负面影响。王正巍（2021）探究了政府干预对产业协同集聚的影响，发现政府干预行为整体上对产业协同产生了促进作用，但政府干预造成的市场分割为产业协同带来了抑制作用。本章参考陈曦等（2018）的做法，以珠三角各市财政一般预算内支出占 GDP 的比值来衡量政府对各城市的政策支持力度，预期符号不确定。

表 4 - 12 显示了影响因素指标的测算方式。

表 4 - 12　　　　　　城市内产业协同集聚影响因素指标体系

指标	计算方式	符号
产业规模	高技术产业年末从业人员自然对数值	ind
固定投资	固定资产投入自然对数值	cap
人力资本	普通高等学校在校学生数/年末人口总数	hum
与港澳间经济联系	与港澳经济联系自然对数值	sez
对外开放	外商直接投资自然对数值	ope
交通设施	通车里程自然对数值	tra
政府支持	地方财政一般预算内支出/地区生产总值	pol

资料来源：笔者自制。

2. 数据来源与说明

被解释变量为 2004～2018 年珠三角城市内高技术产业的协同集聚度，已由上文测算得出；解释变量中固定资产投资、普通高等学校在校人数、年末从业人数、外商直接投资、通车里程、地方财政一般预算内支出、地区生产总值等数据均来自《广东省统计年鉴》与《中国城市统计年鉴》；高技术产业从业人数由各自细分行业的相关数据加总得出，数据来自《广东工业统计年鉴》《广东省统计年鉴》以及广东省各城市统计年鉴；香港、澳门的地区生产总值、人口数量来自《香港统计年刊》与《澳门统计年鉴》。需要说明的是，各城市与港澳间的经济联系基于引力模型计算得出，其中港澳的相关数据由香港、澳门加总得出，由于澳门高技术产业发展水平不高，地理距离为各城市到香港的最短行驶距离。对于数据的少量缺失，在不影响整体变动趋势的情况下，利用插值法对缺失值加以补齐。另外，对产业内协同集聚度进行了对数化处理。各变量的描述性统计如表 4 - 13 所示。

表 4 - 13　　　　　城市内高技术产业协同集聚影响因素描述统计

变量	平均值	标准差	最小值	最大值
syn1	2.3532	1.1452	0.9726	4.8508
ind	2.9116	1.1876	0.7031	5.2680
cap	6.9901	0.8590	4.9834	8.7481
hum	0.0353	0.0378	0.0023	0.1221
sez	5.2565	1.5769	3.0117	9.4884
ope	11.9820	0.7959	9.8056	13.6174
tra	8.4311	0.8202	6.9400	9.5800
pol	0.1025	0.0347	0.0536	0.2160

3. 实证结果与分析

利用 Stata 软件对城市内产业协同集聚的面板数据进行回归分析，具体结果如表 4 - 14 所示。

表 4 - 14　　　　　　　　　模型回归结果

变量	(1) 随机效应	(2) 时间固定	(3) 个体固定	(4) 时间个体双固定
ind	0.5528 *** (4.42)	0.9555 *** (6.72)	0.7005 *** (5.18)	1.2621 *** (7.89)
cap	0.0739 (0.79)	0.4872 *** (4.32)	0.3327 *** (3.19)	0.6024 *** (5.36)

续表

变量	(1) 随机效应	(2) 时间固定	(3) 个体固定	(4) 时间个体双固定
hum	3.3314 * (1.69)	7.1972 *** (3.65)	4.3588 ** (2.11)	7.4470 *** (3.57)
sez	−0.3855 *** (−2.60)	−0.5387 *** (−3.30)	−0.9884 *** (−4.85)	−1.7687 *** (−5.02)
ope	−0.0524 (−0.93)	−0.0721 (−1.21)	−0.0734 (−1.41)	−0.0250 (−0.44)
tra	−0.5938 *** (−5.07)	−0.5106 *** (−3.72)	−0.4389 *** (−3.38)	−0.5204 *** (−3.42)
pol	1.7358 (1.38)	3.1102 ** (2.34)	1.9515 (1.64)	1.6426 (1.29)
个体效应	不控制	不控制	控制	控制
时间效应	不控制	控制	不控制	控制
_cons	7.5918 *** (7.05)	4.2230 *** (2.73)	7.0499 *** (6.56)	8.0448 *** (3.87)
N	135	135	135	135
R^2	0.5448	0.6646	0.2597	0.4717
F	—	—	83.71 ***	61.20 ***

注：(1)、(2) 列括号中为 z 值，(3)、(4) 列为 t 值；*、**、*** 分别表示在 10%、5%、1% 水平上显著。

考虑到时间个体双固定效应模型能够同时排除随时间、个体而发生变化的遗漏变量，此处仅针对时间个体双固定效应模型的估计结果进行详细分析。具体结果如下。

(1) 产业规模（ind）在 1% 的显著性水平上通过检验，产业规模每提升 1 个单位，城市内高技术产业协同集聚水平平均提升 1.2621 个单位。高技术产业在城市内部的大规模集聚能够产生规模效益，城市内高技术企业间能够进行基础设施共享、生产要素流通、知识技术外溢。陈柯等（2020）的研究也进一步证实了这一观点，认为规模经济对于制造业集聚水平具有显著的正向影响。

(2) 固定投资（cap）在 1% 的显著性水平上表现出正向促进作用，固定投资每提升 1 个单位，城市内高技术产业协同集聚度平均提升 0.6024 个单位。周伟等（2020）也得出了相同结论，固定资本投入强度越大，城市内高技术企业的设备、材料经费预算越充足，能够有效推动高技术产业协同集聚发展。

（3）人力资本（hum）同样在 1% 的显著性水平上通过检验，人力资本每增加 1 个单位，城市内高技术产业协同集聚度平均提升 7.4470 个单位，促进作用明显。高技术产业的核心在于技术研发，而技术研发的根本动力在于人才，人力资本积累可以有效促进创新能力的提升。马宗国和丁晨辉（2019）的研究也证实了这一结论，认为创新能力对高新产业协同创新具有明显的促进作用。

（4）珠三角各城市与港澳之间的经济联系（sez）在 1% 的显著性水平上呈负相关，意味着港澳对珠三角高技术产业协同集聚发展产生了"回流效应"。事实上，香港、澳门发展起步较早，产业结构以服务业为主，高技术制造业占比较小。因此，各城市与港澳间的经济联系往往是为了寻求配套服务业的合作。若某城市对港澳高技术服务业的依赖度较强，仅专注于发展自身高技术制造业，从而造成城市内部高技术产业间发展程度不匹配的现象，协同集聚水平不升反降。

（5）对外开放（ope）无法在 10% 的显著性水平上通过检验。传统观点认为，欧美国家的创新实力较强，随外资而来的先进技术经验能够促进本地企业的技术创新。而在本书的研究中，外商直接投资对珠三角城市内高技术产业协同作用似乎并不显著，这可能是因为珠三角毗邻南海，各城市开放程度均较高，因而外商直接投资对高技术产业的影响不明显。此前也有多位学者得出了类似结论。金春雨和王伟强（2015）认为这是由于中国高技术产业尚处在模仿学习阶段，研发能力较弱，外商投资形成的市场垄断一定程度上抑制了本地高技术产业的发展。李广瑜等（2016）则认为，外资进入更多是看中国内市场的成本优势，而劳动力密集型产业往往技术含量不高，因此对技术创新的提升作用不明显。

（6）交通设施（tra）在 1% 的显著性水平上显著为负，即交通设施越发达，城市内高技术产业协同集聚度反而下降，显然这个结论与预期不一致。一般来说，城市交通设施越完善，越利于城市内的要素流通与交流合作，从而促进城市内高技术产业协同发展。不一致的原因可能在于，城市交通设施的完善不仅促进了要素在城市内的流通，也促进了要素在城市间的流通。

（7）政府支持（pol）无法在 10% 的显著性水平上通过检验，对城市内高技术产业协同集聚发挥的作用不明显。这可能是因为珠三角城市发展起步早，珠三角 9 个城市都先后批准建立了国家高新区，又有改革开放门户、自由贸易区、社会主义先行示范区等多重政策支持，政策叠加效应明显，因而政策支持的边际效应随之递减。此外，国家或珠三角各市政府对于高新技术产业的支持力度没有表现出明显的偏向性，故城市间的差异并不明显。余泳泽和武鹏（2010）的研究为此结论提供了不同的解释视角，他认为造成这一现象的原因在于，政府对高技术产业发展给予的政策与资金支持缺乏有效监督机制，使政策支持的力量没有得到合理使用，因而政策支持因素的作用不显著。

为避免回归结果出现偶然性，保持论证过程的严谨性，一般还需要对实证研究进行稳健性检验。稳健性检验的方法多种多样，其中替换变量、替换权重估计方法、替换指标测度等方法被广泛使用。考虑到更换被解释变量测度方法过于复杂，故采用替换解释变量的方法加以检验。若原实证结果可靠，则当改变原式中某个变量时，新的实证结果仍会与原结果保持一致。从对外开放（ope）指标出发，认为城市对外开放程度不仅与外商直接投资紧密相关，还与区域的外贸出口额正向相关。基于此，改用各城市外贸出口额的自然对数值（exp）衡量城市对外开放水平，稳健性检验结果如表 4－15 所示。在稳健性检验之下，时间个体双固定模型中所有变量的方向性与显著性均与表 4－14 一致，可以认为上文的研究结果稳健可信。

表 4－15　　　　　　　　　　　稳健性检验结果

变量	（1）随机效应	（2）时间固定	（3）个体固定	（4）时间个体双固定
ind	0.5077 *** (3.76)	0.6629 *** (5.11)	0.7269 *** (5.31)	1.2477 *** (7.68)
cap	－0.2482 ** (－2.40)	0.2537 ** (2.01)	0.3733 *** (3.48)	0.6069 *** (5.39)
hum	7.9947 *** (4.47)	7.8700 *** (4.76)	3.8380 * (1.92)	6.8987 *** (3.30)
sez	0.0881 (0.97)	－0.0317 (－0.34)	－0.8820 *** (－4.24)	－1.7744 *** (－5.13)
exp	－0.1656 (－1.03)	－0.2807 (－1.63)	0.2333 * (－1.75)	－0.1138 (－0.61)

变量	（1）随机效应	（2）时间固定	（3）个体固定	（4）时间个体双固定
tra	-0.6012 *** （-6.02）	-0.5911 *** （-5.38）	-0.3907 *** （-2.98）	-0.5234 *** （-3.46）
pol	4.3348 *** （2.76）	6.9960 *** （4.35）	1.0234 （0.81）	1.1450 （0.85）
个体效应	不控制	不控制	控制	控制
时间效应	不控制	控制	不控制	控制
_cons	7.4960 *** （8.07）	4.9688 *** （4.20）	6.7354 *** （7.15）	8.4704 *** （3.72）
N	135	135	135	135
R^2	0.8165	0.8625	0.2663	0.4726
F	—	—	88.34 ***	59.64 ***

注：（1）、（2）列括号中为 z 值，（3）、（4）列为 t 值；*、**、*** 分别表示在 10%、5%、1% 水平上显著。

4.5.2　城市间高技术产业协同集聚影响因素分析

1. 模型构建与指标选取

需要加以区分的是，"珠三角城市内产业协同"衡量的是珠三角 9 个城市内部高技术制造业与高技术服务业的协同发展情况；而"珠三角城市间产业协同"衡量的是珠三角 9 个城市之间高技术制造业与高技术服务业的协同互动关系。显然，后者的数据属于两两城市间的交互数据，因而不能沿用城市内产业协同集聚影响因素的相关指标。为探索城市间高技术产业协同集聚发展的影响因素，将重新建立一个 2004～2018 年珠三角 36 个城市组的面板数据模型。囿于城市间交互数据的可得性，从城市间经济距离、技术距离、经济联系、城际关系、产业分工等指标考察其对珠三角城市间高技术产业协同集聚的影响，模型构建如式（4-102）所示。式（4-102）中，下标 i 和 t 分别表示第 i 地区和第 t 年，$syn2_{it}$ 为被解释变量，ε_{it} 为误差项，其余为解释变量。

$$syn2_{it} = \alpha_0 + \alpha_1 eco_{it} + \alpha_2 tec_{it} + \alpha_3 com_{it} + \alpha_4 rel_{it} + \alpha_5 spe_{it} + \varepsilon_{it} \quad (4-102)$$

具体来说，这些解释变量的说明与测度如下。

（1）经济距离（eco）。随着交通设施的完善与信息技术的发展，城市间的合作越来越不受空间距离的限制，经济发展水平、交通水平、技术水平等因素的作用同样不容忽视。蔡翔等（2019）研究了中国省际层面地理距离对产学研协同发展的影响，发现地理距离对区域产学研协同发展发挥的作用在不断减弱。选取珠三角城市间生产总值之差的绝对值的自然对数表示经济距离指标，经济距离越大则城市间发展水平差距越大，预期符号为负。

（2）技术距离（tec）。除了经济距离外，技术距离同样会对城市间高技术产业协同集聚产生影响。陈跃刚等（2018）的研究认为，一方面，城市间技术差异越小，则技术交流的成本越低，更容易获得潜在的技术溢出；另一方面，区域间技术差异越小又往往伴随较强的产业结构趋同现象，不利于区域间的技术交流与协同发展。本章选取珠三角城市间 R&D 经费之差的绝对值的自然对数表示技术距离指标，技术距离越大则技术共享成本越大，预期符号不确定。

（3）经济联系（com）。一般来说，城市间的经济联系越紧密，越可能实现区域合作、产业分工与技术交流，实现高技术产业协同发展。以往城市间的经济联系通常可以用车流量、人流量、物流量等数据表示，考虑到市级层面交互数据的获取难度较大，此处采用引力模型计算城市间经济联系并对其取自然对数，预期符号为正。周良君等（2021）也曾利用引力模型对粤港澳大湾区体育产业协同发展进行研究。计算方法如式（4－103）所示，com_{ab} 为 A、B 城市间的经济联系，gdp、people 分别指各城市的地区生产总值与人口数量，distant 表示城市间距离。

$$com_{ab} = \frac{\sqrt{gdp_a \times people_a \times gdp_b \times people_b}}{distant_{ab}^2} \qquad (4-103)$$

（4）城际关系（rel）。城际关系是政府在地缘关系中作出的决策，主要分为竞争与合作两种形式。蔡熙乾等（Cai et al.，2016）和丹尼尔（Daniel，2004）的研究认为地区竞争通常围绕生产要素展开。由于土地、自然禀赋等资源不可流动，人才、资本等流动要素将成为其主要竞争对象，而城际竞争的主要目的往往是获取税源。基于此，本章借鉴张磊和张明龙（2003）、张亚明等（2012）对地缘经济的测度方法，利用多元统计分析中的欧氏距离法测算城市间各项经济指标的差异性，得到城际关系指标，预期符号为正。具体计算过程如下。首先，从人才竞争、资本竞争、税源竞争、竞争实力 4 个方面出发，选取 8 项指标构建城际关系评价体系，如表 4－16 所示。

表 4 – 16　　　　　　　　　　　　　城际关系评价指标

一级指标	二级指标	计算方法
人才竞争	高校学生	普通高等学校在校人数/年末总人口数
	从业人员	年末单位从业人员数/年末总人口数
资本竞争	固定资本投资	固定资产投资总额
	外来直接投资	实际使用外资金额
税源竞争	企业落户	法人单位数
竞争实力	工资水平	职工平均工资
	教育设施	大中小学教师人数/年末总人口数
	医疗设施	医生人数/年末总人口数

资料来源：笔者自制。

随后，利用 Z – score 方法对数据进行标准化处理。最后，对欧氏距离进行测算，如式（4 – 104）所示。其中，（$x_{ai} - x_{bi}$）表示 A、B 城市间第 i 个考察指标的差距。

$$rel_{ab} = \sqrt{\sum_{i=1}^{n}(x_{ai} - x_{bi})^2} \tag{4 – 104}$$

（5）产业分工（spe）。根据比较优势理论，当某个地区不同产品的生产效率存在差距时，应该权衡利弊，集中生产比较优势更大的产品，通过贸易交换的方式与其他地区形成良好的分工模式。以上意味着城市间产业结构差异越大、产业分工程度越高，越容易形成各司其职、优势互补的合作关系，从而推动市间高技术产业协同发展。利用珠三角各城市 19 大行业门类历年从业人员数据，参考覃成林和潘丹丹（2018）的研究方法，以克鲁格曼专业化指数（Krugman Specialization Index）衡量珠三角城市间的产业分工程度，预期符号为正。测算方法如式（4 – 105）所示，设珠三角城市群中任意两个城市 A、B 有 i 个产业部门（i = 1，2，…，n），x_{ai} 与 x_{bi} 分别表示第 i 个产业部门的从业人员在 A、B 城市总从业人员数中的占比，spe_{ab} 为 A 城市与 B 城市间的克鲁格曼专业化指数，位于（0.00，2.00）区间，值越大表明两地产业结构差异越大、分工程度越高。

$$spe_{ab} = \sum_{i=1}^{n}|x_{ai} - x_{bi}| \tag{4 – 105}$$

表 4 – 17 显示了影响因素指标的测算方式。

表 4 – 17　　　　　　　　城市间产业协同集聚影响因素指标体系

指标	计算方法	符号
经济距离	城市间生产总值差距	eco
技术距离	城市间 R&D 经费差距	tec
经济联系	引力模型法	com
城际关系	欧式距离法	rel
产业分工	克鲁格曼专业化指数	spe

资料来源：笔者自制。

2. 数据来源与说明

被解释变量为 2004 ~ 2018 年珠三角城市间高技术产业的协同集聚度，已由上文测算得出。解释变量中，经济距离指标由珠三角各城市地区生产总值之差的绝对值的自然对数表示；技术距离指标由各城市地区 R&D 经费支出之差的绝对值的自然对数表示，生产总值与 R&D 经费支出数据来自《广东省统计年鉴》。经济联系由地区生产总值、人口数量、距离指标根据引力模型计算得出，其中地区生产总值、人口数量均来源于《广东省统计年鉴》，城市间距离为采用高德地图计算的城市间最短公路行驶距离。城际关系由欧式距离法计算得出，其中普通高等学校在校学生数、年末总人口数、年末单位从业人员数、固定资产投资总额、实际使用外资金额、法人单位数、职工平均工资、大中小学教师人数、医生人数均来自《广东省统计年鉴》与《中国城市统计年鉴》。产业分工指标根据克鲁格曼专业指数计算，珠三角各城市 19 大行业门类历年从业人员数据来源于《中国城市统计年鉴》。本章对 2004 ~ 2018 年珠三角九市两两城市间、36 个城市组的面板数据进行描述统计，结果如表 4 – 18 所示。

表 4 – 18　　　　　　　城市间高技术产业协同集聚影响因素描述统计

变量	平均值	标准差	最小值	最大值
syn2	2. 6651	1. 0262	0. 9802	5. 3873
eco	7. 6888	1. 6351	0. 6655	9. 9997
tec	3. 9847	1. 4664	− 1. 7976	6. 8509
com	4. 7866	1. 6230	1. 0475	10. 4282
rel	3. 8647	1. 7503	0. 3650	7. 7030
spe	0. 4704	0. 1927	0. 0768	1. 1031

资料来源：笔者计算得出。

3. 实证结果与分析

本章利用 Stata 软件对城市间面板数据进行回归分析，主要针对时间个体双固定效应模型的估计结果进行详细分析与讨论，具体结果如表 4 - 19 所示。

表 4 - 19　　　　　　　　　　　模型回归结果

变量	（1）随机效应	（2）时间固定	（3）个体固定	（4）时间个体双固定
eco	0.0359 ** (1.96)	0.0425 ** (2.36)	0.0354 * (1.95)	0.0392 ** (2.20)
tec	- 0.0025 (- 0.11)	0.0076 (0.35)	- 0.0008 (- 0.04)	- 0.0029 (- 0.14)
com	- 0.0793 ** (- 2.52)	0.3302 *** (3.77)	- 0.0848 *** (- 2.64)	0.6503 *** (4.08)
rel	- 0.1914 *** (- 7.36)	- 0.1820 *** (- 7.17)	- 0.2249 *** (- 8.52)	- 0.1916 *** (- 7.20)
spe	0.2017 ** (2.40)	0.1861 ** (2.27)	0.1827 ** (2.22)	0.1527 * (1.89)
个体效应	不控制	不控制	控制	控制
时间效应	不控制	控制	不控制	控制
_cons	3.4232 *** (16.43)	1.8044 *** (4.71)	3.5855 *** (25.89)	0.7433 (1.20)
N	540	540	540	540
R^2	0.1522	0.2251	0.1635	0.2318
F	—	—	234.13 ***	242.83 ***

注：（1）、（2）列括号中为 z 值，（3）、（4）列为 t 值；*、**、*** 分别表示在 10%、5%、1% 水平上显著。

（1）经济距离（eco）显著为正，即城市间经济距离越大则高技术产业协同集聚水平越高，与预期相反。这可能是因为在创新驱动经济发展阶段，经济发展水平较高的城市往往高技术产业更发达。城市间经济距离越大，意味着高技术产业发展水平差异越大，而城市间产业协同发展正是取长补短、分工协作的过程，故经济距离指标反而与城市间高技术产业协同集聚度正相关。

（2）技术距离（tec）对城市间高技术产业协同集聚的促进作用不明显，在10%的显著性水平上无法通过检验。这可能是因为技术距离较小的城市组往往具有相似的产业结构，更容易出现同质发展现象。因此，技术距离缩小在降低城市间知识溢出门槛的同时也伴随着城市间的要素竞争。整体来看，技术距离对城市间高技术产业协同集聚所产生的作用存在着复杂的影响机制，故影响并不显著。

（3）经济联系（com）对珠三角城市间高技术产业协同集聚具有正向促进作用，并在1%的显著性水平上通过检验。这表明在城市间经济往来的过程中产生了技术外溢，形成了城市间高技术产业交流合作的良好互动关系。柴攀峰和黄中伟（2014）的研究发现经济、社会、文化存在紧密联系的城市会形成凝聚团，而凝聚团内部城市之间能够更好地发挥协同效应。另外，刘莹等（2020）也认为密切的经济联系是东部地区经济协同发展程度较其他地区更高的原因。

（4）城际关系（rel）指标对城市间高技术产业协同集聚存在明显的负向关系，并在1%的显著性水平上通过检验。这意味着城市间越趋向竞争关系，产业协同度反而越大，与预期方向相反。事实上，高技术产业的核心即"高技术"，创新是其生产环节的重中之重。然而，创新并非是一蹴而就的，一家领头企业在取得某项核心技术后，其他企业经过模仿学习很快将这项核心技术变为公开技术，此时新一轮的创新与追赶继续展开。这个循环往复的过程中，最重要的前提是市场的竞争环境，只有企业间竞争、区域间竞争关系良好，才能产生促进技术不断革新的动力。

（5）产业分工（spe）对城市间高技术产业协同集聚的影响显著为正，在10%的显著性水平上通过检验，与预期一致。这说明产业结构的分工程度越高，城市间高技术产业协同发展的程度越高；产业结构的分工程度越低，城市间高技术产业协同发展的程度越低。因此，城市之间的错位发展的确有助于城市群内部形成良好的合作分工关系，取长补短，促进区域产业的协同发展。李琳和刘莹（2014）以中国省级数据为例，对区域经济协同发展的驱动因素进行分析，发现近年来产业分工水平对区域协同发展的助推作用不断增强。孙久文和姚鹏（2015）将产业间的合理分工视作城市群协同发展的关键所在，各地区应该充分发挥其比较优势，构建良好的分工格局。

为避免实证结果的偶然性，以城市间职工平均工资之差的绝对值的自然对数（wag）替换经济距离指标（eco）重新进行回归分析。由表4-20可知，稳健性检验结果与表 4 - 19 中的原实证结果基本一致，模型拟合变化不大，认为上述结果基本稳健可信。

表 4 - 20   稳健性检验结果

变量	(1) 随机效应	(2) 时间固定	(3) 个体固定	(4) 时间个体双固定
wag	0.0515 *** (3.74)	0.0511 *** (3.79)	0.0478 *** (3.53)	0.0465 *** (3.50)
tec	0.0047 (0.22)	0.0146 (0.67)	0.0057 (0.26)	0.0034 (0.16)
com	- 0.0690 ** (- 2.46)	0.3275 *** (3.78)	- 0.0732 *** (- 2.58)	0.6334 *** (4.00)
rel	- 0.1807 *** (- 7.03)	- 1.1710 *** (- 6.80)	- 0.2135 *** (- 8.15)	- 0.1814 *** (- 6.85)
spe	0.2150 *** (2.59)	0.2015 ** (2.48)	0.1959 ** (2.40)	0.1676 ** (2.09)
个体效应	不控制	不控制	控制	控制
时间效应	不控制	控制	不控制	控制
_cons	3.1147 *** (13.67)	1.5835 *** (4.10)	3.2995 *** (19.62)	0.5973 (0.97)
N	540	540	540	540
R^2	0.1539	0.2367	0.1777	0.2432
F	—	—	239.77 ***	248.09 ***

注：(1)、(2) 列括号中为 z 值，(3)、(4) 列为 t 值；*、**、*** 分别表示在 10%、5%、1% 水平上显著。

4.6 本 章 小 结

本章通过拓展原有 CP 模型框架，融入劳动异质、服务业生产与消费、产业生产关联、空间歧视定价因素构建空间经济学一般均衡模型，分析制造业与服务业空间协同集聚不同形态的影响因素与形成机理。根据瓦尔纳斯一般均衡条件，得到一般均衡方程组，采用 Matlab 非线性方程组近似求解均衡解，并使用数值模拟工具，比较静态分析参数运输成本、生产关联紧密度对各种空间集聚形态的形成与演化的影响，得到的基本结论是：第一，针对各种劳动力比例情形，不管是对制造业还是服务业，制造业运输成本与两地实际工资差距的绝对值呈负相关，服务业运输成本则与两地实际工资差距的绝对值呈正相关，服务业运输成本变化对协同集聚形态的形成作用更加明显；第二，针对各种劳动力比例情形，产业紧密联系程度与制造业两地实际工资差距的绝对值呈负相关，但与服务业呈正相关。

珠三角高技术产业协同集聚评价与时空演化分析表明，珠三角城市间高技术产业协同集聚平均水平高于城市内平均水平；深圳、珠海更适合本地"独立自主式"协同发展，而广州、佛山、东莞、惠州、中山、江门、肇庆更适合城市群内部城市间"取长补短式"协同发展。产业规模、固定投资、人力资本对城市内高技术产业协同集聚具有显著正向作用；城市间经济距离越大，则经济联系越多，城际竞争趋势越强，产业分工程度越高，珠三角城市间高技术产业协同集聚度越高。

第5章　城市群城市创新能力的
现实差距与驱动因素

本章分析城市群创新发展问题。首先，从理论和实证两方面对城市群与非城市群地区之间的创新差距进行分析；其次，探讨城市创新能力如何受制造业与生产性服务业的协同集聚影响；最后，分析粤港澳大湾区城市群建设国际科技创新中心策略。上述问题的回答，将为城市群更好发挥创新提升作用、实现科技自立自强提供经验启示。

5.1　引　　言

5.1.1　问题提出

创新是引领经济高质量发展的重要引擎，更是衡量国际竞争力的重要标尺。自实施创新驱动发展战略以来，中国科技创新水平实现了整体提高。到2019年，中国的研发经费支出总量、专利申请量已经在世界上名列前茅。与数量激增形成鲜明对比的是，专利重数量轻质量、专利泡沫、关键核心技术"卡脖子"、创新成果转化率不高等问题依旧突出，凸显出科技自立自强的重要性。

从空间上看，区域是专利申请发明及产生经济价值全过程的基本空间载体，创新活动离不开空间尺度。在中国推动新型城镇化、协调城镇发展格局的进程中，城市群一直扮演着重要的角色，推动城市群高质量发展是中国加快构建新发展格局、推动经济高质量发展的重要目标和方向之一，不断提升城市群创新能力则是城市群高质量发展的基础。在政府引导和市场机制的作用下，人口、资源不断向都市圈和城市群集聚，创新活动高度集聚于城市群。那么相比非城市群地区，城市群是否真的具有更好的创新能力？如果有，这种创新优势来自何处？根据集聚理论的观点，若城市群存在创新优势，则可能有两个来源：一是城市群的集聚效应，即集聚带来的创新成本降低或创新收益提高；二是城市群的选择效应，具体又可分为城市群通过更为激烈的市场竞争对微观个体的"去劣择优"和通过提供更为优越的发展环境实现对高能力个体的"引凤入巢"。区分城市群创新优势的来源具有重要的意义，理由在于两种效应的微观机制及其引申的创新发展政策是不同的。集聚效应强调发挥集聚的正外部性，为此城市群应实施促进产业集聚等政策来扩大城市群的集聚规模，同时打通集聚促进创新的渠道；选择效应则强调营造公平公正的市场环境和通过税收优惠、降低土地成本等手段提升城市群的集聚质量。因此，准确识别城市群的创新优势究竟来源于集聚效应还是选择效应，才能进一步精准施策，充分释放城市群的创新潜能。

除了创新活动高度集中于城市群外，从现实来看，相较于非城市群地区，城市群还表现出制造业与生产性服务业协同集聚的明显特征，呈现出"双轮驱动"的新发展模式（江曼琦和席强敏，2014）。这主要得益于城市群在集聚扩散的动态过程中逐渐形成的"中心—外围"结构，能为制造业与生产性服务业提供更加有利于二者关联与互动的、尺度适宜的空间范围（赵勇和魏后凯，2020）。制造业与服务业的协同集聚反过来又不断深化城市群内城市间的合作与分工，促进要素的有效配置。与此同时，随着产业融合进程加快，相较于单一产业在空间规模或形态上的"简单扎堆"，制造业与生产性服务业耦合互动与深度渗透所形成的协同集聚模式在城市群空间中更加明显（Ke et al.，2014）。另一个显著性的特征事实是，中国的产业协同集聚与创新活动的空间分布呈高度一致的特征。东部地区制造业和生产性服务业在地理上呈显著的协同集聚特征，区域创新活动及专利产出数量、科研实力、运营质量也均明显高于中西部地区（宋旭光和赵雨涵，2018）。那么，制造业与生产性服务业的协同集聚是否能提高城市的创新能力？其主要影响机制又有哪些？这些协同集聚所带来的增进效应相比于单一集聚又有何不同？是否存在地区和行业异质性？本书希望进一步厘清这些理论与实践问题，为城市群提升创新能力提供有针对性的经验支持。

5.1.2　文献综述

1. 区域创新发展与差距形成

创新活动在少数地区的集聚现象早就引起了学界的关注，对于这一现象的解释主要可分为两条主线：一是中宏观角度的区域创新系统理论，二是建立在微观基础之上的集聚理论。区域创新系统理论由国家创新系统理论引申而来。创新活动集中于少数国家的现象引起了学者关注（Furman et al. , 2002），并引发了对国家创新能力的探讨。学者将国家创新能力定义为一个国家长期开发创新性技术并将其商业化的能力。将国家创新能力的来源分为三个方面：一是国家的创新基础，二是产业集群环境，三是产学研联系强度（丁焕峰，2006）。这套分析框架不仅从概念上澄清了创新系统的属性，也能提供实证方面的证据（李习保，2007），因此受到许多学者的青睐。

随着中国市场化的纵向推进，中国区域创新发展不平衡趋势日益凸显，国内部分学者开始借用并改进这套分析框架，用系统的观点来探讨区域创新发展差异的原因。魏守华等（2010）考虑了技术溢出效应，发现区域创新能力差异不只与地区的创新基础设施水平有关，更与地区的产业集群环境和技术溢出渠道密切相关。李习保（2007）考虑了中国区域创新主体构成差异造成的影响。白俊红和蒋伏心（2015）则从协同创新和空间联动两个角度揭示了区域创新绩效的来源，一是系统内部创新要素协同创新对资源配置的优化，二是创新要素在系统间的流动引致的知识溢出效应、规模效应和资源配置优化。除了从全局角度进行分析外，更多学者只就区域创新系统分析框架中的某些方面展开具体研究，寻找区域创新能力的影响因素（万广华等，2010；郭春野和庄子银，2012；宗庆庆等，2015；吴非等，2017；卞元超等，2020），从不同方面为区域创新系统理论提供了丰富的实证证据。

不同于区域创新系统理论从中宏观角度对区域创新差异现象的解释，集聚理论则从微观视角解释区域创新发展差异的成因。集聚理论认为集聚是经济活动发展的客观规律，而集聚的根源在于异质性，包括区位异质性和微观主体异质性。随着从外部的区位异质性到内部微观主体异质性的转变，以及在克鲁格曼（Krugman，1991）、梅里兹（Melitz，2003）等学者的不断努力下，集聚理论成功建立起了主流经济学、空间与微观主体异质性的桥梁，从集聚经济与选择效应两个角度为区域发展差异提供了一套相对完整的理论框架，前者强调集聚的规模对区域经济发展的影响，后者则强调集聚质量的影响（张可云和何大梽，2020），其具体机制又可分为市场竞争机制对个体的优胜劣汰和区域对高能力个体的吸引，但无论何种机制，都能提高区域微观主体的构成质量，从而提升区域的经济表现。

虽然集聚理论逐渐打开了区域经济分布不均匀的"黑箱"，但在实证中检验两种效应的影响却困难重重，主要原因在于难以处理两种效应的内生性问题。目前主要有两种方法：一是采用工具变量法和分位数回归（Fang，2020），发现集聚效应与选择效应均提高了美国马里兰州集聚区的企业创新能力，尽管该方法能解决内生性问题，却无法直接测量两种效应对区域经济差异的影响程度；二是库姆斯等（Combes et al.，2012a，2012b）在构建包含选择效应与集聚效应的统一理论框架基础之上，提出"无条件分布特征—参数对应"的方法，通过比较两个地区之间经济分布的相对平移、伸缩、截断来识别不同效应的作用。这种方法由于不依赖于特定的生产率分布假定或特定时刻的数据，成功解决了分位数回归等传统计量方法不能准确、定量地识别并区分不同效应的难题。目前该方法已经广泛应用于城市生产率差异（Combes et al.，2012a；张国峰等，2017）、工资差异（Combes et al.，2012b；张国峰和王永进，2018）等方面的研究。本书将采用该方法对城市群与非城市群地区之间的创新差距来源进行识别。

2. 产业集聚对区域创新的影响

创新对于区域经济发展的重要性已毋庸置疑，为探索区域提高创新能力的途径，许多学者从产业集聚的角度进行了分析，最早的研究集中在单一产业集聚对创新的影响上，但研究结论并不一致。有些学者（Carlino et al.，2007；张可，2019；韩峰等，2014）认为制造业或生产性服务业集聚具有市场扩大、知识外部溢出以及技术扩散效应，最终能促进区域创新，而陈佳贵和王钦（2005）、原毅军和郭然（2018）则认为产业集聚对区域创新存在负面效应或倒"U"型影响。造成研究结论不一致的原因可能在于，单一产业在空间上的集聚并不能完全有效地提升创新能力。事实上，在现实中制造业与生产性服务业协同集聚特征已经非常明显，区域创新活动与产业协同集聚在空间上高度关联，因此有关单一集聚与创新之间关系的研究结论的适用条件已发生了变化。部分学者意识到这一问题，开始研究产业协同集聚与创新的关系，如戴一鑫等（2019）、刘胜等（2019）利用工业企业数据，发现通过资源配置、知识溢出、研发创新激励等途径，产业协同集聚能促进企业创新。雅各布斯（Jacobs，2014）则发现在细分行业中，产业协同集聚有利于促进企业创新动态。

3. 文献评述

总体来说，现有文献围绕区域创新发展与差距这一现象进行了深度探索，提供相对完善的解释框架，同时探讨了产业集聚对创新主体和区域创新发展的影响，但仍存在以下不足。

第一，现有文献主要从中宏观视角分析创新发展差距来源，缺乏微观视角的解释，无法更好地把握和利用创新活动集聚的客观规律，从而协调区域创新发展格局；从研究对象上看，现有文献主要关注传统的东部、中部和西部三大地区的创新差距，而对于城市群与非城市群之间创新差距的研究缺乏；从研究方法上看，现有文献分析集聚效应与选择效应对区域差距的影响多采用工具变量法和分位数回归方法，无法准确估计两种效应的影响。

第二，在产业协同集聚与创新上，现有研究主要集中在企业层面，而在区域层面度量创新时主要使用专利数量型指标代理，很少关注城市专利质量的影响，而中国近年来的专利泡沫现象已饱受诟病，使用专利数量型指标可能会造成研究偏误；此外，现有文献也缺乏对影响机制的具体分析与验证，以及对区域和行业异质性的进一步考察。

第三，粤港澳大湾区被赋予建设国际科技创新中心的历史使命，但如何深入开展目前仍未达成共识。特别是当前中国正兴起建设全球新兴产业重要策源地和综合性国家科学中心的热潮，能否借助两大全新途径加快这一进程，需要学者们深入分析其可行性与适用性。

5.2　城市群与非城市群的城市创新差距

5.2.1　理论分析与假设提出

从理论上讲，区域创新差距可以归结为地区间的集聚效应和选择效应存在差异，即一个地区之所以比另一个地区表现更好，在于该地相比另一地拥有更强的集聚效应和选择效应。两种效应都能提升区域创新能力，但具体作用机制存在差异。下面将立足于创新主体的微观角度，从理论上进一步介绍两种效应对区域创新的影响。选取企业这一微观主体作为分析对象的理由如下。一是虽然中国创新的微观主体可分为个人、企业、高校、科研单位、机关机构等多种类型，各地的创新主体构成存在的差异也是造成区域创新差距的重要因素之一（李习保，2007）。然而，随着市场化改革的不断推进，企业正成为中国的创新主体（李习保，2007；张可，2019b），在创新生态系统中扮演着联结其他创新主体的重要角色（白俊红和蒋伏心，2015），是将知识创新、科研创新最终商业化的主体（余泳泽，2015）。二是本书的选择效应侧重于分析市场环境尤其是竞争环境对企业的影响，若考虑个人、高校、科研机构等创新主体，将会对估计结果产生较大偏误（张国峰等，2017）。

1. 集聚效应与区域创新差距

集聚效应指的是企业在空间上的集中对区域创新产生的规模外部性。一般来说，地区集聚规模越大，越能提供多样化的渠道降低企业创新所需的灵感成本、融资成本、风险成本等。

首先，创新源自对产品、流程的改进或市场开发的新想法，集聚可以增加新想法的来源，提高创新的概率。一方面，集聚形成的劳动力市场为企业创新提供了更多的人才选择，不仅为企业降低人才搜寻成本，多样化的人才储备也能为企业提供多元的创新灵感（Marshall，1961；Duranton and Puga，2004）。除了内部人才的想法外，消费者的想法和未被满足的需求也是重要的来源，集聚使得企业更接近当地市场，更能从市场中汲取想法（Baptista and Swann，1998）。另一方面，知识溢出理论认为，地理邻近促进知识共享，还能通过面对面接触促进难以编码化的隐性知识在个体之间的交流、交换与传播（Marshall，1961；赵勇和白永秀，2009）。与创新有关的新知识稍纵即逝，地理上的邻近也有利于企业快速获取有价值的信息（Feldman，1994）。

其次，除了需要足够的新鲜知识和信息投入来激发新想法外，作为一项长期的、高不确定性的投资活动，企业创新也需要足够的资金投入来实现新想法并将其商业化，而集聚则可以为企业营造宽松的外部融资环境，促进企业投资研发（Long and Zhang，2011；罗长远和季心宇，2015；Mao，2016）。一般来说，企业获取外部资金的主要来源是金融机构，企业与金融机构在地理上的邻近一方面减少了交易成本，另一方面二者可以通过频繁密切的合作建立信任，减少信息不对称，有利于银行风险控制，减少银行对企业的信贷限制（Ottati，1994；Russo and Rossi，2001）。此外，集聚也可能通过畅通企业抵押资产的流转渠道促进企业创新（Mao，2016；茅锐，2017）。除了更有利于企业获取金融机构的资金支持外，还能通过非正式金融交易（Allen et al.，2005；Lin and Sun，2006）、生产过程的细化（Long and Zhang，2011）等渠道为企业尤其是中小型企业缓解融资约束。

最后，从开放式创新的视角来看，集聚能将企业嵌入一个联系更为紧密的创新生态系统中，从而分摊更多风险。如今仅依靠企业自身力量难以满足市场对新产品、新技术的更新频率要求，需要突破企业组织边界，由过去的内部封闭式的线性过程转变为多部门、多主体合作的开放式创新（赵志耘和杨朝峰，2015）。集聚能在有限空间中将多种创新参与者容纳在一起，有利于提高企业开放式创新的广度和深度，进而提高企业对外部环境变化的感知，降低风险成本。开放式创新深度加强则有利于企业保持与网络中其他主体的稳定关系，共同应对外部风险（杨震宁和赵红，2020）。

综上所述，地区越是能发挥集聚效应的作用，就越能够通过提高企业创新能力实现区域整体创新能力的跃迁。

2. 选择效应与区域创新差距

从企业的微观角度看，选择效应指的是企业根据区域发展环境作出的异质性区位选择，包括低创新能力企业在市场优胜劣汰机制下的被动选择和高创新能力企业对发展条件良好区域的主动选择。从宏观角度来看，选择效应体现为地区通过完善市场竞争环境等举措，实现对现存企业的"去劣择优"和对潜在进入企业的"引凤入巢"，最终使地区拥有更多高创新能力企业。

一方面，地区的市场机制越完善，市场竞争越激烈，高创新能力企业越有动力进行创新以摆脱其竞争对手（张杰等，2014；Hashmi，2013）。当企业的创新收益无法弥补创新成本时，企业将被动选址其他区域，而低创新能力企业往往成为首批出局者；另一方面，创新要素资源具有趋优性和追求效益最大化的性质，当企业的流动收益超过流动成本时，就会从一个地区流向另一个地区（白俊红和蒋伏心，2015），地方政府通过完善区域创新环境、破除要素流动障碍（如完善高铁等交通基础设施、增加财政科技支出、为人才落户制定各种吸引政策等），为企业创新提供更为高效便利的创新要素流动渠道和集聚更多创新人才，降低企业选址于该区域的成本或提高企业的创新收益，吸引更多高创新能力企业。

因此，地区越是能发挥选择效应的作用，就越有可能提升区域的创新能力，越能拉开与其他区域的创新差距。

3. 集聚效应与选择效应的联系

集聚效应主要从企业集聚规模角度分析其对区域创新的影响，而选择效应则更侧重于从区域创新主体的构成质量角度分析其对区域创新的影响，虽然二者对区域创新的影响机制不同，但存在紧密的联系。首先，选择效应受到集聚效应的影响，一方面，企业尤其是低创新能力企业可能为了享受地区的集聚效应而选址集聚规模大的区域；另一方面，选择效应认为市场竞争环境对企业存在筛选作用，而市场竞争环境又与集聚规模息息相关。在适度的集聚规模中，市场能发挥竞争对创新的良性促进作用；当集聚规模过大时，市场竞争过于激烈，此时即使是拥有高创新能力的企业，其创新收益可能也无法覆盖在该地区的创新成本，企业被动选址他处。此外，集聚效应也受选择效应影响。当地区尚未形成集聚规模时，可通过吸引企业主动选址于此逐渐扩大集聚规模，发挥集聚效应；当地区集聚规模过大时，可通过市场的优胜劣汰机制淘汰部分低创新能力企业，将地区有限的生存空间留给创新能力更高的企业，维持适度的集聚规模。

综上所述，地区越是能打好集聚效应和选择效应两张组合牌，越是能提升区域创新能力。区域创新差距来自地区间两种效应的相对差异，仅分析单一效应的影响将产生有偏的分析结论。

5.2.2　研究设计

1. 模型设定

借鉴库姆斯等（Combes et al.，2012a，2012b）的思想，通过比较两个地区的创新能力分布来识别集聚效应和选择效应对区域创新差距的影响。集聚效应、（被动）选择效应和类分效应（主动选择效应）对区域创新能力的影响如图 5 - 1 所示，其中，集聚效应能在不同程度上提高区域所有创新主体的创新能力，表现为区域创新能力分布的相对右移；（被动）选择效应通过市场的优胜劣汰机制淘汰低创新能力的主体，从而提高区域创新能力，表现为区域创新能力的左截断；类分效应（主动选择效应）指的是区域的高创新能力来自更多的高创新能力主体选址于此，表现为区域创新能力分布的厚尾。由于（被动）选择效应和类分效应都表现为异质性主体的异质性区位选择，二者的关系也如同一枚硬币的两面（梁琦等，2018），因此，本书将两种效应统称为选择效应。但需注意的是，根据库姆斯等（Combes et al.，2012a，2012b）的定义，选择效应只存在高创新能力和低创新能力两种情况，无论是理论研究还是实证研究都表明现实世界的选择效应远没有如此简单，因此本书将在库姆斯等（Combes et al.，2012a，2012b）的基础上，综合考虑不同创新能力主体的选择效应。模型设置如下。

假设有两个地区 i、j，按照创新能力的高低对地区内的创新主体进行排序，并假设创新能力与创新主体一一对应，在第 u 个分位数点上，地区 i、j 的创新主体的创新能力分别为 $\lambda_i(u)$、$\lambda_j(u)$，受地区的集聚效应和选择效应影响，集聚效应会提高创新主体的创新能力，选择效应会改变创新主体的排序，当两地集聚效应和选择效应都相同时，二者创新能力相同；当两地的集聚效应、选择效应大小存在差异时，则产生区域创新差距。

当不存在选择效应时，即区域创新差距仅由集聚效应引起时，两地的创新分布之间的关系可以表示为：

$$\lambda_i(u) = \lambda_j(u) + A \qquad (5-1)$$

参数 A 捕捉了地区间的集聚效应的差异。当 A > 0 时，表明地区 i 的创新主体在整体上从集聚的规模效应中获益更多，地区 i 创新能力更高，创新能力分布相对于地区 j 的创新能力分布存在右平移［见图 5 - 1 (a)］；当 A < 0 时，表明地区 i 的集聚正外部性不及地区 j 对区域创新能力的提高作用。

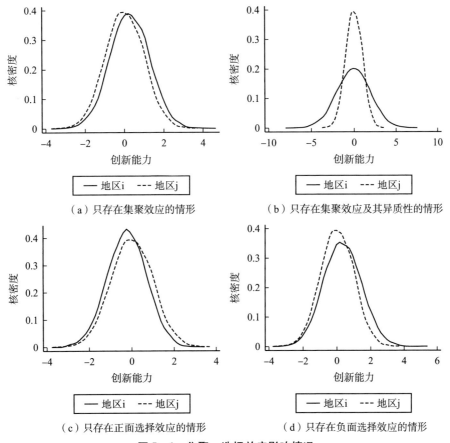

图 5 - 1　集聚、选择效应影响情况

资料来源：笔者自绘。

进一步，考虑集聚效应对异质性创新主体的影响，两地创新分布关系表示如式（5 - 2）所示。

$$\lambda_i(u) = D\lambda_j(u) + A \qquad (5-2)$$

当 $D > 1$ 时，表示地区 i 的高创新能力主体从集聚效应中获益的程度更高，使地区 i 的创新分布相对地区 j 存在一定程度的拉伸［见图 5-1（b）］；当 $D < 1$ 时，说明地区 i 的低创新能力个体从集聚效应中获益更多，创新分布更为集中。

当区域创新差距仅由选择效应引起时，区域对低创新能力个体的淘汰或对高创新能力个体的吸引都能提高区域创新能力，将选择效应定义为在给定的创新能力 inno 上，区域提高创新能力的概率 $P(inno_m) > inno$，m 为地区 i 或 j，则由选择效应的差异引起的两地创新差距可表示如式（5-3）所示。

$$S_r(inno) = \frac{P(inno_i > inno)}{P(inno_j > inno)} = [P(inno_j > inno)]^S \qquad (5-3)$$

当 $S = 0$ 时，两地提升区域创新能力的概率相同，区域创新差距并非由选择效应的差异引起；当 $S > 0$ 时，$0 \leqslant S_r(inno) \leqslant 1$，表示与地区 j 相比，地区 i 提高创新能力的可能性更低，地区 i 的企业创新能力分布相比地区 j 存在左移［见图 5-1（c）］，同时 $S_r(inno)$ 随着创新能力的增加而增加，表明地区 i 对高创新能力主体的吸引力相对更弱；当 $-1 < S < 0$ 时，$S_r(inno) > 1$，表示与地区 j 相比，地区 i 通过淘汰低能力主体或吸引高能力主体来提升区域创新能力的渠道更宽，图 5-1（d）中表现为地区 i 的创新分布相比地区 j 存在右移，并且 $S_r(inno)$ 随着创新能力减小而增强，表明地区 i 通过市场竞争机制提升低创新能力企业的作用相对更大；当 $S \leqslant -1$ 时，表明地区 i 的选择效应远超过地区 j。

定义 $G_i(inno) = P(inno_i \leqslant inno)$，$G_j(inno) = P(inno_j \leqslant inno)$，可将式（5-3）表示为 $G_i(inno) = 1 - (1 - G_j(inno))^{1+S}$，假设创新主体的创新能力与分位数点一一对应，即 $G_j(inno) = u$，$r_s(u) = G_i[G_j^{-1}(u)]$，可得：

$$r_s(u) = 1 - (1 - u)^{1+S} \qquad (5-4)$$

当集聚效应和选择效应同时存在时，两地的创新能力分布之间存在如式（5-5）的对应关系。

$$\lambda_i(u) = D\lambda_j(r_s(u)) + A = D\lambda_j(1 - (1 - u)^{1+S}) + A, \ u \in [0, 1] \qquad (5-5)$$

考虑到地区间的对称性，可得：

$$\lambda_j(u) = \frac{1}{D}\lambda_i(1 - (1 - u)^{1+S}) - \frac{A}{D} =, \ u \in [0, 1] \qquad (5-6)$$

记 $\theta = (A, D, S)$，将上述两式写成矩条件的形式：

$$m_\theta(u) = \lambda_i(u) - \lambda_j(1 - (1 - u)^{(1-S)})$$

$$\tilde{m}_\theta(u) = \lambda_j(u) - \frac{1}{D}\lambda_i\left(1 - (1-u)^{\frac{1}{1+S}}\right) + \frac{A}{D} \qquad (5-7)$$

参考库姆斯等（Combes et al., 2012a）的研究，令 $\hat{m}_\theta(u)$、$\hat{\tilde{m}}_\theta(u)$ 分别为 $m_\theta(u)$、$\tilde{m}_\theta(u)$ 的拟合值，通过线性插值法分别得到 λ_i、λ_j 的拟合值 $\hat{\lambda}_i$、$\hat{\lambda}_j$，则目标函数可表示为：

$$\hat{\theta} = \underset{\theta}{\arg\min} M(\theta)$$

$$\text{s. t. } M(\theta) = \int_0^1 \left[\hat{m}_\theta(u)\right]^2 du + \int_0^1 \left[\hat{\tilde{m}}_\theta\right]^2 du \qquad (5-8)$$

具体估计时，取 [0, 1] 区间的 1000 等分点，$u_0 = 0$，$u_K = 1$，$K = 1001$，可将上式进一步拟合为：

$$\int_0^1 \left[\hat{m}_\theta(u)\right]^2 du \approx \frac{1}{2}\sum_{k=1}^K \left\{\left[\hat{m}_\theta(u_k)\right]^2 + \left[\hat{m}_\theta(u_{k-1})\right]^2\right\}(u_k - u_{k-1})$$

$$\int_0^1 \left[\hat{\tilde{m}}_\theta(u)\right]^2 du \approx \frac{1}{2}\sum_{k=1}^K \left\{\left[\hat{\tilde{m}}_\theta(u_k)\right]^2 + \left[\hat{\tilde{m}}_\theta(u_{k-1})\right]^2\right\}(u_k - u_{k-1}) \qquad (5-9)$$

估计出 $\hat{\theta} = (\hat{A}, \hat{D}, \hat{S})$ 后，参数对地区间创新差距的解释程度用 $R^2 = 1 - M(\hat{\theta})/M(0, 1, 0, 0)$ 表示，通过有放回重复随机抽样 50 次得到估计系数的标准误差。

2. 变量选择

创新是将关于改进产品、服务或流程的新想法付诸实现并将其引入市场，实现商业化、创造价值的过程（Schumpeter, 1939）。尽管在学术上很容易为创新下定义，但在现实中，创新的形式多种多样，如何以一致的、系统的方式衡量个体的创新能力一直是学界面临的难题（Jaffe and Trajtenberg, 2002）。卡利诺等（Carlino et al., 2015）总结了现有研究衡量企业创新能力的几种常见指标及其优缺点：一是用创新的投入，如企业的 R&D 投入、VC 投资等指标表征企业的创新能力，但投入只是为创新提供了资源，无法反映创新的效率或有效性，而与中国企业创新相关的现有研究主要是采用中国工业企业数据库的企业 R&D 数据，然而该数据库目前只公开了 2001～2003 年以及 2005～2007 年的企业研发支出数据，研究样本时期有限；二是用创新的最终产出（如新产品产值等数据）的优势在于能直接度量创新产品商业化后的创新价值，但数据可获得性差，且对于"新产品"的定义标准不统一，缺乏客观性与可比性（He et al., 2016）；三是使用创新的中间产出，如专利数据。专利是为创造新产品、新服务、新流程的发明者赋予的暂时的垄断权，尽管发明最终未必会实现商业化，创新也未必需要申请发明专利，专利只是创新第一个阶段的产出，并不能完全反映创新主体的创新能力，但相比前两种指标，专利数据更为公开全面，数据集覆盖时间更长，且专利指标蕴含着丰富的内涵，因此采用专利数据反映创新主体的创新能力。

然而使用专利信息反映创新能力也面临诸多限制（Griliches，1990；Pavitt，1982、1985）。早期研究使用专利数量衡量创新主体的创新能力，但专利在行业、价值或质量上都存在极端分布不均的现象（Carlino and Kerr，2015），仅凭专利数量难以有效地反映创新主体的创新能力。得益于计算机技术的迅速发展，国内外学者开始构建庞大的专利数据库来挖掘专利信息，探索一系列反映专利质量或专利价值的指标，包括且不限于专利引证数（Griliches，1979；Jaffe and Trajtenberg，2002）、IPC 分类号（Lerner，1994；张杰和郑文平，2018）、权利要求数（Tong and Frame，1994；Lanjouw and Schankerman，2004）、专利更新率（Pakes and Schankerman，1979；寇宗来和刘学悦，2020）、专利族大小（Putnam，1996；Dechezlepretre et al.，2017）、城市专利质量评价（丁焕峰等，2021）。

不难发现，上述指标多是基于专利本身特征或专利申请人的行为来衡量专利质量或专利价值大小，不同指标从不同方面刻画了专利的性质，如专利引证数侧重于度量专利的技术影响力，IPC 分类号、权利要求数侧重于反映专利的保护范围，专利更新率和专利族大小侧重于体现专利对申请人的经济价值，因此仅靠单一指标难以对一项专利作出全面评价，国外部分学者选取某些指标构建复合的专利质量进行研究，国内学者也纷纷从专利的技术性、商业性、法律性等层面提出构建专利质量的评价体系（谷丽等，2017）。综合数据可得性和各指标含义，选取 6 个常用指标对专利质量进行评价，各指标具体含义如下。

（1）发明人数量。专利是智力成果的体现，是已有想法的创新组合（Gueelec and Potterie，2000），发明人数量越多，意味着专利所解决的问题越难，所蕴含的技术含量越高。

（2）被引证数。专利引证可以反映两件专利在技术上的关联，专利被引证数越大，说明专利在该技术领域的重要性和影响力越大。

（3）专利年龄。专利年龄指的是专利从申请到失效的间隔天数。专利年龄能反映专利对专利申请人的价值，从提交专利申请到专利授权再到专利失效的过程中，专利申请人都需缴纳一定的费用，只有专利带给申请人的价值至少超过维持专利权的费用，专利申请人才会缴纳专利费用以维持专利寿命，直到达到法律规定的最高保护期限。当维持专利的费用超过收益时，申请人则会放弃缴纳费用，专利在未达到最高保护期限前失效，因此专利年龄越大，说明专利申请人越有动机维持专利权，专利价值越大（Pakes and Schankerman，1979；寇宗来和刘学悦，2020）。

（4）专利族数。专利族数指的是申请人为同一项专利寻求保护的国家数目。当申请人决定在某一国家申请专利时，表明它决定进入当地市场销售新产品或使用新技术，因此专利族可用于衡量技术潜在的市场价值（Dechezlepretre et al.，2017）。此外，专利同族数越多，越需要支付更高额的专利布局费用，也间接反映出该专利的价值越高。使用简单同族数作为专利族数的代理指标。

（5）权利要求数量。权利要求数指的是专利请求保护专利权利的数量，体现了专利的法律保护范围和知识的复杂性（Dechezlepretre et al.，2017）。权利要求数量越多，专利覆盖的技术范围越广，专利权人需缴纳的费用越多，反映出专利高质量和高价值（Lanjouw and Schankerman，2004；谷丽等，2017）。

（6）IPC 分类号大组个数。IPC 分类号是对专利所涉及的技术领域的国际分类，分类号数量与专利涉及技术领域存在正相关关系。IPC 专利分类号格式一般为"部—大类—小类—大组—小组"，如"A01 B01/00"，仅用 IPC 分类号数难以反映专利间的差异（张杰和郑文平，2018），因此本书借鉴张杰和郑文平（2018）的思路，采用 IPC 分类号大组个数衡量专利质量。

3. 数据说明

本书主要选取 incoPat 数据库中已授权的发明专利进行研究。研究时间为 2006～2015 年，之所以选取该样本区间，一方面是提出建设城市群始于 2006 年，此后人口、资源向城市群集聚的态势逐渐明显；另一方面发明专利需要经历实质审查的过程，本书在后续处理中将剔除这部分专利，2015 年之前每年申请的专利有 95% 以上已通过实质审查并确定了法律状态，而 2015 年之后申请的专利每年至少有约 35% 的专利仍处于实质审查状态，法律状态尚不确定，剔除后对区域创新能力的度量将存在偏误，因此研究期选取至 2015 年。

数据处理过程如下。首先按申请日逐年下载中国发明授权专利数据，剔除外国在中国申请的专利数据；剔除了"未缴纳年费""放弃"或"期限届满"导致的"无效"或"部分无效"的专利数据。然后采用熵权法，选取上述 6 个指标构建专利评价体系，专利年龄的计算方式为：若专利已失效，则专利年龄等于失效日与申请日的间隔天数，否则为 2020 年 12 月 31 日与申请日的间隔天数；评价完专利数据后，筛选出申请人名称中含"公司""企业"或

"厂"的样本，参照张杰和郑文平（2018）的做法，采用中位数法将专利信息加总到企业申请人层面上，避免专利分布极端不均匀的影响。需要特别指出的是，当有多个专利申请人时，专利数据只提供主申请人的详细地址，因此在将专利拆分对应到各申请人时，各申请人地址均为主申请人的地址。为解决这个问题，在拆分专利之后，将数据与原始下载的数据重新进行匹配获取次申请人的地址信息，对于通过匹配仍无法获取信息的样本，则通过天眼查、爱企查等网站搜集其地址信息。在具体估计时，为避免极端值的影响，尽量不破坏地区创新能力原始分布的信息，将剔除1%的样本。

4. 描述性统计

表 5 - 1 呈现了城市群地区与非城市群地区创新能力的对比情况。从创新企业的数量来看，在样本期内，19 个城市群容纳的企业数量几乎为非城市群地区的 14 ~ 23 倍，城市群地区明显拥有更大的集聚规模；从均值或中位数来看，两地的创新差距长期存在；从不同分位点来看，城市群地区在低分位点上的创新能力与非城市群地区类似，而高分位点上的创新能力则远超非城市群地区；结合标准差来看，城市群地区相比非城市群地区能够容纳更多不同层次的创新企业。

表 5 - 1　　　　　　　　　　城市群与非城市群地区创新能力对比

年份	地区	样本量	均值	最小值	25%分位数	中位数	75%分位数	最大值	标准差
2006	非城市群	271	0.172	0.004	0.049	0.179	0.21	0.999	0.160
	城市群	6296	0.207	0.004	0.048	0.174	0.212	2.727	0.276
2007	非城市群	355	0.176	0.004	0.036	0.136	0.208	1.24	0.204
	城市群	8059	0.185	0.004	0.032	0.125	0.205	2.572	0.258
2008	非城市群	519	0.260	0.004	0.040	0.184	0.381	3.478	0.365
	城市群	11441	0.249	0.002	0.041	0.184	0.266	3.603	0.356
2009	非城市群	905	0.169	0.003	0.040	0.132	0.210	1.426	0.185
	城市群	18487	0.183	0.003	0.034	0.104	0.206	2.336	0.255
2010	非城市群	1161	0.170	0.002	0.030	0.101	0.201	1.834	0.231
	城市群	22533	0.156	0.002	0.027	0.072	0.193	1.851	0.221

续表

年份	地区	样本量	均值	最小值	25%分位数	中位数	75%分位数	最大值	标准差
2011	非城市群	1584	0.123	0.001	0.020	0.052	0.182	1.130	0.159
	城市群	28132	0.114	0.001	0.016	0.04	0.172	1.411	0.173
2012	非城市群	2207	0.113	0.002	0.019	0.047	0.175	0.978	0.148
	城市群	36406	0.112	0.002	0.018	0.040	0.169	1.602	0.178
2013	非城市群	3115	0.100	0.003	0.017	0.040	0.168	0.944	0.133
	城市群	45940	0.098	0.002	0.015	0.033	0.120	1.483	0.165
2014	非城市群	3757	0.079	0.002	0.015	0.031	0.095	0.872	0.116
	城市群	56080	0.076	0.002	0.013	0.028	0.078	1.164	0.128
2015	非城市群	3582	0.064	0.002	0.014	0.028	0.064	0.851	0.101
	城市群	58753	0.063	0.002	0.013	0.026	0.061	1.003	0.105

资料来源：笔者自制。

从图 5-2 的城市群与非城市群地区创新能力分布来看，城市群相比于非城市群地区存在右移，且存在明显的右拖尾。由于三种效应都会影响地区分布的位置和形态，因此城市群的创新优势究竟来源于何种效应，还需进一步实证分析。

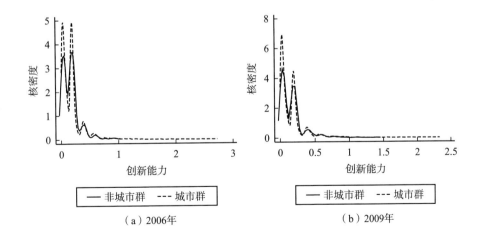

（a）2006年 （b）2009年

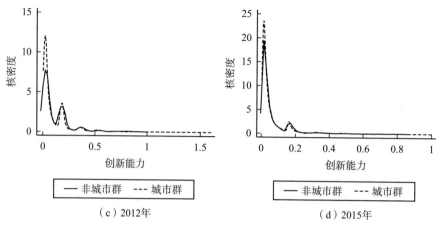

图 5 - 2　城市群与非城市群地区创新能力分布对比

资料来源：笔者自绘。

5.2.3　实证结果分析

1. 基准估计结果

本章首先使用改进后的估计方法进行估计，表 5 - 2 提供了基本的估计结果，其中参数 A、D、S 分别表示城市群相对于非城市群地区的集聚效应、集聚效应的异质性、选择效应。

表 5 - 2　　　　　　　城市群与非城市群创新差距基本估计结果

年份	A	D	S	样本量	R^2
2006	- 0.079 *** (- 6.07)	1.562 *** (14.04)	0.070 (0.76)	6567	0.778
2007	- 0.048 *** (- 4.96)	1.624 *** (7.74)	- 0.239 (- 0.80)	8414	0.564
2008	- 0.009 (- 0.52)	0.949 *** (10.27)	0.041 (0.70)	11960	0.107
2009	- 0.047 *** (- 6.20)	1.290 *** (20.10)	0.052 (0.95)	19392	0.784
2010	- 0.008 (- 1.02)	1.004 *** (18.27)	- 0.029 (- 0.61)	23694	0.431

续表

年份	A	D	S	样本量	R^2
2011	−0.020 *** (−4.13)	1.156 *** (24.79)	−0.047 (−1.20)	29716	0.464
2012	−0.026 *** (−7.53)	1.427 *** (25.09)	−0.155 ** (−2.23)	38613	0.575
2013	−0.027 *** (−11.70)	1.425 *** (18.38)	−0.119 * (−1.79)	49055	0.575
2014	−0.012 *** (−6.05)	1.272 *** (23.89)	−0.113 ** (−2.46)	59837	0.487
2015	−0.004 *** (−2.58)	1.063 *** (38.66)	−0.007 (−0.30)	62335	0.325

注：(1) 括号中的为 t 值；(2) ＊、＊＊、＊＊＊分别表示在10%、5%、1%水平上显著。

　　根据基准估计结果，参数 A 的估计系数始终显著为负，表明城市群在研究期内尚未充分发挥集聚效应对区域企业整体创新的积极作用，城市群创新优势主要来源于高创新能力企业的集聚效应，大部分中等和低创新能力的企业从城市群的集聚中获益相对更少；但应注意到参数 A 的估计系数逐年增大，而参数 D 的估计系数则呈递减趋势，说明高创新能力企业从城市群的集聚中获益的程度在不断降低，而大量中等创新能力企业从城市群集聚中获益的程度在不断提高。

　　根据前文的理论分析，集聚可以提供多种渠道为企业创新提供更多样化的人才和知识、更充足的资金并分摊更多的风险，从而提高区域的创新能力，而造成城市群的众多中等创新能力和低创新能力企业在研究期内无法享受集聚带来的好处、无法有效提升自身创新能力的原因可能与城市群尚未形成并完善这些集聚促进创新的渠道有关。集聚促进创新的根本前提在于提供一个让创新要素充分自由流动、让创新主体充分交流的市场环境，但中国城市群的发展仍存在诸多问题：一方面，在研究期内，中国大部分城市群仍处于发育或培育阶段，城市群集聚规模尚在形成扩大阶段（赵勇和魏后凯，2015），无法充分发挥集聚效应的作用；另一方面，城市群内的城市尚未形成有机整体，无法发挥城市群本应发挥的高密度集聚效应（方创琳等，2014）。此外，大部分城市群的区域分工与合作程度还比较低（赵勇和魏后凯，2015），城市群内城市间的市场分割阻碍了创新要素的交流与碰撞，无法为创新提供多样化的知识和人才来源，而创新所需要的金融资源则更多地集中于北京、上海、深圳三大全国性金融中心，大部分城市群的金融发展层次仍比较低，无法为企业尤其是中小企业创新活动提供充裕的资金支持和风险管理服务，制约了企业创新活动的开展。

从选择效应来看，在研究期内参数 S 总体为负，表明相比于非城市群地区，城市群通过市场竞争机制促进企业创新和吸引高创新企业的能力相对更强。由前文的模型设定可知，当 S < 1 时，意味着城市群的市场竞争更为激烈，倒逼低创新能力企业提升创新能力的作用更大。中国近年来兴起的高铁等交通基础设施的完善正在破除阻碍创新要素流动的地理屏障，不断放松的户籍管制制度也促进了微观个体的自由流动。相比非城市群地区，城市群的发展环境更为优越，故自然能吸引更多的优质资源，从而不断提升自身创新能力。

2. 稳健性检验

本书采用以下两种方式进行稳健性分析。一是重新定义企业的创新能力，前文对企业创新能力的衡量是通过计算企业所有专利价值的中位数乘以专利数量得到的，在稳健性分析中，本书将直接加总企业所有专利价值作为企业创新能力的代理指标，重新进行估计，结果如表 5-3 所示。可以发现，重新衡量企业创新能力对本书上述分析结论并没有实质性影响。城市群的集聚效应依然显著为负，且呈递减趋势，集聚效应的异质性估计结果表明高创新能力企业从集聚效应中获益更大，参数 S 在 2010 年总体上为不显著的正数，之后逐渐转为负数，但部分年份仍不显著，表明在 2010 年之前选择效应尚不构成城市群创新优势的来源，而之后城市群通过完善市场机制和环境，不断提高城市群内企业的创新能力，但仍有很大的提升空间。

表 5-3　　　　　　　　　重新定义企业创新能力的稳健性估计结果

年份	A	D	S	样本量	R^2
2006	-0.064 *** (-3.28)	1.419 *** (7.94)	0.092 (0.88)	6567	0.847
2007	-0.066 *** (-3.93)	2.076 *** (5.78)	-0.682 (-0.72)	8414	0.566

续表

年份	A	D	S	样本量	R^2
2008	-0.012 (-0.63)	0.999 *** (7.35)	0.026 (0.25)	11960	0.125
2009	-0.049 *** (-4.58)	1.373 *** (10.58)	0.004 (0.05)	19392	0.803
2010	-0.018 *** (-2.86)	1.147 *** (20.10)	-0.063 (-1.15)	23694	0.526
2011	-0.024 *** (-5.87)	1.215 *** (21.72)	-0.052 (-0.94)	29716	0.547
2012	-0.031 *** (-8.64)	1.489 *** (24.29)	-0.137 ** (-2.23)	38613	0.665
2013	-0.032 *** (-12.00)	1.430 *** (17.53)	-0.081 (-1.19)	49055	0.625
2014	-0.017 *** (-9.19)	1.453 *** (23.20)	-0.152 *** (-2.90)	59837	0.632
2015	-0.006 *** (-3.22)	1.132 *** (25.68)	-0.021 (-0.61)	62335	0.586

注：（1）括号中的为 t 值；（2）* 、** 、*** 分别表示在 10%、5%、1%水平上显著。

　　二是使用库姆斯（Combes，2012a）提出的原始方法进行估计，该学者提出的估计方法仅考虑低分位点上的选择效应，即市场机制对低效率个体的淘汰，表现为地区分布的截尾。由表 5 - 4 的估计结果可知，在集聚效应方面，其估计结果支持了本书的研究发现，即在研究期内城市群的优势主要来自高创新能力企业的集聚效应，大部分中等及以下创新能力企业的集聚效应并不强；在选择效应方面，估计系数 S 大体上为负，这也进一步支持了上述分析，即在研究期内，城市群的市场竞争机制远不能促进企业创新。

表 5 - 4　　　　　　　　　　旧方法的稳健性估计结果

年份	A	D	S	样本量	R^2
2006	-0.111 (-0.98)	1.733 *** (7.20)	0.073 (0.12)	6567	0.770
2007	-0.029 (-0.29)	1.298 *** (5.75)	-0.072 (-0.05)	8414	0.534
2008	-0.011 (-0.14)	1.012 *** (-9.61)	—	11960	0.043
2009	-0.044 *** (-5.29)	1.407 *** (20.64)	-0.055 (-1.18)	19392	0.784
2010	0.003 (0.30)	0.989 *** (13.78)	-0.095 * (-1.92)	23694	0.581
2011	-0.008 ** (-2.17)	1.136 *** (25.75)	-0.155 *** (-3.65)	29716	0.641
2012	-0.009 *** (-2.77)	1.286 *** (27.32)	-0.240 *** (-6.41)	38613	0.623
2013	-0.011 *** (-4.97)	1.352 *** (37.03)	-0.294 *** (-6.10)	49055	0.670
2014	-0.001 (-0.77)	1.188 *** (30.53)	-0.233 *** (-6.25)	59837	0.555
2015	-0.002 (-0.73)	1.067 *** (26.04)	-0.048 (-0.87)	62335	0.348

注：(1) 括号中的为 t 值；(2) * 、** 、*** 分别表示在 10%、5%、1% 水平上显著。

5.3　制造业与生产性服务业协同集聚对城市创新能力的影响

5.3.1　理论分析与假设提出

根据相关学者对单一产业集聚及协同集聚机制的研究，结合产业协同集聚作为产业的协同并进、多元融合的高级阶段这一特殊属性，提出制造业与生产性服务业协同集聚对城市专利质量的影响机理（如图 5 - 3 所示）。其中，制造业与生产性服务业协同集聚通过分工深化、知识外部性溢出和创新成果转换加速三条主要的中介渠道作用于城市专利质量提升，从而产生"1+1>2"的效果。

在区域创新过程中，制造业作为专利新知识和新技术的实施者，生产性服务业作为专利技术的开发和推广者，二者互为依托。更为重要的是，二者在空间上的协同集聚能促进专利创新活动在更大程度上提升专利质量。首先，制造业与生产性服务业协同集聚带来的要素跨区域流动，尤其是劳动力要素能够产生知识和技能的溢出效应（白俊红和蒋伏心，2015），降低了知识技术传播成本和专利研发成本。伴随着产业集聚引致的产业链不断延伸及产业分工深化，企业以更低的成本从外部获取更多知识、技术、服务的需求逐渐强烈，自主研发能力和产品更新换代动力增强，刺激了专利创新活动的产生，有利于专利成果转化为实质生产力。其次，二者协同集聚有利于实现创新主体间的资源共享，激发众多主体专利创新潜能。二者协同集聚将促进企业和高校等其他创新主体深入合作，最大化整合现有资源，为专利创新活动提供基本支撑，同时促进各区域以较低的成本实现更广泛的合作，并形成良好的专利创新风险分担和收益共享机制，为城市专利质量提升提供优质的环境保障。最后，二者协同集聚还能加快新知识转化为新技术以及新技术的应用转化速度，提高新知识的转化和应用效率，促进城市专利高质量发展。因此，提出假说5-1：

假说5-1：制造业与生产性服务业协同集聚能够有效提升城市专利质量。

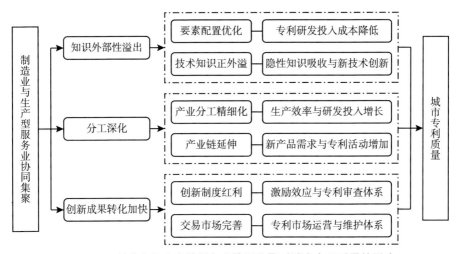

图 5 - 3　制造业与生产性服务业协同集聚对城市专利质量的影响

资料来源：笔者自绘。

1. 知识外溢性机制

知识溢出是区域产业集聚和提高创新能力的重要途径。知识溢出通过与空间集聚结合，使得各类显性及隐性知识更容易被获取，降低了专利创新的成本，促进城市专利质量提升。一方面，制造业与生产性服务业协同集聚使得城市间创新资本、人才和技术、原材料等要素流动加快，共享创新资源。特别是以高素质劳动力的跨区流动所完成的人力资本积累（刘胜等，2019），为企业获得更多知识外部性，降低了创新成本和信息沟通成本。另一方面，产业与高校科研机构集聚在一起，对知识转化为生产力的需求更大，将产生更加频繁的知识流动和更多专利创新成果。近年来由于互联网、虚拟社区等网络社交软件的广泛应用，增进了资源或隐性知识交换所需的"面对面"交流，促进隐性知识的溢出和扩散及新的思想产生（韩峰等，2014），加速了知识和技术的吸收、扩散和转化，从而为专利质量提升提供了动力。因此，提出假说5－2：

假说5－2：知识外部性溢出在制造业和生产性服务业协同集聚促进城市专利质量提升过程中起到显著中介作用。

2. 分工深化机制

制造业与生产性服务业协同集聚导致专业化分工进一步深化，并不断形成新的部门，提供新的产品或服务。产业协同集聚可以细化产业分工，从而在激烈的市场竞争中降低生产成本。开展服务"外包"等方式使得企业生产效率提升，优质资源逐渐向科技研发环节倾斜；此外，专业化分工带来的市场利润倒逼企业进一步激发自主研发和产品创新升级的动力。空间协同布局同时也改善了专利创新活动环境，促进了创新型产品开发（Macpherson，1997）。除最终产品外，产业协同集聚也派生了对中间产品的数量与质量需求，处于生产中段环节的部门通过专利技术创新提升衔接效率。另外，制造业与生产性服务业协同集聚通过相互融合，加速培育了"互联网＋"、电子商务、虚拟零售等新产业、新业态的出现，为加快专利成果转化、创新专利技术提供了现实动力（戴一鑫等，2019）。简言之，制造业与生产性服务业协同集聚有利于加速城市产业链分工深化，提升中间产品供给质量，促进新产品、新业态、新部门的产生，增加专利研发投入，进而整体提高城市专利质量水平。因此，提出假说5－3：

假说5－3：分工深化在制造业与生产性服务业协同集聚促进城市专利质

量提升过程中起到显著中介作用。

3. 创新成果转化加速机制

专利质量提升是一个系统的工程，涉及结构、技术、法律、市场运营等多方面内容，专利成果转化为生产力作为其中的重要一环，是制约区域创新有效支撑经济增长的主因（庞瑞芝等，2014）。建立健全有利于促进成果转化和交易转让的制度是促进创新成果转化的基础。生产性服务业多为知识密集型产业，能够加快知识流的流转速度（王晓亚，2017），通过不断完善创新政策体系和交易市场，加速专利创新成果转化。这一加速转化的过程为城市专利质量提升提供了条件。一方面，各类创新制度和专利研发政策形成了制度红利，有利于激发专利创新主体意识，激励新产品创新和专利创新行为。同时，健全的专利发明、申请、应用等方面的权威文件有利于形成系统审查体系，为提升专利法律质量提供依靠。另一方面，二者协同集聚发展加速了交通通信信息网络体系的形成，交易市场秩序和规则进一步有序，有利于加速专利成果推广应用、健全专利维护体系，从而全面提升专利市场运营质量。因此，提出假说 5 - 4：

假说 5 - 4：创新成果转化加速在制造业和生产性服务业协同集聚促进城市专利质量提升的过程中起到显著中介作用。

5.3.2　研究设计

1. 模型设定

（1）假说 5 - 1 的验证。综合使用混合截面 OLS、个体固定效应、双向固定效应三种面板回归方式，分析制造业与生产性服务业协同集聚对城市专利质量的影响，并进行相应的稳健性检验确保结果可信。对于具体双向固定效应面板模型设定如下：

$$Pindex_{it} = \beta_0 + \beta_1 MPScoagg_{it} + \beta x_{it} + \mu_i + \gamma_t + \varepsilon_{it} \qquad (5-10)$$

其中，式（5 - 10）中下标 i 和 t 分别表示第 i 个地区和第 t 年，$Pindex_{it}$ 为被解释变量城市专利质量，$MPScoagg_{it}$ 为制造业与生产性服务业协同集聚水平，即核心解释变量，x_{it}、μ_i、γ_t、ε_{it} 分别为控制变量组、个体固定效应、时间固定效应、误差项。由式（5 - 10）可知，核心估计参数 β_1 度量了产业协同集聚度对城市专利质量的影响。若假说 5 - 1 成立，制造业与生产性服务业协同集聚确实提升了城市专利质量水平，则 β_1 的系数应显著为正。

（2）假说5-2至假说5-4的验证。这些假说提出了制造业与生产性服务业协同集聚促进城市专利质量提升的主要机制，本书采用中介检验模型对此进行论证。参考中介效应方法检验基本思路，基于双向固定效应面板模型，建立如下模型：

$$\text{Pindex}_{it} = \beta_0 + \beta_1 \text{MPScoagg}_{it} + \beta x_{it} + \mu_i + \gamma_t + \varepsilon_{it} \quad (5-11)$$

$$\text{Medium}_{it} = \partial_0 + \partial_1 \text{MPScoagg}_{it} + \partial x_{it} + \mu_i + \gamma_t + \varepsilon_{it} \quad (5-12)$$

$$\text{Pindex}_{it} = \theta_0 + \theta_1 \text{MPScoagg}_{it} + \theta_2 \text{Medium}_{it} + \theta x_{it} + \mu_i + \gamma_t + \varepsilon_{it} \quad (5-13)$$

其中，Medium表示中介变量，分别用新产品产值、知识存量和技术市场成交额反映分工深化、知识外部性溢出及创新成果转化加速的三条主要机制。对于所选定的中介变量，依次进行如下检验：首先，通过总效应模型式（5-11）的β_1系数的方向和显著性判断解释变量是否对被解释变量有影响；其次，当中介效应模型式（5-12）中∂_1系数符合预期且显著时，表示存在中介效应；在此条件下，当直接效应模型式（5-13）中的θ_2显著且θ_1不显著时，表明存在完全中介效应。两者均显著时表示存在部分中介效应。

2. 变量选择

（1）被解释变量。为城市专利质量水平Pindex。借鉴丁焕峰等（2021）的观点，用专利对城市竞争力形成的重要程度代表城市专利质量。为衡量城市专利质量，依据科学性、可比性、完备性及可行性原则，构建了包含宏观层面和微观层面的城市专利质量指标体系。具体包括如下指标。

第一，宏观层面指标——城市专利结构。主要包括如下三级指标。其一，发明专利占比。一般而言，发明专利相较于外观设计与实用新型专利而言，审查要求高，技术竞争性更强，因而更能反映城市的专利质量状况（龙小宁和王俊，2015）。其二，授权率。发明专利需满足新颖性、创造性和实用性等条件才能被授予，因此授权率越高的城市，其专利质量也可能越高（张古鹏和陈向东，2011）。其三，职务申请人占比。职务申请人由于拥有更充足的研究经费和研究设备，相比个人申请人研究实力可能更强，授权发明的整体专利质量更高（宋河发等，2014）。

第二，微观层面指标 I ——城市专利法律效力稳定性。主要涉及专利保护的地域范围、权利要求范围和技术覆盖范围，分别用如下三级指标衡量。其一，专利同族平均数。专利同族平均数是申请人就同一授权发明寻求专利保护的国家数量。区域专利受保护的地域范围随专利同族平均数增加而增大（Lanjouw，1998；Harhoff and Reitzig，2004），该指标越大，表明城市专利质量越高。其二，专利权利要求平均数。该指标越大，意味着专利的技术特征越复杂，受法律保障强度越高（Tone and Frame，1994；Mariani and Romaneli，2007）。其三，IPC 平均数。IPC 将专利涉及的领域分为部、大类、小类、大组、小组 5 个不同等级，每个专利至少拥有一个 IPC 分类号，IPC 平均数指的是发明专利被分配到 IPC 小组分类号的平均数量（Lerner，1994），平均数越高，则专利法律效力越有保障。

第三，微观层面指标 II——城市专利技术先进性。主要包括专利被引状况、专利引用状况、专利发明人员投入，分别用以下指标衡量。其一，被引平均数。专利被引次数是目前反映专利技术质量中认可程度最高、应用范围最广的指标。被其他发明人引用的次数越多，说明该专利的技术含量得到更多发明人的认可，因而反映出的技术质量较高。其二，引证平均数。专利发明离不开前人的研究基础，引证数量与前人优秀发明创造的研究基础呈正相关。因此，引证数量越多，说明专利技术相关度越高，技术含量越高（刘洋等，2012）。其三，发明人平均数。专利的发明人数量越多，表明该发明工作量大、难度高，故技术质量普遍较高（李仲飞和杨亭亭，2015）。

第四，微观层面指标 III——城市专利市场运营性。主要涉及专利许可实施情况、专利转让实施状况、专利维持时间状况，分别用如下三级指标衡量。其一，许可平均数。专利许可是指在获取可观的专利许可报酬之后许可他人使用专利，专利许可平均数越高，说明专利市场运营价值越高（宁立志和盛赛赛，2015）。其二，转让平均数。专利转让是将专利完全转让他人，是专利市场运营价值的另一种体现（段德忠等，2018）。其三，专利维持有效占比。为维持专利有效性，专利权人需定期缴纳费用，专利市场价值越大，则专利维持时间越长，需缴纳的维持费用越高（毛昊，2018）。

基于以上指标，构建了城市专利质量评价体系，如表 5 - 5 所示。表中展示了各三级指标的处理计算方式，通过逐一搜索专利数据匹配到 12 个年份、279 个地级城市层面，并经过计算得到。该指标体系即基于专利的构成要素，涉及专利从发明、申请、审查到运营的全生命周期，将更好地反映地区的创新能力情况。此外，制造业与生产性服务业的协同集聚水平也将影响专利的结构、法律、技术与运营质量，与城市专利质量本身具有非常密切的联系。

表 5 - 5　　　　　　　　　　城市专利质量评价体系

一级指标	二级指标	三级指标	处理计算方式	单位
城市专利质量指标体系				
宏观指标	专利结构质量	发明专利占比	城市当年授权发明专利量/(城市当年授权发明专利量 + 城市当年授权实用新型专利量 + 城市当年授权外观设计专利量)	%
		当年发明申请授权率	城市当年发明申请后来授权量/城市当年发明申请	%
		职务申请人占比	1 - 城市当年授权发明专利为个人类型的专利量/城市当年授权发明专利量	%
微观指标	专利法律质量	同族国家平均数	城市当年授权发明专利同族国家总和/城市当年授权发明专利量	个
		权利要求平均数	城市当年授权发明专利权利要求数总和/城市当年授权发明专利量	个
		城市 IPC 平均数	城市当年授权发明专利 IPC 总和/城市当年授权发明专利量	个
	专利技术质量	五年内专利被引平均数	城市当年授权发明专利在自授权日起五年内被引数/城市当年授权发明专利量	个
		专利引证平均数	城市当年授权发明专利引证专利数总和/城市当年授权发明专利量	个
		发明人平均数	城市当年授权发明专利发明人数量总和/城市当年授权发明专利量	个
	专利运营质量	五年内专利许可平均数	城市授权发明在自授权日起五年内进行许可的授权发明专利量/城市当年授权发明专利量	个
		五年内专利转让平均数	城市授权发明在自授权日起五年内进行转让的授权发明专利量/城市当年授权发明专利量	个
		专利五年内有效占比	(城市当年授权发明至今有效专利 + 城市当年授权发明维持时间不小于五年的失效发明专利)/城市当年授权发明专利	%

资料来源：笔者自制。

需要说明的是，本书收集 2002 ~ 2018 年城市专利相关数据，但考虑到专利技术质量与专利运营质量的效果存在时滞性，为了更好体现专利的技术竞争力与运营转化水平，在对专利被引、专利许可、专利转让、专利有效占比四个指标进行计算时，选择用从当年起算后 5 年内的具体情况累计汇总成当年的值。因此，为保证数据测算的科学性和系统性，城市专利质量的测算周期变为 2002 ~ 2013 年。采用动态因子分析法测度各城市分年度专利质量指数，并以此表征城市专利质量水平。

（2）核心解释变量。用 MPScoagg 表示制造业与生产性服务业协同集聚度。对于测度方式，采用埃利森等（Ellison et al.，2010）的测量方式构建指数，具体如式（5 – 14）和式（5 – 15）所示：

$$\text{Magg}_{it} = \frac{\dfrac{\text{LM}_{it}}{\text{L}_{it}}}{\dfrac{\text{LM}_t}{\text{L}_t}} \quad \text{PSagg}_{it} = \frac{\dfrac{\text{LPS}_{it}}{\text{L}_{it}}}{\dfrac{\text{LPS}_t}{\text{L}_t}} \tag{5 – 14}$$

$$\text{MPScoagg}_{it} = \left(1 - \frac{|\text{Magg}_{it} - \text{PSagg}_{it}|}{\text{Magg}_{it} + \text{PSagg}_{it}}\right) + |\text{Magg}_{it} + \text{PSagg}_{it}| \tag{5 – 15}$$

式（5 – 14）中，Magg_{it}、PSagg_{it} 分别为城市 i 在第 t 年的制造业、生产性服务业的单一产业集聚指数，用对应行业的从业人数的区位商衡量。LM_{it}、LPS_{it}、L_{it} 分别为城市 i 第 t 年制造业从业人数、生产性服务业从业人数、总就业人数，LM_t、LPS_t、L_t 分别为全国第 t 年制造业从业人数、生产性服务业从业人数、总就业人数。

计算单一产业集聚指数 Magg_{it}、PSagg_{it} 后，可通过式（5 – 15）计算 i 城市第 t 年的制造业与生产性服务业协同集聚指数 MPScoagg_{it}。一般而言，二者协同集聚特征越明显，MPScoagg_{it} 值越大。

此外，根据《生产性服务业统计分类 2019》的新标准分类，本书选取的生产性服务业为交通运输、仓储和邮电业，信息传输、计算机服务和软件业，批发零售贸易业，金融业，租赁和商务服务业，科研综合技术服务业及水利环境和公共设施管理业。在收集上述行业的细分行业从业人员数目的基础上，加总得到生产性服务业从业人员数。

（3）中介变量。中介变量的处理与验证方式如下。

第一，为检验知识外溢性机制，选择地级市层面的知识存量变量 Knowledge 代表知识外部性溢出水平，通过中介效应检验机制是否成立。对于 Knowledge 变量，收集高等学校在校学生数、国际互联网用户数量这些代表各类知识的相关数据，取对数后采用主成分分析法提取主成分。由于第一主成分占比83%，满足要求，故提取第一主成分作为中介变量，然后再检验机制是否成立。

第二，为检验分工深化机制，选择新产品产值为代理变量。一般而言，分工深化的一个重要标志就是新产品产值的增长。然而，该变量在城市层面并无直接数据，仅存在省级层面的数据，故采取以下方式进行验证：将城市创新投入除以对应省份创新投入作为比例，乘以对应省份的新产品产值，再进行实际值调整并取对数，形成城市的新产品产值 Product_C，从而将省级层面的新产品产值数据归并到各城市中。随后，基于市级层面现有数据进行市级层面的中介效应检验。

第三，为检验创新成果转化加速机制，选择技术市场成交额为代理变量。由于该变量在城市层面也仅存在省级层面的数据，为此，选择同样方式进行验证：将城市创新投入除以对应省份创新投入作为比例，乘以对应省份的技术市场成交额，再进行实际值调整并取对数，形成城市的技术市场成交额 Market_C，随后进行市级层面的中介效应检验。

（4）控制变量。借鉴已有研究，选择5个控制变量以避免遗漏变量产生的估计误差，包括实际人均 GDP 的对数 Pergdp。地区经济增长为被解释变量，用实际人 GDP 的对数 Pergdp 来衡量。人口密度为 Density。人口集聚水平影响地区创新活动的密集程度和创新规模的增长速度，可通过人口密度体现，采用每平方公里人口数的对数衡量。投资率为 Investment，采用固定资产投资占 GDP 的比重衡量这一经济发展的重要引擎。对外开放水平为 Open。鉴于数据可得性，采用外商直接投资占 GDP 比重来衡量。用当年实际使用外资金额并根据当年中间汇率平均值折算成人民币代表外商直接投资使用。创新投入为 Innovation。创新投入是创新生产的基础，考虑到专利的技术资本密集型属性，采用实际财政科技支出的对数衡量。表5-6汇总显示了主要变量描述与计算方法。

表5-6　　　　　　　　　　主要变量描述与计算方法

变量类别	变量名称	变量符号	计算方法
被解释变量	城市专利质量	Pindex	动态因子分析法测度
核心解释变量	制造业与生产性服务业协同集聚度	MPScoagg	指数测度

续表

变量类别	变量名称	变量符号	计算方法
控制变量	经济发展	Pergdp	实际人均 GDP 的对数
	人口密度	Density	每平方公里人口对数
	投资率	Investment	固定资产投资占 GDP 的比重
	对外开放水平	Open	外商直接投资占 GDP 比重
	创新投入	Innovation	实际财政科技支出的对数
中介变量	知识存量	Knowledge	主成分分析法测度
	新产品产值	Product_C	归并到市级层面实际新产品产值的对数
	技术市场成交额	Market_C	归并到市级层面实际技术市场成交额的对数

资料来源：笔者自制。

3. 数据说明

在搜集衡量城市专利质量水平的 12 个指标时，所用数据均来自 incoPat 商用数据库，其余核心解释变量、控制变量及中介变量所用数据来自《中国统计年鉴》《中国城市统计年鉴》、各省统计年鉴以及 EPS 数据库，部分缺失数据从相应地区对应年份的城市统计年鉴中加以补充。在截面选择上，以中国地级市地区为研究样本，剔除部分区划新增、调整或数据缺失的地级市①，统计范围涵盖 279 个地级城市。在时间选择上，本书选择的是年度数据。同时，遵循城市专利质量的评估时间段，将样本区间确定为 2002 ~ 2013 年。表 5 - 7 为各变量的描述性统计结果。

表 5 - 7　　　　　　　　　　　　**变量描述性统计**

变量	样本量	均值	标准差	最小值	最大值
Pindex	3288	0.0344	0.5907	- 2.1977	2.175
MPScoagg	3348	2.4623	0.5254	0.7664	3.9416
Pergdp	3284	9.7921	0.8752	7.4087	13.0284
Density	3348	5.7160	0.9043	1.5176	7.9036
Investment	3275	0.5020	0.2394	0.1536	2.1691

①　由于区划调整或新增予以剔除的地级市主要包括巢湖市、毕节市、铜仁市、三沙市、海东市与儋州市，同时不含拉萨、陇南与中卫的数据。

续表

变量	样本量	均值	标准差	最小值	最大值
Open	3246	0.2297	0.0270	0.0006	0.4198
Innovation	3348	8.7172	1.9585	1.3943	14.7363
Knowledge	3275	6.5747	1.9884	0.6452	18.1394
Product_C	3273	12.8109	1.9878	3.8286	17.3269
Market_C	3273	9.4444	2.0116	1.7471	14.7148

资料来源：笔者计算得出。

5.3.3　实证结果分析

1. 基准回归

为检验假说5-1，综合使用混合截面 OLS、个体固定效应与双向固定效应三种面板回归方式，分析制造业与生产性服务业协同集聚对城市专利质量的影响，结果如表5-8所示。

表5-8　　制造业与生产性服务业协同集聚对城市专利质量影响的回归结果

被解释变量	Pindex					
解释变量	(1) OLS	(2) OLS	(3) FE	(4) FE	(5) FE	(6) FE
MPScoagg	0.5069*** (28.63)	0.3881*** (17.70)	0.1012* (1.82)	0.1383** (2.41)	0.1159** (2.01)	0.1476** (2.50)
Pergdp	—	0.1025*** (7.10)	—	0.0161 (0.62)	—	0.0156 (0.17)
Density	—	0.0924*** (7.73)	—	0.0258 (0.49)	—	0.0205 (0.40)
Investment	—	0.0411 (1.05)	—	0.1193** (2.98)	—	0.2424*** (3.09)
Open	—	0.3234 (0.79)	—	0.3427 (0.61)	—	0.2137 (0.696)
Innovation	—	0.0005 (0.08)	—	-0.0109 (-1.56)	—	0.0003 (0.01)

续表

被解释变量	Pindex					
地区效应	不控制	不控制	控制	控制	控制	控制
时间效应	不控制	不控制	不控制	不控制	控制	控制
_cons	－1.2223 *** （－26.32）	－2.5006 *** （－19.50）	－0.2162 （－1.57）	－0.5830 （－1.47）	－0.2583 * （－1.68）	－0.6747 （－0.75）
N	3285	3171	3285	3171	3285	3171
R²	0.1972	0.2462	0.0015	0.0062	0.0045	0.0110

注：（1）括号中的为 t 值；（2）＊、＊＊、＊＊＊分别表示在 10%、5%、1% 水平上显著；（3）所有回归均采用以地区为聚类变量的聚类稳健标准误。

表 5 – 8 中，列（1）、列（2）为混合截面 OLS 估计，列（3）、列（4）为单一地区固定效应估计，列（5）、列（6）为时间与地区双向固定效应估计；列（1）、列（3）、列（5）仅考虑城市专利质量受制造业与生产性服务业协同集聚的影响，列（2）、列（4）、列（6）则进一步加入控制变量。结果显示，无论采用何种方法估计，关注的核心解释变量 MPScoagg 的回归系数在 5% 水平上均为正且显著，表明制造业与生产性服务业协同集聚水平的提高有助于提升城市专利质量水平。此外，反映相关影响因素正向驱动作用的控制变量估计结果也符合中国经济发展的实际情况。由于混合截面 OLS、单一个体固定效应未能完全控制地区及时间影响，对系数估计存在误差，双向固定效应模型估计得到的分析结果较为合理。由此，假说 5 – 1 得以基本验证。可以看到，产业协同集聚是提升地区创新能力的空间前提条件。因此，在产业互动融合的趋势下，要发掘产业深度融合发展的潜力，持续优化产业空间格局，推进制造业与生产性服务业协同集聚的"速度"与"质量"并进，尽快发挥"双轮驱动"效应，支撑城市创新能力的提升。

2. 机制检验：中介效应

中介效应模型揭示了制造业与生产性服务业协同集聚对城市专利质量的作用机制，结果如表 5 – 9 至表 5 – 11 所示。其中，表 5 – 9 为知识外部性溢出 Knowledge 的机制检验，表 5 – 10 为分工深化 Product 的机制检验，表 5 – 11 为创新成果转化加速 Market 的机制检验。

表 5 - 9　　　　　　　　　　知识外部性溢出机制检验回归结果

中介变量	Knowledge		
解释变量	（1）Pindex	（2）Knowledge	（3）Pindex
MPScoagg	0. 1476 *** （2. 50）	0. 5911 ** （2. 45）	0. 1409 ** （2. 36）
Knowledge	—	—	0. 0063 * （1. 67）
控制变量	控制	控制	控制
时间效应	控制	控制	控制
地区效应	控制	控制	控制
_cons	－ 0. 6747 （－ 0. 75）	18. 3758 *** （0. 03）	－ 0. 5282 （－ 0. 58）
N	3171	3144	3080
R^2	0. 0110	0. 0869	0. 0124

　　注：（1）括号中的为 t 值；（2）*、**、*** 分别表示在 10%、5%、1% 水平上显著；（3）所有回归均采用以地区为聚类变量的聚类稳健标准误；（4）篇幅所限，未列出控制变量结果。

表 5 - 10　　　　　　　　　　分工深化机制检验回归结果

中介变量	Product		
解释变量	（1）Pindex	（2）Product	（3）Pindex
MPScoagg	0. 1476 *** （2. 50）	0. 0712 * （1. 93）	0. 1427 ** （2. 53）
Product_C	—	—	0. 0602 ** （2. 11）
控制变量	控制	控制	控制
时间效应	控制	控制	控制
地区效应	控制	控制	控制
_cons	－ 0. 6747 （－ 0. 75）	4. 5694 *** （5. 50）	－ 0. 9552 （－ 1. 02）
N	3171	3240	3171
R^2	0. 0110	0. 7675	0. 013

　　注：（1）括号中的为 t 值；（2）*、**、*** 分别表示在 10%、5%、1% 水平上显著；（3）所有回归均采用以地区为聚类变量的聚类稳健标准误；（4）篇幅所限，未列出控制变量结果。

表 5 – 11　　　　　　　　　创新成果转化加速机制检验回归结果

中介变量	Market		
解释变量	（1） Pindex	（2） Market	（3） Pindex
MPScoagg	0. 1476 *** （2. 50）	– 0. 2921 （ – 1. 36）	0. 1485 ** （2. 49）
Market_C	—	—	0. 0029 （0. 13）
控制变量	控制	控制	控制
时间效应	控制	控制	控制
地区效应	控制	控制	控制
_cons	– 0. 6747 （ – 0. 75）	– 1. 4232 （ – 1. 18）	– 0. 6718 （ – 0. 75）
N	3171	3240	3171
R²	0. 0110	0. 4887	0. 0111

注：（1）括号中的为 t 值；（2） ＊ 、 ＊＊ 、 ＊＊＊ 分别表示在 10% 、 5% 、 1% 水平上显著；（3）所有回归均采用以地区为聚类变量的聚类稳健标准误；（4）篇幅所限，未列出控制变量结果。

首先，表 5 – 9 至表 5 – 11 中总效应模型的回归方程结果表明，整体上制造业与生产性服务业协同集聚对城市专利质量的影响为正，且在 10% 的水平上显著，说明二者协同集聚能够正向驱动提升城市专利质量。其次，表 5 – 9 与表 5 – 10 的中介检验模型显示，MPScoagg 在 Knowledge 与 Product 方程中的估计系数均为正且在 10% 的水平上显著，表明二者协同集聚对知识外部性溢出及分工深化产生了显著促进作用。与此同时，将对应的中介变量加入直接效应模型后，两个中介变量对应的估计系数在 10% 的水平上均显著为正。然而，在表 5 – 11 中介检验模型中，MPScoagg 在 Market 方程中的估计系数并不显著，表明对创新成果转化影响不明显，中介效应不显著。因此，机制检验表明知识外部溢出、分工深化在二者协同集聚提升城市专利质量的过程中存在部分中介作用，而创新成果转化加速的中介效应则并不理想，即假说 5 – 2 与假说 5 – 3 通过了实证检验，假说 5 – 4 并未通过检验。

从这一检验结果来看，相关变量的中介效应存在结构性差异。当前，制造业与生产性服务业协同集聚水平不断增强，拓展了知识、技术获取途径，促进了知识外部效应的溢出，相关地区进而能结合相关技术知识弥补研发能力的不足，提升专利质量水平。同时，二者的协同集聚有利于中间产品以及新产品部门的产生，在提高产品附加值、培养自主研发能力的驱动下，地区专利创新活动明显增加，专利质量水平也随之提高。然而，目前中国市场机制尚不完善，专利转化市场仍处于初步发展阶段，专利市场的交易、运营、成果转化及风险分担等机制不完善，保障专利创新活动的管理、法律、财务、融资和市场推广等环节不健全，通过专利成果转化加速提升城市专利质量的途径仍不清晰。未来应着力优化企业创新环境，完善创新成果转化市场，为提升专利质量畅通渠道。

3. 稳健性检验

为保证结果稳健，本书进行了多种稳健性检验。首先检验了双向因果及遗漏变量等内生性问题对回归结果的影响，并分别以 MPScoagg 滞后一期与滞后两期作为工具变量对式（5－11）回归。其次，动态面板模型在处理内生性上具有优势，同时在式（5－16）中考虑了滞后效应的存在，构建了加入被解释变量 Pindex 滞后一期的动态回归模型，分别采用差分 GMM 和系统 GMM 进行估计。

$$Pindex_{it} = \beta_0 + \beta_1 MPScoagg_{it} + \beta_2 Pindex_{i,t-1} + \beta x_{it} + \mu_i + \gamma_t + \varepsilon_{it} \quad (5-16)$$

此外，为反映产业协同集聚对城市专利质量的影响，本书将核心解释变量扩大范围，更改为第二产业、第三产业协同集聚指数 SECTHIcoagg，以验证产业间协同集聚是否能提升城市专利质量水平。最后，城市专利质量本质上是衡量城市创新能力水平的重要依据。除专利质量指数外，依据《中国城市和产业创新力报告 2017》，选择同样衡量城市创新能力的城市创新指数 Iindex 作为被解释变量回归，以确保在不同情况下，产业协同集聚确实有正向提升作用。结果如表 5－12 所示。

表 5－12　　　　　　　　　　　稳健性检验结果

被解释变量	Pindex					Iindex
核心解释变量	（1） IV—L1.	（2） IV—L2.	（3） Diff—GMM	（4） Sys—GMM	（5）第二产业、第三产业协同集聚	（6）城市创新指数
MPScoagg	0.3423 ** （2.04）	0.1476 ** （2.87）	0.1446 ** （3.48）	0.1564 *** （2.25）	—	4.1611 ** （2.30）
SECTHIcoagg	—	—	—	—	0.2217 ** （1.97）	—

续表

被解释变量	Pindex					Iindex
核心解释变量	(1) IV—L1.	(2) IV—L2.	(3) Diff—GMM	(4) Sys—GMM	(5)第二产业、第三产业协同集聚	(6)城市创新指数
Hausman 检验	8.04 (0.9656)	—	—	—	—	—
D – M 检验	—	1.1086 (0.2925)	—	—	—	—
AR1	—	—	0.0000	0.0000	—	—
AR2	—	—	0.1613	0.1155	—	—
AR3	—	—	0.7304	0.7214	—	—
控制变量	控制	控制	控制	控制	控制	控制
时间效应	控制	控制	不控制	不控制	控制	控制
地区效应	控制	控制	控制	控制	控制	控制
_cons	− 2.9141 *** (− 3.14)	− 0.6747 (− 0.96)	− 1.5602 * (− 1.94)	− 1.22096 ** (− 2.62)	− 0.7503 (− 0.79)	80.1874 * (1.89)
N	2907	2647	2615	2910	3171	3232
R²	0.0079	0.0110			0.0107	0.0983

注：列（1）、列（2）、列（5）的括号中为 t 值，列（3）、列（4）的括号中为 z 值；*、**、*** 分别表示在 10%、5%、1% 水平上显著；列（5）与列（6）回归采用以地区为聚类变量的聚类稳健标准误；篇幅所限，未列出控制变量结果。

在表 5 – 12 中，列（1）、列（2）内生性检验表明 MPScoagg 不存在明显内生性，同时 IV 回归结果显示核心解释变量依旧在 5% 水平上显著为正，表明在处理内生性后，制造业与生产性服务业协同集聚仍对城市专利质量水平存在正向提升作用。列（3）、列（4）中 AR（1）通过了检验，因此可使用动态 GMM 方法进行估计。无论是差分 GMM 还是动态 GMM，其估计结果都支持本书的基本结论。将核心解释变量更改为第二产业、第三产业协同集聚指数 SECTHIcoagg 后，列（5）显示在更大范围层面的产业协同集聚同样显著提升了城市专利质量水平，也说明制造业与生产性服务业协同集聚也具有促进作用。列（6）使用城市创新指数 Iindex 作为被解释变量回归，核心解释变量系数的方向仍没有发生改变，支持了本书关于制造业与生产性服务业协同集聚有利于城市专利质量提升这一基本结论。综上可知，假说 5 – 1 所验证的基本结论具有稳健性，即制造业与生产性服务业协同集聚能提升城市专利质量水平。

5.3.4 进一步分析

1. 单一产业集聚对城市专利质量的影响

采用式（5-14）分别测度制造业、生产性服务业单一集聚度 Magg、PSagg，采用双向固定效应估计单一产业集聚对城市专利质量的影响，并与协同集聚所产生的效应进行对比，剖析协同集聚所带来的专利质量提升作用，回归结果如表5-13所示。

表5-13　　　　单一产业集聚对城市专利质量影响的回归结果

被解释变量	Pindex	
核心解释变量	（1）制造业集聚	（2）生产性服务业集聚
Magg	0.2258** （2.81）	—
PSagg	—	-0.0580 （-0.61）
控制变量	控制	控制
时间效应	控制	控制
地区效应	控制	控制
_cons	-0.5842 （-0.66）	-0.3258 （-0.37）
N	3171	3171
R^2	0.0132	0.0084

注：（1）括号中的为 t 值；（2）*、**、*** 分别表示在10%、5%、1% 水平上显著；（3）所有回归均采用以地区为聚类变量的聚类稳健标准误；（4）篇幅所限，未列出控制变量结果。

表中结果显示，制造业集聚水平的提高对城市专利质量水平的提升明显，表明专利质量的提升需要以制造实体生产过程的专业化集聚作为基础。同时，生产性服务业的单一集聚并未对专利质量产生显著影响，这可能与当前其与专利发明、培育、产生价值本身的关联度仍不紧密有关。因此，生产性服务业需要为制造业生产过程中的专利需求创造良好环境与条件，协同集聚才能整体提升专利质量水平。此外，相比于产业协同集聚，当前制造业单一集聚对创新的影响更大。从这一结果可以看出，制造业与生产性服务业在非良性的相互影响下，将会给制造业带来"短期高利润导向"。在"鲶鱼效应"的冲击下，原有制造业转而从事短期效益高的活动。由于创新是一种高投入的活动，导致用于成果产出和研发环节的知识与资本将改投到其他领域。因此，"利润导向"对创新的挤出效应使目前协同集聚对创新的影响不高。更为深入地看，制造业与生产性服务业协同集聚的发展是不充分的，两者在产业融合中更多是"相互挤出"而非"相互促进"，制约了"1 + 1 > 2"的专利质量提升效应的发挥。

2. 地区异质性对城市专利质量的影响

为揭示作用效果的地区异质性，本书按照区域划分标准[①]及最新层级城市划分标准[②]，将全国所有地级市划分为东部、中部、西部城市的区域城市类型以及大、中小城市的层级城市类型，并对式（5 - 10）依次估计，分析不同区域位置、不同城市层级下的影响大小差异，如表 5 - 14 所示。区域异质性回归显示，东部地区制造业与生产性服务业协同集聚度（MPScoagg - E）显著提高了专利质量，且高于整体水平；中部地区（MPScoagg - M）次之，低于全国水平；西部地区（MPScoagg - W）目前仍不显著。层级异质性回归显示，相比于中小城市（MPScoagg - MS），大城市制造业与生产性服务业协同集聚度（MP-Scoagg - B）促进专利质量水平提升的作用更加凸显。综合回归结果看，发达地区与欠发达地区在协同集聚的专利质量提升效应上存在明显的地区差距，空间不平衡问题影响了整体专利质量水平的提升。差距的出现除了源于发达地区拥有更好的产业协同集聚基础外，更与地区的市场环境紧密相关。分税制改革后，政府政策工具对产业集聚的布局与演进的作用愈加明显，引导要素汇集本地区并促进产业集聚。然而在快速集聚产业规模时，企业却存在入驻门槛和标准不高、创新内生驱动力不强、不能与本地禀赋和比较优势高度耦合协同等诸多问题。因此，欠发达地区产业间的协同集聚并非完全内生于市场，而来自"有形

---

①　分类原则为：东部地区城市主要包括北京、天津、上海及河北、辽宁、吉林、黑龙江、山东、江苏、浙江、福建、广东、海南十省的地级市，中部地区城市包括内蒙古自治区、山西、河南、安徽、湖北、江西、湖南七省的地级市，西部地区城市主要包括重庆及四川、云南、贵州、陕西、甘肃、青海、新疆维吾尔自治区、宁夏回族自治区、广西壮族自治区的地级市。

②　参照《国务院关于调整城市规模划分标准的通知》，依据城区常住人口划分大、中、小城市类型。为便于研究，本书将大城市、特大城市与超大城市归并为大城市类型中。

的手"的强力干预，进而不利于创新促进作用的充分发挥。相反，发达地区拥有良好的市场环境，能够较好地约束政府权力，产业协同集聚的促进作用就会得以提升。因此，减少作用效应的空间不平衡，除了要着力提升欠发达地区产业协同集聚度，更应规范和约束地方政府行为，使市场在资源配置中起决定性作用。

表 5 – 14　　　　　　　　　　地区异质性回归结果

被解释变量	Pindex				
核心解释变量	（1）东部	（2）中部	（3）西部	（4）大城市	（5）中小城市
MPScoagg – E	0.1772 ** （2.30）	—	—	—	—
MPScoagg – M	—	0.1280 * （1.67）	—	—	—
MPScoagg – W	—	—	0.1620 （0.97）	—	—
MPScoagg – B	—	—	—	0.1999 * （1.81）	—
MPScoagg – MS	—	—	—	—	0.1139 * （1.66）
控制变量	控制	控制	控制	控制	控制
时间效应	控制	控制	控制	控制	控制
地区效应	控制	控制	控制	控制	控制
_cons	0.0427 （0.03）	– 3.4816 （– 1.43）	2.6158 （0.88）	1.3452 （0.71）	– 0.7170 （– 0.71）
N	1446	931	794	809	2362
R^2	0.0198	0.0233	0.0238	0.1583	0.0092

注：（1）括号中的为 t 值；（2）*、**、*** 分别表示在 10%、5%、1% 水平上显著；（3）所有回归均采用以地区为聚类变量的聚类稳健标准误；（4）篇幅所限，未列出控制变量结果。

3. 行业异质性

考虑到城市专利质量水平的提升也可能因制造业与生产性服务业中不同子行业的协同集聚度而存在差异，因此，按照上文对生产性服务业的行业划分标准，分别计算制造业与各子行业的协同集聚度，其中制造业与交通运输、仓储和邮

电业协同集聚度表示为 MTRcoagg，制造业与信息传输、计算机服务和软件业
协同集聚度表示为 MTELcoagg，制造业与批发零售贸易业协同集聚度表示为
MRETcoagg，制造业与金融业协同集聚度表示为 MFINcoagg，制造业与租赁和
商务服务业协同集聚度表示为 MLENcoagg，制造业与科研综合技术服务业协同
集聚度表示为 MRDcoagg，制造业与水利环境和公共设施管理业协同集聚度表
示为 MMANcoagg。逐个分析不同子行业协同集聚度对专利质量提升的差异，
行业异质性回归结果如表 5 - 15 所示。

表 5 - 15 行业异质性回归结果

被解释变量	Pindex						
核心解释变量	（1）	（2）	（3）	（4）	（5）	（6）	（7）
MTRcoagg	0.0382 （0.335）	—	—	—	—	—	—
MTELcoagg	—	- 0.0122 （ - 0.36）	—	—	—	—	—
MRETcoagg	—	—	- 0.0086 （ - 0.22）	—	—	—	—
MFINcoagg	—	—	—	0.1296 ** （2.18）	—	—	—
MLENcoagg	—	—	—	—	0.0353 （1.32）	—	—
MRDcoagg	—	—	—	—	—	0.0974 ** （2.06）	—
MMANcoagg	—	—	—	—	—	—	0.1334 ** （2.76）
控制变量	控制	控制	控制	控制	控制	控制	控制
时间效应	控制	控制	控制	控制	控制	控制	控制
地区效应	控制	控制	控制	控制	控制	控制	控制
_cons	- 0.4372 （ - 0.48）	- 1.2870 （ - 1.25）	- 0.3140 （ - 0.36）	- 0.5687 （ - 0.62）	- 1.3279 （ - 1.31）	- 0.5312 （ - 0.58）	- 1.3370 （ - 1.35）
N	3171	2910	3171	3171	2910	3171	2910
R^2	0.0086	0.0098	0.0082	0.0123	0.0105	0.0107	0.0158

注：（1）括号中的为 t 值；（2）* 、** 、*** 分别表示在 10%、5%、1% 水平上显著；（3）所有回归均采用以地区为聚类变量的聚类稳健标准误；（4）篇幅所限，未列出控制变量结果。

表中结果显示，制造业与金融业（MFINcoagg）、制造业与科研综合技术服务业（MRDcoagg）、制造业与水利环境和公共设施管理业（MMANcoagg）三个生产性服务业子行业的协同集聚度将显著提升城市专利质量。显然，这三个子行业与专利发明、培育与运营密切相关，关系着专利质量的基础科研环境、科技竞争实力、市场运营转化水平等方面，是未来需要与制造业紧密协同合作的重点关注方向。与此同时，制造业与其他生产性服务业子行业的协同集聚并未充分发挥专利提升效应，是协同集聚发展尚不充分的一个重要体现，也预示着并不是所有的制造业与生产性服务业协同集聚都有利于专利质量提升。由于生产性服务业各细分行业与制造业的协同集聚度存在差异，对城市创新经济的影响路径也不同，因此，产业协同集聚并不意味着面面俱到，应基于城市产业集聚发展的功能和战略目标的差异性进行思考，兼顾单一集聚与协同集聚效果。在适度布局单一产业集聚的同时，充分挖掘制造业与信息传输等知识密集型生产性服务业子行业的集聚潜力，以更好提升城市专利质量。

5.4 粤港澳大湾区城市群建设国际科技创新中心

《粤港澳大湾区发展规划纲要》明确了粤港澳大湾区具有全球影响力的国际科技创新中心的战略定位。粤港澳三地科技研发和科技成果转化能力突出，创新要素吸引力强，具备建设国际科技创新中心的良好基础。为建成具有全球影响力的国际科技创新中心，粤港澳大湾区必须瞄准世界科技和产业发展前沿，加强创新平台建设，加快形成以创新为主要动力和支撑的经济体系。同时，必须深化粤港澳创新合作，完善区域协同创新体系，构建开放型融合发展的区域协同创新共同体，优化创新制度和政策环境，着力提升科技成果转化能力，建设全球新兴产业重要策源地和综合性国家科学中心。

5.4.1 建成全球新兴产业重要策源地

瞄准世界科技和产业发展前沿、构建开放型区域协同创新共同体、打造高水平科技创新载体和平台、优化区域创新环境、建成全球科技创新高地和新兴产业重要策源地是粤港澳大湾区国际科技创新中心的重要组成部分。

1. 全球新兴产业策源地的内涵与特征

新兴产业是指通过新一代的技术创新来支撑并转化出现新的经济部门或行

业。全球公认的新兴产业策源地大多集聚于湾区。新兴产业策源地最直接的体现是大量变革式创业涌现、一批高成长"瞪羚"企业崛起以及在若干产业领域产生引领产业变革的"独角兽"企业,最重要的是在这个新的创业梯队与企业梯队下产生具有世界影响力和重大意义的新技术、新产业、新业态、新模式。

成为全球新兴产业策源地对一国或地区而言具有三方面的重大意义。一是掌握产业发展主导权。新兴产业策源地地区在该新兴产业分工中占据主导地位和产业链高端环节,掌握产业发展标准等话语权。二是抢占价值链高端。新兴产业策源地地区必然处于该产业价值链的高端环节,对该地区的经济发展与产业集群具有重要的推动作用。三是助力策源地地区成为全球科技创新中心。新兴产业与科技资源的匹配是全球科技创新中心的标志之一,因此新兴产业策源地是全球科技创新中心的重要载体。

世界知名新兴产业策源地往往具备以下六方面特征。一是产业生态系统良好。新兴产业策源地具备作为科技创新源泉的大学和科研机构,以及为创新者提供风险资本的金融体系、公共研发和技术平台。二是聚集大量高端创业人才。无论是产业发展还是科技创新本质上都是人才集聚,新兴产业策源地都是高端人才集聚区,在该地区高端人才能够自由流动,创业氛围良好。三是具有较强科技创新能力。科技创新是新兴产业的源泉,新兴产业发展需要基础科学支撑和技术创新推动,新兴产业优势地区都非常注重提升自身的科研水平和创新能力。四是具备信息产业的发展土壤。具体体现为由软件控制硬件、线上驱动线下、用互联网打破封闭、为先进制造业等基础产业提供智能科技、数据驱动的优越条件。五是具有完善的科技金融。任何经济活动都离不开金融机构的参与,在创业与新兴产业培育过程中更需要风险投资等金融的支持,为新兴产业的发展提供鲜活而富足的血液。六是具有卓越的平台经济。平台企业目前已成为产业组织创新的中枢,具有较强的平台衍生、产业组织、产业整合、产业带动能力。

2. 粤港澳大湾区建成全球新兴产业重要策源地的条件和瓶颈

粤港澳大湾区已具备成为全球新兴产业重要策源地的条件,主要体现在六个方面。一是具有雄厚的产业基础。粤港澳大湾区是中国乃至全球制造中心,产业体系完备,经济互补性强,具备成为全球新兴产业策源地的产业发展基础。二是具有较为丰富的创新要素。粤港澳三地科技研发、转化能力突出,拥有一批具有重要影响力的高校、科研院所、高新技术企业和国家大科学工程。三是具有浓厚的创业氛围。大湾区逐步成为全球创客中心,不断涌现改变世界的大企业，浓厚的创业氛围为成为全球新兴产业重要策源地提供了创业土壤。四是国际化水平领先。具体来看，香港是全球最自由经济体之一，澳门是世界旅游休闲中心，且中国与葡语国家商贸合作服务平台的作用不断强化，珠江三角洲九市是内地外向度最高的经济区域和对外开放的重要窗口。五是具有较为发达的科技金融。粤港澳大湾区集聚三大证券交易所、诸多银行、保险、证券等金融巨头，风险投资极为活跃，为打造全球新兴产业重要策源地提供了金融支撑。六是粤港澳合作机制不断完善。粤港澳正加快深度融合，着力推动大湾区建设框架协议在各领域的合作，已取得理论共识和实践进展。

粤港澳大湾区建成全球新兴产业重要策源地仍存在一些瓶颈和不足，主要体现在核心技术不足制约了新兴产业高度化进程、区域协同创新机制的缺乏导致高端创新要素聚集不足等。

3. 推动粤港澳大湾区建成全球新兴产业重要策源地策略

一是构建开放型区域协同创新共同体，集聚全球科技创新资源。加强科技创新合作，重点推进"广州—深圳—香港—澳门"科技创新走廊建设。围绕重点新兴产业领域，支持重大科技基础设施、科研机构和创新平台在大湾区的布局建设。加强产学研深度融合，支持粤港澳企业、高校、科研院所共建高水平的协同创新平台，推动科技成果转化。

二是打造高水平新兴科技创新载体和平台，加快建设一批共性技术研发和转化平台。加快推进大湾区重大科技基础设施、交叉研究平台和前沿学科建设，建设培育一批产业共性技术研发和转化平台、制造业创新中心和企业技术中心。支持中新广州知识城、横琴粤港澳合作中医科技产业园等重大创新载体建设，推进香港、澳门国家重点实验室（伙伴实验室）建设。

三是聚焦重点领域，实施一批引领产业发展的重大战略项目和基础工程。充分发挥企业主体作用，寻找与粤港澳大湾区产业与创新资源匹配的代表未来趋势的"风口"。在信息消费、高性能集成电路、新型显示、5G 和移动互联网、基因检测、现代中药、智能机器人、北斗卫星应用等重点领域培育一批重大产业项目。培育壮大新能源、新能源汽车等产业，形成以节能环保技术研发和总部基地为核心的产业集聚带。

四是加快构建支持新兴产业发展的开放创新创业生态圈。大力推动前沿新兴技术创业，发展科技型中小企业，进一步打造"创业苗圃—孵化器—加速器"育成链条。完善人才引进政策和"创业护航"政策，为技术成果转化提供最大便利。大力发展风险投资，提供专业、深度、全面的孵化商业服务。培育"瞪羚"企业和"独角兽"企业，制定针对潜在"独角兽"企业的个性化支持方案。通过大数据发现"瞪羚"企业和"独角兽"企业，寻找潜在的前沿创业企业，并将其引入粤港澳大湾区。

五是打造标志性的新兴产业价值创新园引领区。围绕重点战略新兴产业领域，面向全球聚集高端创新要素，以价值创新园引领区集聚新兴技术、创新企业、金融资源和高端人才，搭建公共研发和技术服务平台，集生产、生活、生态于一体，形成以创新为主要动力和支撑的现代化经济体系，以"瞪羚"企业和"独角兽"企业带动产业链不断完善，以较低成本形成新兴产业需要的产业生态系统。

六是大力发展平台经济，鼓励跨界融合。随着互联网与产业融合加深，应鼓励大企业通过研发众包、专业化孵化服务、服务平台开发、建立平台生态圈等方式进行平台化转型。产业跨界融合是产业生态化发展的根本动力，要以跨界融合为抓手培育"AI +""互联网 +""物联网 +""生物 +""区块链 +"等跨界融合新业态。

七是完善区域协同创新机制，完善新兴产业制度供给。积极打造宽严相济、界限清晰的监管机制，针对新兴产业在法律、伦理、科技等方面的监管制度要及时跟进。进一步放宽各种人才的准入门槛，让有创业创新激情的人才集聚，让创业者、投资家和企业家成为科技成果产业化的重要主体。加快构建市场导向的科技成果转移转化机制，强化知识产权保护和应用。明确各城市功能定位，建立区域利益协调和创新协同机制。全方位融入全球创新网络，完善科技创新开放合作机制。

5.4.2　建设综合性国家科学中心

加快建设综合性国家科学中心，是粤港澳大湾区加强科技创新合作、加强创新基础能力建设、加强跨境产学研深度融合的重要抓手，有利于提升科技成果转化能力，建成具有全球影响力的国际科技创新中心。

1. 综合性国家科学中心是探索跨境产学研合作的重要抓手

综合性国家科学中心是指经国家法定程序批准设立的，依托重大科技基础设施群，支持基础科学研究、重大技术研发和促进技术产业化的大型开放式研发基地，这对于粤港澳大湾区抢占全球科技创新高地具有重要意义。一是有利于提高大湾区基础性研究和原始创新能力。建设粤港澳大湾区综合性国家科学中心将聚集一流科技人才，突破一批重大科学难题和前沿科技瓶颈，有利于提升大湾区在国际科技竞争中的话语权和主导权。二是有利于推进广深港澳科技创新走廊建设和跨境产学研合作。有助于港澳地区人才、资本、信息、技术等创新要素跨境流动，以产业创新牵引技术创新，带动科学研究，超前引领和辐射带动周边区域乃至全国、全球科技创新活动和产业的发展。三是有利于打通粤港澳三地科技成果转化和产业化链条。综合性国家科学中心集聚着粤港澳多方优势资源，构建以科学研究和技术创新为主、以生产制造为辅的全链条式创新体系，有助于打通粤港澳三地科技成果转化和产业化链条，利于推动经济持续健康增长。

2. 粤港澳大湾区具备建设综合性国家科学中心的基本条件

综合性国家科学中心是以大科学设施为基础支撑，聚集诸多创新要素，开展基础研究、原始创新的开放型科研创新体系，具有基础性、综合性、开放性的特征，对全球科学技术创新具有示范引领和辐射带动作用。

粤港澳大湾区拥有一批科学基础设施及创新资源。一是大科学工程体系逐步健全。全国六个国家超级计算中心中的两个分别位于广州和深圳，中国（东莞）散裂中子源科学中心于2018年8月正式投入运营，包括江门中微子实验室、惠州加速器驱动嬗变系统研究装置和惠州强流重离子加速器装置等重大基础设施也将陆续投入使用。此外，中山大学牵头的"天琴计划"、深圳参与的"未来网络实验设施"等都被纳入国家重大科技基础设施项目。二是重点学科优势突出。粤港澳大湾区拥有各类高等院校170多所，广州的5所大学入选"双一流"大学，香港的5所大学进入世界100强，计算机、电子信息、土木工程、医学学科实力较强。三是科技创新平台广阔。粤港澳大湾区拥有40余家国家重点实验室（伙伴实验室）、200余家省重点实验室和一批企业重点实验室，创新资源丰富。

粤港澳大湾区建设综合性国家科学中心还存在一些不足。一是重大科技基础设施不足。中国已经建成大科学装置22个，大多分布于北京、上海、合肥等区域。粤港澳大湾区与三大湾区和北京、上海等地相比，重大科技基础设施密度和系统性还有待加强。二是高水平科研人才不足。粤港澳大湾区依托知名院校吸引了一批优秀创新人才、团队，但与世界三大湾区相比还存在一定差距。除了香港和澳门，珠江三角洲九市的国际人才比例比较低，国际科研活动还不够多。三是基础性科技创新实力仍有待提升。2018年广东省综合创新能力全国第一，而知识创造能力则排名第四，科研论文综合指标名次不高。珠江三角洲九市虽集聚着较多院校，但综合实力相比于北京、上海、武汉等地区较弱。

3. 以推进建设综合性国家科学中心为抓手，形成跨境产学研合作的八大机制

一是粤港澳优势互补、分工合作，探索共建综合性国家科学中心城市协同创新合作框架。粤港澳三地均有一流大学、科研人员和重大科学装置及产业基础，应明确定位、合理分工，深刻认识到只有合作才能建成综合性国家科学中心，需要建立各城市协同创新合作框架，打造"源头创新—技术开发—成果转化—新兴产业"的完整链条。

二是合理使用重大科技基础设施，共建跨境高水平协同创新平台。重点面向新技术新科技重大领域，加快布局建设一批大科学装置和国家重点实验室，多主体合作搭建中试基地和高水平协同创新平台。

三是市场主导自愿组合，探索粤港澳产学研创新联盟运行机制。发挥国家科技计划、粤港澳科技创新合作发展计划和粤港澳联合创新资助计划的资源配置手段，深度融合产业链和创新链，完善粤港澳产学研创新联盟运行机制。

四是创新要素跨境便捷流动，探索粤港澳跨境产学研合作模式。制度创新促进创新要素跨境流动和区域融通，探索企业主导、院校协作、多元投资、成果分享的跨境产学研合作模式。

五是强化企业创新主导作用，完善国际化新兴产业策源机制。充分利用综合性国家科学中心的完整产业创新链条，完善粤港澳跨境创新创业合作机制，大力发展新技术、新产业、新业态、新模式。

六是加强创新基础能力建设，建立跨境高效研发组织体系。加强一流高校一流学科建设及合作交流，实施重大科研项目三地共同招标制度，打造重点团队和重点实验室，打造"粤港澳一小时学术圈"。支持高校创新创业教育，把港澳科教优势转化为湾区科技创新能力。

七是推进创新人才高地建设，探索粤港澳跨境引智机制。粤港澳大湾区需要形成更加精准、更具竞争力的人才政策优势，在全球遴选和发掘前沿领域的战略科学家、科技领军人才、领航型创新型企业家及一大批高质量科技技能人才。聘请"招才大使"，探索更具引才力度的"粤港澳大湾区绿卡"制度。

八是全面深化创新改革试验，探索粤港澳跨境科技成果转化机制。建设综合性国家科学中心的一个重要任务就是要形成促进人才、金融及大装置、大平台、大学等创新要素高效发挥作用的体制机制和成果转化机制。粤港澳大湾区要在创业孵化、科技金融、成果转化、国际技术转让、科技服务业开展深度合作。

5.5　本章小结

作为双循环新发展格局的主战场，城市群亟待提高创新能力以实现高质量发展。相比非城市群地区，城市群表现出创新活动高度集聚和制造业与生产性服务业协同集聚的明显特征，同时城市群城市也是国家知识产权保护试点城市政策的重点实施对象，城市群创新能力的发展是城市群高质量发展的必由之路。本章首先从集聚效应与选择效应两方面剖析了城市群与非城市群地区的创新差距来源，其次测度了城市专利质量水平与制造业与生产性服务业协同集聚度，实证检验产业协同集聚对城市专利质量提升的作用大小、机制途径及异质性影响，最后探究了粤港澳大湾区城市群建设的路径，得出如下结论。

第一，2006～2015 年，相比非城市群地区，城市群的创新优势主要来源有两个：一是高创新能力企业的集聚效应，城市群集聚了大量中等及以下创新能力的企业，但其从城市群中获益的程度并不大，随着时间推移，高创新能力企业从集聚效应中的获益程度在逐渐下降，低创新能力企业的获益程度在增加；二是选择效应，尤其是高创新能力企业的主动选择效应，但城市群通过市场竞争机制对企业创新能力进行筛选的作用并不强，市场竞争机制仍有待完善。

第二，制造业与生产性服务业协同集聚能显著提升城市专利质量水平，产业协同集聚是提升地区创新能力的空间前提条件。对主要影响机制的探讨表明，知识外部性溢出与分工深化是导致城市专利质量提升的主要中介渠道，二者协同集聚和良性互动会促进知识流动溢出，从而形成"双轮驱动"的提升效应。然而，由于中国专利交易市场的不成熟，创新成果转化加速的作用机制仍不明显。进一步分地区、分行业异质性的研究结果表明，相比于欠发达地区，发达地区协同集聚对城市专利质量的促进作用更加明显。

第三，粤港澳大湾区是中国最具国际性的世界级城市群，要充分利用各自优势，通过建设新兴产业重要策源地和综合性国家科学中心，构建开放型区域协同创新共同体，打造高水平科技创新载体和平台，从而建成国际科技创新中心。

第6章　城市群城市竞合行为的现状情形与效应分析

本章讨论城市群竞争合作问题。以珠三角城市群为例，构建珠三角城市群的城市竞争力评价指标体系，运用D—S模型在动态过程中反映城市间的竞争合作关系，探讨城市群政府跨区域协同合作治理关系；以2008年珠三角城市群扩容为研究对象，运用合成控制法实证分析区域扩容对新进地区的经济增长效应，结合数据结果检验影响机制。

6.1　引　　言

6.1.1　问题提出

2022年《中共中央　国务院关于加快建设全国统一大市场的意见》明确要求破除地方保护和区域壁垒，促进商品要素资源在更大范围内畅通流动，加快建设高效规范、公平竞争、充分开放的全国统一大市场。在全球贸易摩擦加剧、贸易保护主义抬头以及国内人力资本和全要素生产率增速双重下降的背景下，中国经济的持续高质量发展越来越需要借助国内市场的统一以充分发挥大国规模经济优势（陆铭和陈钊，2009）。尽管目前对关于中国市场是趋于整合还是分割程度在加剧的问题尚无统一的意见，但都不否认中国经济增长存在明显"以邻为壑"的特征（银温泉和才婉茹，2001）。2019年《推动形成优势互补高质量发展的区域经济布局》指出，中心城市和城市群正在成为承载发展要素的主要空间形式。这意味着下一阶段的经济发展要进一步以中心城市、都市圈和城市群为主要空间载体，通过逐步打破、消除地方市场分割，允许生产要素自由充分地跨地区再配置，在城市间形成有效的分工体系，进而形成优势互补、高质量发展的区域经济布局，从而实现经济高质量发展。城市群区域协调一体化对实现中国经济持续发展的重要性被政府和学术界所关注。

在城市群区域协调一体化的过程中，城市间经济竞争日益加剧，政府的作用不容忽视，城市竞合的丰富实践激发了学界的研究兴趣。竞争与合作是区域经济互动的两个方面，城市间的合理竞争有利于激发城市创新动力，促进经济快速增长；而合作则能促进城市间优势互补，协同发展。

中国由"行政区经济"向"一体化经济"稳步推进，区域扩容是受区域竞合行为驱使下的一个重要行为体现，近年来长三角地区、珠三角地区以及众多单一城市都已先后经历了扩容提质的过程。作为城市群内部城市竞争与合作的一个重要体现，区域扩容是指在原有区域领域的基础上，区域间个体选择以联合或扩展的方式使区域领域再次扩大，目的是希望通过打破原位地区与新进地区之间的市场和行政壁垒，加强市场联系，形成合理的分工格局，达到"$1+1>2$"的效果（徐现祥和李郇，2005）。一般而言，区域扩容由区域经济增长极向外围扩展，其产生的影响覆盖新进地区、原位地区以及整体地区。然而，与原位地区相比，新进地区的经济发展水平相对更低，尽管加入区域后能够享受更大范围的分工效应和规模经济效应从而促进地区的经济增长，但扩容也有可能加快新进地区的生产要素向原位地区转移的速度，即原位地区对新进地区的虹吸效应超过溢出效应，不利于新进地区的经济增长（刘乃全和吴友，2017），导致区域整体竞争力未能如预期般提升。扩容后新进地区能否获得更好的发展直接影响原位地区的经济利益，也关系到地区后续的扩容速度（王全忠和彭长生，2018）。

珠江三角洲城市群（以下简称珠三角）是中国人口集聚最多、创新能力最强、综合实力最强的三大城市群之一，在国家发展大局中具有重要战略地位，探索珠三角城市群内部城市间的竞争合作状态，对于城市群建设规划具有重要的现实意义。与其他城市群不同，地处同一省份的珠三角城市群经历稳步扩容的过程。1994年10月，广东省委提出建设珠江三角洲经济区，"珠三角"概念首次正式提出。之后广东着手编制全国首个城市群发展规划，此时珠三角范围包括广州、深圳、佛山、东莞、中山、珠海、江门共7个城市以及肇庆市与惠州市部分地区。2008年国务院下发《珠江三角洲地区改革发展规划纲要（2008~2020）》（以下简称《纲要》），正式认定肇庆市与惠州市加入珠三角，珠三角扩容至9个城市，其区域一体化战略正式上升为国家战略。首次扩容后，围绕着基础设施、产业布局、城乡规划及公共服务等领域，各级政府均出台指导文件及实施相应政策以推进一体化：2010年《珠江三角洲产业布局一体化规划（2009~2020年）》发布，详细统筹区域内产业发展规划、定位和重点，提出将珠三角建设成为核心竞争力强、高端产业集聚的现代产业示范区的目标；2015 年，珠三角国家自主创新示范区正式获得国务院批复，珠三角将建设成中国开放创新先行区与国际一流的创新创业中心。珠三角扩容后，肇庆市与惠州市加快推动制定当年度市级重点工作任务文件，涉及要素市场壁垒的破除、产品市场的对接统一、产业的分工布局与产业转移等方面。伴随泛珠江三角洲地区的稳步发展以及粤港澳大湾区城市群发展规划布局，未来这些城市间将走向更深的有机融合，助力中国经济增长。因此，珠三角作为中国经济增长引擎之一，内部城市间竞合行为影响、扩容对新进城市的经济增长效应问题均值得探讨。

综上所述，区域经济将形成以中心城市、都市圈和城市群为主要载体的区域发展格局，通过加强合作、避免恶性竞争、提升总体竞争力的途径推动城市群协调一体化的实现。在此背景下，城市群内部城市间的竞合行为如何判定、区域扩容作为区域竞合行为的集中展现能否促进新进地区的经济增长、扩容后如何影响新进地区的经济增长等相关问题值得研究。

6.1.2　文献综述

1. 竞合理论

（1）竞合关系。布兰德伯格和纳尔波夫（Brandenburger and Nalebuff，1997）提出一个既可参与竞争机制也可改变竞争环境的竞合理论框架，为中国当前时代背景下有关城市群竞合问题的研究提供理论依托。廖远涛等（2004）构建新城市竞争力层次模型，从社会、经济、环境三个方面评估城市竞争力绩效，得出在促进城市竞争力方面的协同作用。内涵上，竞合理论强调竞合关系应是共同合作竞争的博弈关系，而非竞争与合作的简单组合。城市群竞合关系研究在上述基础上，进一步强调了城市之间谋求共赢、共同发展的理念（冯德显等，2005；安虎森和邹璇，2007）。在影响城市群竞合程度与表现因素的探讨中，相关学者大多从城市实力与地位差异、行政地理分割、观念与利益分歧等方面进行论述（冯德显等，2005；柳士双，2011），包括政治、经济、地理、文化等多个方面。针对影响因素，提升城市群良好竞合关系的途径多围绕"统筹协调机制"与"意识观念"，强调了政府在城市群协调中的引领作用（刘江会和董雯，2016）。实证检验中，通过构建指标体系研究考虑竞争关系成果较多（程玉鸿和程灵云，2014），而基于竞合关系视角，多利用空间计量方法或指标体系构建分析竞争合作关系，通过数据支撑检验理论上的路径可行性（王姣娥和胡浩，2013；胡艳等，2018）。

（2）博弈论方法的运用。朱英明（2008）基于信号博弈，发现协作知识积累水平和协作意愿的提高有利于城市群一体化进程。王慧和高广达（2013）综合运用古诺模型、斯塔克伯格模型和智猪模型分析海西经济区中厦门与平潭的博弈关系。许源源（2012）使用囚徒困境和重复博弈模型分析城市群间各城市主体的合作与冲突，发现城市间无限次进行博弈行为，而且博弈地位与最大收益是导致参与主体选择相异策略的主要原因。彭艳之等（2010）与谢宝剑（2016）从演化博弈模型入手，对区域合作的过程和可能合作情形进行假设并研究城市网络间竞合的内在机理，认为如果合作的成本小于单个主体合作收益且有协商的惩罚成本，城市间合作将会成为城市群内部演化的必然趋势。

（3）府际协调理论。王一（2014）认为区域治理的实践表现丰富，包含跨行政区域治理层面以及治理框架层面。崔晶和孙伟（2014）认为新区域主义主张通过谈判推动各层级部门间的协作，这对于中国当前城市群的地方政府来说显得尤为重要。吕丽娜和赵小燕（2017）认为府际合作治理是基于垂直等级制结构和水平自组织网络间的相互作用而发展出的一种新治理模式，有效回应了中国城市群治理的困境。李金龙和王敏（2010）认为府际治理代表整体性治理，符合城市群内府际关系协调的价值取向、治理结构和运行机制。李伟和夏卫红（2011）从价值理念、组织机制等方面构建了城市群府际治理模式，柳建文（2017）通过区域治理框架分析了中国区域间组织关系。锁利铭（2018）利用四川省324条府际协议数据，阐明该区域协作关系转入升级阶段，协作机制进入非正式阶段。

（4）其他理论。锁利铭等（2018）提出制度性集体行动框架（ICA），作为个体行为与治理结构间的模型，弥补了现有区域协作治理研究框架和方法上的不足。余军华与吕丽娜（2015）认为自组织方式是城市群实现区域合作的主要机制，这种碎片化治理并不利于区域一体化。王健等（2004）阐释复合行政理论，在跨区治理上强调非政府组织的参与，而不是通过传统的行政区划调整的方式。靳景玉与刘朝明（2004）认为城市联盟通过促进资源的合理配置实现多赢，是城市群良好的组织形式，并运用经济学理论对城市联盟这种新型超边界组织的运行机制、合作动力进行分析。

2. 城市竞合现状与成因

关于城市间竞争合作的本质与成因，学者们各抒己见。苗长虹和张建伟（2012）认为城市间的竞争合作本质上是为了分享动态的集聚经济和协同效应。陈抗和郁明华（2006）的研究发现在城市发展的不同阶段，城市中心地区与边缘地区的竞争合作关系表现出不同的特征，大致可分为对立竞争阶段、错位竞争阶段与合作竞争阶段。秦立春和傅晓华（2013）从生态位理论研究城市群的发展过程，认为城市生态位即某个城市在所属环境中的功能位置，若某个时点两个城市在所属环境中处于同一生态位，则会产生资源的争夺；若处于不同的生态位，则能够实现共生。柳士双（2011）认为影响中国城市群竞合行为的主要因素包括行政区经济、政绩考核不健全等方面。

同时，为判断城市间竞争合作现状与影响，以往的研究提供了很多思路与方法。第一，欧氏距离。张磊和张明龙（2003）、张亚明等（2012）利用多元统计分析中的欧氏距离法测算城市间各项经济指标的差异性，从而判断城际关系。欧式距离法的主要缺陷在于，一方面，我们无法证明这种差异是初始阶段就存在还是在发展过程中演化形成的；另一方面，即使城市间竞争力指标相似也不能断定其是竞争的，只能说存在竞争的可能性较大。第二，博弈论。彭艳芝和费小燕（2011）、王慧和高广达（2013）等学者运用演化博弈理论对城市竞争合作决策进行分析，认为影响城市间竞争与合作的关键因素在于合作产生的额外收益是否能够高于竞争产生的额外收益。尽管博弈论能够在一定程度上剖析城市间竞争合作的机理与影响因素，但其推理过程停留在理论层面，缺少定量测度。第三，晋升模型。赵曦和司林杰（2013）、胡艳等（2018）构建了城市群晋升博弈模型，并利用竞争、合作关系对城市发展水平影响因素进行了计量分析。晋升模型尽管是定量分析方法，但其仅能研究城市竞争与合作对城市发展造成的影响，不能对现状进行判断。第四，D—S 模型，基于地区生产总值、城市竞争力等数据对城市群内部城市之间的竞争合作关系进行实证研究。该方法可以通过多年的时间序列得到城市间的竞争合作关系（朱列和聂春丽，2015）。

3. 城市群内部城市协调发展

针对目前城市群协调发展的困境，在处理好政府与市场关系、央地关系以及城市群内部城市之间关系上，众多学者如曹海军和霍伟桦（2014）、锁利铭（2016）、王佃利等（2015）等提出了有针对性的治理机制和一体化合作方式，主要包括以下五个方面。第一，调整央地关系，设计区域公共财政体制，完善地方政府及官员绩效考核制度。中央层面可设立指导城市群发展的协调机构。建立平等互信的对话机制，制定合理的规则及行动程序。深化财税管理体制改革，使地方政府做到财权事权统一。完善地方政府及官员绩效考核制度，构建网络治理目标导向的考核系统。第二，设立区域委员会，搭建区域合作平台，打造区域大都市联盟。建立城市群层面跨区域合作协调机构，如区域委员会。其职责主要是进行长期规划、实施区域政策，协调区域经济矛盾和城市群内的经济利益，促进城市群形成合理的结构体系。第三，制定有约束力的区域协作规则与利益分配机制，提供法律制度保障。明确区域城市功能定位与产业分工合作的途径，划分合作性和竞争性目标体系。合理界定每个行政区城市的"独立发展目标"与城市群合作区的"协同发展目标"。建立冲突调解部门，完善行政协议制度。制定和完善配套的区域合作法律法规，平衡利益冲突，保障合作共赢。第四，打造服务型政府，推进政府、市场与社会组织的多元协作。政府职能转变是城市群治理的现实抓手，要深入转变政府职能，推进行政体制改革。同时，非政府组织也是区域合作不可忽视的重要主体。第五，推动基础设施、公共服务、生态环保一体化，推动要素区域内便捷流动。推进区域城际交通设施建设，特别是交通系统和通信系统的完善，加强道路衔接共建共享。推进城区接壤地区对接、生态环境共治，加快完善区域资源保护合作机制。

4. 区域扩容

针对区域扩容对地区经济增长效应的研究，国外已有研究关注欧盟扩容对整体地区经济增长的影响以及横向比较新进地区与原位地区的经济增长效应的差异性（Tzeremes and Halkos，2009；Elsner，2013），总体上都认为欧盟扩容促进了整体和新进地区的经济效果，但对原位地区的经济影响并没有达成共识。在国内，研究对象主要分为城市扩容和城市群扩容两类。对于城市扩容，学者们主要考察"撤县（市）建区"对行政区的影响，基本认为撤县设区能促进区域经济增长（王贤彬和谢小平，2012；唐为和王媛，2015）。对于城市群扩容，国内学者主要针对长三角扩容展开研究，如刘乃全和吴友（2017）运用合成控制法分析2010年长三角城市群扩容对区域经济增长的影响，发现扩容促进了整体地区、新进城市、原有城市的经济增长，并且对新进城市的经济增长促进效应比原位城市更加明显。王全忠和彭长生（2018）也以长三角为例，但更关注长三角城市群对周边城市的影响，通过构建空间计量模型对1997~2014年长三角城市群的34个地级市进行研究，发现加入城市群对周边城市的经济增长的拉动效应不及预期。仅有小部分学者如周天芸和黄亮（2012）、毛艳华和杨思维（2017）关注珠三角扩容，但仍处于经济效应理论阐述与定性分析阶段。

针对扩容对经济增长的内在作用机制的研究，国外学者分别从降低交易成本、加快人员流动与促进区域共同治理等方面分析欧盟扩容对地区经济增长的影响机理。国内学者侯赟慧等（2009）、吴俊和杨青（2015）分别从社会网络、企业跨区联系、边界效应等角度分析了影响机制。刘乃全和吴友（2017）则从产业分工机制、市场统一机制、经济联系机制三个方面对长三角扩容对地区经济增长的作用机制进行了实证检验，发现扩容通过前两种机制促进了整体、原有城市以及新进城市的经济增长，但扩容也会对新进城市的生产要素产生虹吸效应，在一定程度上不利于新进城市的经济增长。

5. 文献评述

通过对文献的梳理及回顾可知，国内外学者们对城市竞合行为以及区域扩容的经济增长效应与影响机理的研究已取得了一定的进展，但也存在以下不足之处。

第一，在研究对象上，在已有关于城市群竞合行为及区域扩容的分析中，多以欧盟、长三角为研究对象，而对中国其他区域如珠三角地区的关注甚少。长三角、珠三角二者的发展条件和水平存在差异（张涛和张若雪，2009），长三角的经验规律是否适用于珠三角地区、粤港澳大湾区在未来建设中如何协调处理城市间关系、纳入的新城市如何更快融入一体化发展，均值得研究。

第二，在研究方法上，现有研究较少使用 D—S 模型分析城市群内部城市竞合行为，同时合成控制法应用在区域扩容经济增长效应的定量研究仍较少。目前研究主要采用定性分析、简单描述统计、引力模型等表征城市间的竞合力，但并不够全面详细。此外，进行扩容影响分析时，常采用双重差分法研究经济作用效应。然而，双重差分法研究主要针对整体效应大小，即使关注新进地区也仍以分析平均效应为主，难以展现新进地区短期内可能面对的负面冲击，而合成控制法的优势在于可针对每个处理组地区进行逐个分析，为度过扩容的阵痛期提供更有针对性的意见。

第三，在研究理论上，针对区域扩容对新进地区产生增长效应的原因，目前学界结合要素集聚、产业联系等因素分析，缺少系统的解释框架。此外，由于结论缺少对短期内存在负向效应的关注，故对增长效应的动态变化也有待解释。因此提出较为合理的机制框架有助于认识区域扩容带来增长效应的一般规律。

6.2　D—S 模型竞合现状分析：以珠三角城市群为例

6.2.1　研究设计

1. 模型脉络

国外广泛运用的 D—S 模型可以在动态过程中反映城市之间的竞争合作关系。它的基本思想可概括为：假定一个区域由若干个独立的子区域组成，若一个子区域份额增加会使另一个子区域份额减少，则认为这两个子区域之间存在竞争关系。同理可得，若一个子区域份额增加使得另一个子区域份额也随之增加，则认为这两个子区域之间存在合作关系。D—S 模型与传统研究城际关系所采取的空间计量学方法有所不同，它不需要构建空间权重矩阵反映区域间的关联程度，而是基于地区生产总值、城市竞争力等动态数据得出结论。

D—S 模型由丹迪诺斯和索尼斯（Dendrinos and Sonis，1988）提出，逐渐从人口问题研究转变应用于国家或地区间的经济发展竞争合作研究（Nazara et al.，2006）。相比之下，国内对 D—S 模型的研究起步较晚，相关文献较少，而且大多是研究城市之间的竞争合作关系。朱列（2008）运用 D—S 模型分析广西五大经济区间的竞争互补关系，任再萍等（2016）基于地区生产总值研究了自贸区成立对区域协同互补性的影响。现有研究的不足之处在于，使用了地区生产总值、专利授权量、三次产业产值等单一指标进行测度，而城市间的竞争合作是一个复杂的决策行为，单一指标不够全面且缺乏说服力。因此，本书在此基础上进行改进，参考程玉鸿和汪良伟（2018）的做法，构建复合指标加以测度。

2. 模型设定

令 $y_i(t)$ 表示 t 时期城市 i 的综合实力在所处城市群总额中所占的比重。若这个城市群由 n 个城市组成，则每个城市 GDP 占比的分布函数可以表示为：

$$Y(t) = \{y_1(t),\ y_2(t),\ y_3(t),\ \cdots,\ y_n(t)\},$$
$$i=1,\ 2,\ 3,\ \cdots,\ n;\ t=1,\ 2,\ 3,\ \cdots,\ T \qquad (6-1)$$

将式（6-1）视为一个描述分布的离散动态模型（Nazara et al.，2006），可以得到其动态特征：

$$y_i(t+1) = \frac{F_i[y(t)]}{\sum\limits_{j=1}^{n} F_j[y(t)]}, \quad i, j = 1, 2, \cdots, n; \; t = 1, 2, \cdots, T \quad (6-2)$$

式（6-2）中，$0 < y_i(t) < 1$，$\sum\limits_{i=1}^{n} y_i(t) = 1$，$F_i[y_i(t)]$ 为正定函数，恒大于 0。它表示 t 时期城市 i 在所处城市群中的比较优势。选择某一个城市作为分母，记作城市 1，现有研究通常是选择最发达或最落后的城市作为分母，也有少数学者采用均值作为分母。将城市 1 作为参考城市，其他城市的观测值可以表示如下：

$$G_j[y(t)] = \frac{F_j[y(t)]}{F_1[y(t)]}, \quad j = 2, 3, \cdots, n \quad (6-3)$$

由于有：

$$y_i(t+1) = \frac{F_i[y(t)]}{\sum\limits_{j=1}^{n} F_j[y(t)]} = \frac{F_i[y(t)]/F_i[y(t)]}{\sum\limits_{j=1}^{n} F_j[y(t)]/F_i[y(t)]}$$

$$= \frac{1}{\sum\limits_{j=1}^{n} \{G_j[y(t)] * F_1[y(t)]\}/F_i[y(t)]}$$

故式（6-2）可以变形为：

$$\begin{cases} y_1(t+1) = \dfrac{1}{1 + \sum\limits_{j=2}^{n} G_j[y(t)]}, \quad j = 2, 3, \cdots, n \\ y_j(t+1) = y_1(t+1) G_j[y(t)] \end{cases} \quad (6-4)$$

根据丹迪诺斯和索尼斯的研究，G 被定义为柯布道格拉斯 C-D 函数形式，如式（6-5）所示：

$$G_j[y(0)] = A_j \Pi_{k=1}^{n} y_k^{a_{jk}}(t), \quad j = 2, 3, \cdots, n; \; k = 1, 2, \cdots, n \quad (6-5)$$

式（6-5）中，$A_j > 0$ 表示 j 城市在 t 时期的区位优势，对其进行对数化处理，得到式（6-6）：

$$\ln G_j[y(t)] = \ln A + \sum\limits_{k=1}^{n} a_{jk} \ln y_k(t), \quad j = 2, 3, \cdots, n; \; k = 1, 2, \cdots, n$$

$$(6-6)$$

由式（6-3）可得式（6-7）：

$$\ln G_j[y(t)] = \ln F_j[y(t)] - \ln F_1[y(t)], \quad j = 2, 3, \cdots, n \quad (6-7)$$

因此，式（6-6）可进一步简化为式（6-8）。

$$\ln y_j(t+1) - \ln y_1(t+1) = \ln A_j + \sum_{k=1}^{n} a_{jk} \ln y_k(t)$$

$$j=2, 3, \cdots, n; \ k=1, 2, \cdots, n \qquad (6-8)$$

式（6-8）即 D—S 模型方程。其中，$y_i(t+1)$ 为 $t+1$ 期城市 i 的综合实力在所处城市群总额中所占的比重；系数 a_{jk} 为弹性系数。当弹性系数 a_{jk} 为正时，城市 k 的份额每增长 1 个百分点，城市 j 的份额就会相应下降 1 个百分点，此时二者为竞争关系；当弹性系数 a_{jk} 为负时，城市 k 的份额每增长 1 个百分点，城市 j 的份额也会随之上升 1 个百分点，此时二者为合作关系。

式（6-8）可用似不相关回归（SUR）法进行估计，相比于最小二乘法（OLS），SUR 法并不要求方程间的残差相关性为 0，即 i 地区方程与 j 地区方程残差可以相关，这更符合现实数据的基本情形，估计将更为准确。

3. 变量选择与数据说明

本章构建了珠三角城市群的城市竞争力评价指标体系，并基于此对城市间的竞争合作现状进行判断。鉴于 21 世纪以来珠三角城市群基于土地、劳动力价格优势的要素驱动型经济增长模式发生了深刻变化，本章的考察时间段为 2000～2019 年。如表 6-1 所示，城市竞争力指标由经济增长、产业结构、生产要素和基础设施 4 个一级指标和 12 个二级指标构成，数据均来源于《广东统计年鉴》。通过对各指标进行归一化处理与加权平均计算，可以得到 2000～2019 年珠三角九市的城市竞争力指标。

表 6-1　　　　　　　　　　城市竞争力评价指标体系

一级指标	二级指标	单位
经济增长	地区生产总值	万元
	地区生产总值增速	%
	人均地区生产总值	元
	地均地区生产总值	万元/平方公里
产业结构	第二产业占比	%
	第三产业占比	%

续表

一级指标	二级指标	单位
生产要素	年末单位从业人员数	万人
	固定资产投资总额	万元
	R&D 经费投入	万元
	当年实际使用外资金额	万美元
基础设施	医生数	人
	大中小学教师数	人

资料来源：笔者自制。

如表 6 - 2 所示，2000 ～ 2019 年珠三角九市的竞争力排名较为稳定，广州、深圳、佛山、东莞的竞争力较强，其他城市则竞争力较弱，其中肇庆的竞争力始终处于区域最低水平，故本书将其作为对照城市。广州与深圳作为珠三角的核心城市，城市竞争力大幅领先于其余城市，近年竞争力得分均高于0.60，2013 年以前，广州的竞争力得分高于深圳，是广东九市中的"排头兵"，而 2013 年之后，深圳逐渐超越广州，成为后起之秀。总体而言，2000 ～ 2019 年珠三角九市竞争力形成了明显的梯次布局，广州、深圳为第一集团；佛山、东莞为第二集团；其他城市为第三集团，后续对实证结果的分析也可从此维度出发进行深入探讨。

表 6 - 2　　　　　　　　　**2000 ～ 2019 年珠三角城市竞争力**

年份	广州	深圳	佛山	东莞	惠州	中山	珠海	江门	肇庆
2000	0.2526	0.2074	0.1509	0.1331	0.1177	0.1171	0.1298	0.1233	0.1007
2001	0.2604	0.2251	0.1538	0.1377	0.1376	0.1230	0.1285	0.1234	0.1091
2002	0.2579	0.2185	0.1502	0.1453	0.1221	0.1246	0.1260	0.1225	0.0826
2003	0.2792	0.2478	0.1789	0.1780	0.1360	0.1383	0.1408	0.1291	0.0773
2004	0.2913	0.2553	0.1830	0.1777	0.1338	0.1405	0.1389	0.1324	0.0907
2005	0.3153	0.2920	0.2040	0.2282	0.1482	0.1653	0.1410	0.1212	0.0552
2006	0.3245	0.2958	0.2001	0.1932	0.1520	0.1504	0.1507	0.1425	0.0889
2007	0.3487	0.3193	0.2177	0.2068	0.1648	0.1567	0.1594	0.1474	0.1073
2008	0.3685	0.3394	0.2278	0.2243	0.1676	0.1575	0.1578	0.1509	0.1131
2009	0.3804	0.3453	0.2276	0.2097	0.1672	0.1591	0.1548	0.1465	0.1238

续表

年份	广州	深圳	佛山	东莞	惠州	中山	珠海	江门	肇庆
2010	0.4109	0.3815	0.2464	0.2285	0.1863	0.1721	0.1715	0.1618	0.1376
2011	0.4374	0.4120	0.2586	0.2342	0.1938	0.1769	0.1787	0.1638	0.1401
2012	0.4565	0.4385	0.2549	0.2380	0.1987	0.1788	0.1763	0.1549	0.1387
2013	0.4960	0.5549	0.3047	0.3360	0.2107	0.2052	0.1976	0.1640	0.1487
2014	0.5010	0.5202	0.2996	0.3053	0.2151	0.1910	0.1991	0.1617	0.1527
2015	0.5222	0.5566	0.3084	0.3202	0.2059	0.1927	0.1975	0.1698	0.1538
2016	0.5453	0.5952	0.3120	0.3159	0.2164	0.1976	0.2129	0.1665	0.1463
2017	0.5772	0.6494	0.3308	0.3079	0.2301	0.2039	0.2316	0.1804	0.1412
2018	0.6018	0.6941	0.3440	0.3184	0.2877	0.2067	0.2300	0.1880	0.1524
2019	0.6336	0.7403	0.3483	0.3484	0.2333	0.1860	0.2472	0.1938	0.1509

资料来源：笔者计算得出。

6.2.2　实证结果分析

实证结果由 Stata 估计得到，由于珠三角九市中肇庆市竞争力较弱，故在进行模型估计时选择肇庆市作为参考标准来研究其他城市间的竞争合作关系。表 6 − 3 中的 D—S 模型结果显示，8 个方程的平均拟合优度达 90%，说明该模型有较强的解释能力。

表 6 − 3　　　　　　　　　　　D—S 模型估计值

城市	广州	深圳	佛山	东莞	惠州	中山	珠海	江门	肇庆
广州	—	0.14	− 0.17	− 0.18	0.97 ***	0.95	0.24	0.12	− 0.59 **
深圳	0.28	—	− 0.66	− 0.63	0.63	− 1.36 ***	0.09	− 0.27	− 0.83 ***
佛山	1.71 ***	1.71 **	—	1.00 **	1.70 ***	0.03	1.32 ***	0.63	− 0.18
东莞	0.13	0.89	− 0.30	—	1.39 *	0.14	0.36	0.014	− 0.41
惠州	− 0.79	1.08	0.46	− 1.10 *	—	0.47	0.60	0.30	− 0.54 *
中山	0.34	− 0.15	− 0.48	0.02	0.77	—	0.65	0.08	− 0.45
珠海	0.96 **	− 0.89	− 2.23 ***	− 0.41	0.43	− 1.26 **	—	0.19	− 0.97 ***
江门	− 1.00	− 1.06	− 1.06	− 0.44	0.73	− 0.91	0.35	—	− 0.82 **

注：（1）以肇庆市为分母；（2）表格内数值为系数；（3）***、**、* 分别表示参数在 1%、5%、10% 的水平上显著。

整体上来看，珠三角城市群城市间竞争、合作关系兼而有之。分维度来看，中心城市内部间、中心城市与次中心城市之间、中心城市与外围城市之间、外围城市内部间均表现出不同的特征，如表 6-4 所示。

表 6-4　　　　　　　　珠三角城市间竞争合作关系判别情况

城市	广州	深圳	佛山	东莞	惠州	中山	珠海	江门	肇庆
广州					+				-
深圳						-			-
佛山	+	+		+	+		+		
东莞					+				
惠州				-					
中山									
珠海	+		-			-			-
江门									

注：（1）以肇庆市为分母；（2）"+""-"分别表示合作与竞争关系。

（1）中心城市间的关系。珠三角城市群属于多中心结构，拥有广州、深圳 2 个中心城市，而由表 6-3 与表 6-4 可以看出，二者之间的竞争合作关系均不显著。一方面，广州、深圳作为一线城市不可避免地存在资源要素等方面的竞争关系；另一方面，广州、深圳的城市功能不同、产业分工各异，也存在良好的互补作用，因此城际关系难以简单判断。

（2）中心城市与次中心城市间的关系。除广州、深圳外，珠三角城市群的佛山、东莞近年来发展迅速，已经跃居新一线城市之列。实证结果显示，广州、深圳两个中心城市与佛山、东莞两个次中心城市之间存在良好的互补关系，二者分工协作良好。

（3）中心、次中心城市与外围城市间的关系。无论从空间分布还是城市竞争力水平进行划分，惠州、中山、珠海、江门、肇庆均可划分为外围城市。由表 6-3 与表 6-4 可知，中心城市、次中心城市与外围城市间既存在竞争关系，也存在合作关系，而合作关系表现更为突出，意味着中心城市与外围城市的错位发展有利于城市间的优势互补。

（4）外围城市间的关系。根据表 6-3 与表 6-4，惠州、中山、珠海、江门、肇庆等外围城市间存在明显的竞争关系，系数显著为负。这可能是因为外围城市间的产业依然以传统制造业为主，产业结构高度相似导致同质化竞争。

综上所述，珠三角九市之间竞争合作兼而有之，大体呈竞争中合作、合作中竞争的趋势，但仍存在着以下问题。第一，外围城市间产业结构较为相似，易引发同质竞争现象，产业亟待转型升级。第二，城市群多中心结构容易造成层级不清、主次不明的矛盾，需要进一步明确各自功能分工。第三，尽管中心城市与外围城市之间主要呈现合作关系，但中心城市对外围城市仍然存在一定的"回流效应"，竞争市场中要素总是逐利的，容易造成城市群内部差距进一步扩大。

6.3　区域扩容对新进地区经济增长的影响：以珠三角城市群为例

6.3.1　理论分析与假设提出

明晰区域扩容对新进地区产生增长效应的影响机制，将对推动区域一体化产生重要意义。本书基于扩散—回流效应理论，分析区域扩容对新进地区的影响路径以及动态变化，图6-1描述了主要的理论机制框架。

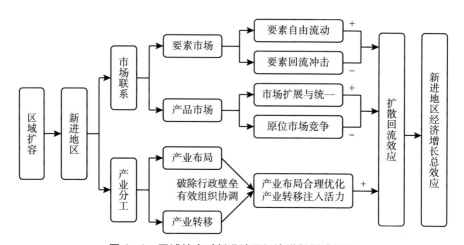

图 6 - 1　区域扩容对新进地区经济增长影响机制

资料来源：笔者自绘。

扩散—回流效应最初用于分析中心区域和外围区域间的相互依存关系，强调扩散与回流效应的并存影响（Myrdar，1957；Hirschman，1958）。回流效应是指中心地区的经济增长对落后地区的不利影响，而扩散效应则强调有利影响。扩容前，原位地区与新进地区在空间上表现为典型的中心—外围模式，因此其空间相互作用即为扩散—回流效应。区域扩容打破了地区原有行政壁垒，促进地区要素流动与产业合理分工，加速了地区间的扩散—回流效应，实现区域一体化的最终目标（柯善咨，2009；韩纪江等，2014）。

市场联系与产业分工是区域扩容后扩散—回流效应加速的重要驱动，也是新进地区产生增长效应的主要原因。第一，市场联系渠道体现在产品市场和要素市场两个方面（邹卫星和周立群，2010）。要素市场中，扩容后由于打破行政界限，交通基础设施的联通完善使得原位地区劳动力、自然资源、资本、创新等要素更方便辐射到新进地区，加速其扩散效应；同时，由于打破行政藩篱，原位地区对新进地区生产要素的虹吸加速，要素流失冲击加速其回流效应。产品市场中，扩容也驱使产品市场范围扩展，产品整体市场的形成将促进新进地区经济增长。同时，新进地区产品市场也将面临原位地区市场的竞争压力，产品市场原有份额的流失加速新进地区的回流效应（Shanzi and Feser，2010）。第二，产业分工将加速新进地区的扩散效应。在扩容之前，由于行政区经济的存在，各地区产业缺乏统筹，竞争激烈且同构化严重。在扩容后协调推进地区整体产业发展的指引下，各地区将结合自身优势布局产业，产业布局将更加合理。同时，扩容为产业空间转移提供便利，原位发达地区产业得到优化升级，为新进地区经济发展注入新活力，形成整体双赢效果。然而，扩散效应依赖各级政府有效的协调组织，否则在激烈的地级市非合作博弈背景下，同质化产业竞争仍旧持续，产业合理布局将成为一纸空谈。此外，产业转移也可能因设施不配套或水土不服的问题无法发挥作用，均将影响新进地区经济增长的效果。因此，市场联系及产业分工对新进地区的扩散—回流影响总和，汇总形成了经济增长的最终效应体现。

进一步地，扩散—回流效应所产生的动态变化，也正是区域扩容中新进城市经济增长所表现出来的长短期效应。扩散和回流效应在区域之间虽是同时发生的，但在时间维度上具有不对称性，主导的阶段性不同。回流效应在发展初期具有主导性，而扩散效应在发展中后期逐渐增强。对部分新进地区而言，若在扩容前原位地区仍处于扩张阶段，则在扩容后短时期内，自身受原位地区要素市场虹吸冲击较大，且产品市场面临较大的竞争压力，而产业分工层面由于初期正效应未能迅速发挥，则短期内回流大于扩散效应而出现负影响（Blair and Carroll，2007）。但从长期来看，随着扩容后行政壁垒的破除，地区间经贸合作联系的不断加强，原位地区对新进地区的辐射带动作用增强，经济联系与产业分工消除了空间距离给扩散效应带来的阻碍，使得扩散效应的强度显著超过回流效应，促进新进地区的长期经济增长（Richardson，1976）。

基于此，提出有待检验的两个假说：

假说 6 - 1：长期中区域扩容对新进地区的经济增长具有显著促进作用。

假说 6 - 2：短期内区域扩容对不同新进地区的效应存在差异，部分地区可能会出现负面效应。

为了验证两个假说，选择以 2008 年珠三角城市群扩容为例，采用合成控制法具体分析肇庆市与惠州市的增长效应。

6.3.2　研究设计

1. 模型设定：合成控制法

2008 年，《珠江三角洲地区改革发展规划纲要（2008 ~ 2020 年)》出台，正式认定肇庆与惠州市新进加入珠三角。由于同期其他地级市并没有受到事件的直接影响，故将因珠三角扩容而引起的经济增长看作是对肇庆市与惠州市实施的一项准自然实验。经济学家在评估各种重大事件的影响，并为传统计量回归模型提供因果联系的基础时，常使用反事实状态框架（counterfactual states framework）分析，即假想该地区未发生某重大事件或受到政策干预时的情况，并与事实上受到影响或干预的实际数据对比，通过二者之差估算事件或政策的效应。自阿巴迪等（Abadie et al.，2003）提出合成控制法（synthetic control method，SCM）以来，该方法也已在国内得到广泛的应用，在包括行政区划调整对经济增长产生的影响（王贤彬和聂海峰，2010；卢盛峰等，2017）、政策实施或试点改革所产生的影响（刘甲炎和范子英，2013；苏治和胡迪，2015）、重大标志性事件发生后产生的影响（刘伟江和吕镯，2018）等方面取得丰硕的研究成果。

其基本原理为：当难以直接找到与处理组完全相似的控制组时，合成控制法首先通过纯数据驱动，以事件或政策发生前特征变量的相似性为标准，估算出多个控制组的最优权重；其次利用最优权重组合，加权构造一个与处理组在事件或政策发生前特征非常相似的合成控制组[①]；最后，通过比较事件或政策发生后处理组与合成控制组之间的差异进行影响评估，其差额就是事件或政策的处理效应。相比于双重差分法，合成控制法具有以下优点：（1）扩展传统

---

① 合成控制组即为虚拟处理组，代表处理组的反事实状态。

的双重差分法，主要体现在允许那些决定经济增长的预测变量对控制组和处理组的影响有差别[1]，从而有效避免内生性问题。(2) 完全依据数据特征构造控制组的最优权重组合，减少控制组选择时存在的主观判断。(3) 最优权重组合透明且清晰地展示处理组和合成地区事件或政策发生前的相似程度，明确指出每个控制组在构造反事实时的贡献。(4) 分析过程具体性、针对性强，主要体现在能对每一个处理组构造与之对应的合成控制组，且能较好展示政策干预后各时期的影响效果，避免平均化评价。

具体而言，假设可观测 $H+1$ 个地区的经济增长情况，其中第 1 个地区为在 T_0 期新进加入珠三角的处理组地区，对应的是肇庆与惠州市，其他 H 个地区（$\eta=2$ 到 $\eta=H+1$）为控制组地区。同时，假设可观测到全部地区 T 期的经济增长情况，用 T_0 表示节点时间（event time），对应珠三角扩容的 2008 年。结合反事实状态框架分析，对于地区 $\eta=1$，2，$\cdots$，$H+1$ 和时期 $t=1$，$\cdots$，T，用 $Y_{\eta,t}^N$ 表示地区 η 在时期 t 未受到事件影响的经济增长情况，$Y_{\eta,t}^I$ 表示受事件影响的经济增长情况。因此，在 $t>t_0$ 时 $\xi_{\eta,t}=Y_{\eta,t}^I-Y_{\eta,t}^N$ 表示新进加入珠三角所带来的处理效应。此外，根据假设只有 $\eta=1$ 的处理组地区在 T_0 期之后受影响，其他控制组地区在任意时期 t 都无影响，故最终目标为估计 $\xi_{1,t}$ 的大小。同时，当 $t>t_0$ 时 $\xi_{1,t}=Y_{1,t}^I-Y_{1,t}^N=Y_{1,t}-Y_{1,t}^N$，其中 $Y_{1,t}$ 是处理组的经济增长情况，可直接通过真实数据观测得到。但是，由于 $Y_{1,t}^N$ 未受到事件影响的经济增长情况本身无法观测，需要通过反事实状态结果进行拟合，从而才能估计 $\xi_{1,t}$。因此，关键在于拟合出未受事件影响的经济增长情况。为便于分析，构建模型如式（6-9）所示：

$$Y_{\eta,t}^N=\sigma_t+\theta_t K_\eta+\gamma_t\mu_\eta+\varepsilon_{\eta t}\ \text{其中} t\in(t_0,\ T],\ \eta=1,\ 2,\ \cdots,\ H+1$$

$$(6-9)$$

式（6-9）为未发生珠三角扩容事件情况下各地区潜在经济增长的决定方程，其中 σ_t 表示每个地区都一致的时间固定效应；θ_t 是 $1\times k$ 维的未知参数向量；K_η 是 $k\times 1$ 维向量，包含了地区 η 不受该事件影响下的所有可观测的预测变量，具体预测变量的选择将在指标选取部分详细介绍；γ_t 是 $1\times W$ 维观测不到的共同因子；μ_η 是 $W\times 1$ 维观测不同地区的固定效应误差项；$\varepsilon_{\eta,t}$ 是每个地区观测不到的暂时冲击，假定 $E(\varepsilon_{\eta,t})=0$。

进一步地，考虑一个 $H\times 1$ 维权重向量 $\Lambda=(\lambda_2,\ \lambda_3,\ \cdots,\ \lambda_{H+1})'$，其中对

---

[1] 即使控制组某地区与处理组地区在无事件影响下经济增长趋势存在差异，也因偏差被加权平均消除而不存在选择性偏差。

任意 η 满足 $\lambda_\eta \geqslant 0$ 且 $\lambda_2 + \lambda_3 + \cdots + \lambda_{H+1} = 1$。因此，向量 Λ 的每一个特殊取值表示对处理组一个可行的合成控制。

此时可计算：

$$Y_{1,t}^N - \sum_{\eta=2}^{H+1} \lambda_\eta Y_{\eta,t} = \theta_t \left(K_1 - \sum_{\eta=2}^{H+1} \lambda_\eta K_\eta \right) + \gamma_t \left(\mu_1 - \sum_{\eta=2}^{H+1} \lambda_\eta \mu_\eta \right) + \sum_{\eta=2}^{H+1} \lambda_\eta (\varepsilon_{1t} - \varepsilon_{\eta,t})$$

$$(6-10)$$

在众多可选择的 Λ 中，假设存在一个最优权重向量 $\Lambda^* = (\lambda_2^*, \lambda_3^*, \cdots, \lambda_{H+1}^*)'$ 满足方程组：

$$\begin{cases} \sum_{\eta=2}^{H+1} \lambda_\eta^* Y_{\eta,1} = Y_{1,1} \\ \cdots\cdots \\ \sum_{\eta=2}^{H+1} \lambda_\eta^* Y_{\eta,T_0} = Y_{1,T_0} \\ \sum_{\eta=2}^{H+1} \lambda_\eta^* K_\eta = K_1 \end{cases} \qquad (6-11)$$

若 $\sum_{t=2}^{T_0} \gamma_t' \gamma_t$ 非奇异，代入计算可得：

$$\begin{aligned} Y_{1,t}^N - \sum_{\eta=2}^{H+1} \lambda_\eta^* Y_{\eta,t} &= \theta_t \left(K_1 - \sum_{\eta=2}^{H+1} \lambda_\eta^* K_\eta \right) + \gamma_t \left(\mu_1 - \sum_{\eta=2}^{H+1} \lambda_\eta^* \mu_\eta \right) + \sum_{\eta=2}^{H+1} \lambda_\eta^* (\varepsilon_{1t} - \varepsilon_{\eta,t}) \\ &= \sum_{\eta=2}^{H+1} \lambda_\eta^* \sum_{p=1}^{T_0} \gamma_t \left(\sum_{m=1}^{T_0} \gamma_m' \gamma_m \right)^{-1} \gamma_p' (\varepsilon_{\eta,p} - \varepsilon_{1,p}) - \sum_{\eta=2}^{H+1} \lambda_\eta^* (\varepsilon_{\eta,t} - \varepsilon_{1,t}) \end{aligned}$$

$$(6-12)$$

阿巴迪等（Abadie et al.，2010）已证明，若事件发生之前有相对较长的时间跨度，则存在最优权重向量 $\Lambda^* = (\lambda_2^*, \lambda_3^*, \cdots, \lambda_{H+1}^*)'$，且使得式（6-12）中 $Y_{1,t}^N - \sum_{\eta=2}^{H+1} \lambda_\eta^* Y_{\eta,t}$ 趋于 0。因此，当 $T_0 < t \leqslant T$ 时，可通过真实数据观测的 $\sum_{\eta=2}^{H+1} \lambda_\eta^* Y_{\eta,t}$ 便成为合成控制组，并作为 $Y_{1,t}^N$ 的无偏估计量，即反事实状态结果。从而 $\widehat{\xi_{1,t}} = Y_{1,t} - \sum_{\eta=2}^{H+1} \lambda_\eta^* Y_{\eta,t}$ 可作为 $\xi_{1,t}$ 的无偏估计量，计算 $\widehat{\xi_{1,t}}$ 值便能估计处理效应的大小。此时，问题的关键转化为求解最优权重向量 Λ^*。然而，在实际计算中真实数据很难找到式（6-10）恰好成立的解，故需要通过近似解确定 Λ^*。根据阿巴迪等（Abadie et al.，2010）的思路，选择最小 X_1 与 $X_{-1}\Lambda$ 之间的距离求解最优权重向量 Λ^*，即：

$$\Lambda^* = \Lambda^*(Z) = \arg\min_{\Lambda} \| X_1 - X_{-1}\Lambda \| = \arg\min_{\Lambda} \sqrt{(X_1 - X_{-1}\Lambda)'Z(X_1 - X_{-1}\Lambda)}$$

$$(6-13)$$

式 (6-13) 中，Λ 满足对任意 η，有 $\lambda_\eta \geq 0$ 且 $\lambda_2 + \lambda_3 + \cdots + \lambda_{H+1} = 1$；$X_{-1}$ 是 $(k+T_0) \times 1$ 维矩阵，表示节点时间前处理组地区的特征向量；$X_{-1} = (X_2, \cdots, X_{H+1})$ 是 $(k+T_0) \times H$ 维矩阵，其中矩阵 X_{-1} 的第 η 列为控制组地区 η 在节点时间后对应的特征向量，故涵盖所有控制组地区的相应特征向量。Z 是 $(k+T_0) \times (k+T_0)$ 维的对称半正定矩阵，表示节点时间前各特征向量对经济增长影响的权重，且 Z 的选择会影响估计的预测均方误差根 RMSPE（Root Mean Square Prediction Error）。为实现节点时间前合成控制组与处理组地区增长情况尽可能相似，最优选择 Z^* 要确保节点时间前的预测误差均方根 Pre-PeriodRMSPE 最小，即：

$$Z^* = \arg\min_{Z} \text{Pre-PeriodRMSPE} = \arg\min_{Z} \left\{ \frac{1}{T_0}(Y_1 - Y_{-1}\Lambda^*(Z))'(Y_1 - Y_{-1}\Lambda^*(Z)) \right\}^{\frac{1}{2}}$$

$$(6-14)$$

式 (6-14) 中，$Y_1 = (Y_{1,1}, \cdots, Y_{1,T_0})'$ 是 $T_0 \times 1$ 维矩阵，由处理组地区在节点时间前的经济增长变量构成；$Y_{-1} = (Y_2, \cdots, Y_{H+1})$ 是 $T_0 \times H$ 维矩阵，表示所有控制组各自的经济增长变量。通过递归优化法分别计算得到 Z^*、Λ^* 以及 $\sum_{\eta=2}^{H+1} \lambda_\eta^* Y_{\eta,t}$ 后，实现对 $\hat{\xi_{1,t}}$ 的最终有效估计。在具体操作分析中，利用 Stata 工具，使用 Synth 程序包估计。

2. 变量选择

首先，采用实际人均 GDP 的对数作为被解释变量衡量地区的经济增长。其次，借鉴已有研究成果，选择的预测变量包括以下八个。（1）人口密度。人口密度体现人口集聚水平，影响经济发展的集聚水平与增长速度（豆建春等，2015），本书采用每平方公里人口数的对数来衡量。（2）产业结构。产业结构的优化升级将对地区经济增长产生显著的影响（于斌斌，2015），采用第二产业产值占 GDP 的比重与第三产业产值占 GDP 的比重衡量。（3）投资率。投资率是经济发展的内在引擎，采用固定资产投资占 GDP 的比重来衡量。（4）劳动参工率。劳动人口数量及素质是一个地区经济发展繁荣或萧条最为直接的指标（彭国华，2015），采用单位从业人口占总人口比重衡量。（5）创新投入。创新资源的有效配置现已成为经济增长的重要推动力，采用实际财政科技支出的对数衡量。（6）市场活跃度。居民消费规模所代表的市场活跃度是大国经济持续稳定增长的必要条件（欧阳峣等，2016），采用实际人均社会消费品零售总额的对数衡量。（7）公共服务水平。公共服务更多体现在财政支出上，而财政支出通过影响家庭的储蓄－消费选择，发挥乘数效应以促进经济增长（严成樑和龚六堂，2009），采用实际人均财政支出的对数衡量。（8）对外开放水平。考虑到部分地区进出口总额数据缺失较多，故采用外商直接投资占GDP比重衡量。

需要说明的是，本书采用1978年为基期计算的GDP平减指数计算各年度数据的实际值以消除通货膨胀因素对数据的影响；为减少异方差对估计精度的影响并增强可比性，部分预测变量如人口密度、创新投入、市场活跃度、公共服务水平均对相应指标进行对数化处理。

3. 数据说明

使用合成控制法首先需保证事件发生前的时期数达到一定规模，使该时间段内合成控制组能够很好地拟合处理组地区的经济特征，提高研究可信度。同时，考虑2001年加入世界贸易组织可能产生的冲击以及考虑到地区数据的可获得性，本书选取样本的时间跨度为2001～2015年，并以珠三角首次扩容的2008年为节点，将2001～2007年作为事件前窗口期，2009～2015年作为事件后窗口期。

在控制组的选择中，选择广东省（除珠三角）的城市以及相邻省份[①]所有的城市作为控制组的原因主要包括以下两点。（1）在珠三角扩容中，珠三角原位城市由于受直接影响，不宜作为控制组地区，应予以剔除[②]。剔除后，在所有截面中，仅有肇庆市与惠州市直接受珠三角扩容事件影响，宜使用合成控制法。（2）"距离衰减效应"表明，经济联系随地理距离的增加而弱化（Fujita et al.，1999）。本书所选控制组的地级市间地理距离适中，经济联系紧密，具有良好的潜在拟合性。共选择61个城市作为控制组地区。

因此，使用2001～2015年的广东省及邻省63个地级市平衡面板数据，将肇庆市与惠州市设定为处理组，其余地区作为控制组，分析珠三角扩容对肇庆市与惠州市的经济增长效应。所用数据均来自《中国城市统计年鉴》、各省统计年鉴以及WIND数据库，部分缺失数据从相应地区对应年份的城市统计年鉴中加以补充。

---

① 广东省相邻省份包括：海南省、福建省、江西省、湖南省和广西壮族自治区。

② 剔除的珠三角原位城市包括：广州市、深圳市、佛山市、东莞市、珠海市、中山市、江门市。

6.3.3　实证结果分析

1. 扩容后经济增长效应

首先，本章选取肇庆市、惠州市实际人均 GDP 的对数与所有对照组的平均值序列进行分析，发现在节点时间 2008 年之前，其他地区作简单平均并不能很好拟合节点时间前处理组的经济增长情况，继而节点时间后的结论可信度不高，故考虑采用合成控制法分析。表 6-5 报告构成合成肇庆市与合成惠州市的权重组合，其中合成肇庆市中阳江市的权重最大，合成惠州市中厦门市的权重最大。

表 6-5　　　　　　　　　　合成控制组地区的权重组合

肇庆市		惠州市	
合成控制组	权重	合成控制组	权重
漳州市	0.240	厦门市	0.305
南平市	0.118	泉州市	0.125
怀化市	0.081	漳州市	0.168
阳江市	0.375	抚州市	0.037
海口市	0.012	阳江市	0.276
三亚市	0.173	清远市	0.039
—	—	三亚市	0.050

资料来源：笔者计算得出。

表 6-6 给出在节点时间 2008 年前肇庆市与合成肇庆市以及惠州市与合成惠州市的预测变量的对比。在所有指标中，肇庆市在产业结构、劳动参工率、创新投入、市场活跃度、公共服务水平与对外开放水平指标中的真实值与合成值非常接近，同时在人口密度与投资率指标中也比较接近，只有在创新投入指标中差异略大；惠州市在产业结构、投资率、劳动参工率、市场活跃度与对外开放水平指标中，真实值与合成值也比较接近，只有在人口密度指标中差异略大。因此，从表 6-6 预测变量的对比情况可知，合成控制法能够很好地拟合节点时间前肇庆市与惠州市的经济特征，适宜进一步分析。

表 6 - 6　　　　　　　　　　　　　预测变量对照表

预测变量		肇庆市		惠州市	
		真实值	合成值	真实值	合成值
人口密度	每平方公里人口数（对数）	5.582	5.625	5.574	6.169
产业结构	第二产业产值占 GDP 的比重	0.347	0.357	0.534	0.449
	第三产业产值占 GDP 的比重	0.383	0.381	0.324	0.377
投资率	固定资产投资占 GDP 的比重	0.322	0.352	0.344	0.349
劳动参工率	单位就业人口占总人口比重	0.063	0.073	0.190	0.180
创新投入	实际财政科技支出（对数）	8.284	7.342	8.309	8.282
市场活跃度	实际人均社会消费品零售总额（对数）	8.317	8.296	8.896	8.851
公共服务水平	实际人均财政支出（对数）	6.367	6.374	7.013	7.097
对外开放水平	外商直接投资占 GDP 比重	0.100	0.081	0.171	0.169

资料来源：笔者计算得出。

　　图 6 - 2 描绘 2001 ~ 2015 年肇庆市、惠州市与合成肇庆市、合成惠州市实际人均 GDP 对数的增长路径，其中实线表示实际人均 GDP 对数的真实值，虚线表示反事实状态结果下的合成值，垂线刻画时点节点。从图中可以看到，在时间节点即 2008 年之前，肇庆市与惠州市两者的真实值和合成值增长路径均基本重合，合成肇庆市和合成惠州市均完美地复制珠三角扩容之前肇庆市与惠州市的真实经济增长路径。同时，肇庆市与惠州市的 Pre - Period RMSPE 分别为 0.014 与 0.021，表明真实值和合成值差异较小，在数值量化方面满足合成控制法的基本要求。

　　进一步地，考察节点时间 2008 年后的增长路径。首先，图（a）中，在 2008 年之后真实肇庆市的实际人均 GDP 对数每年逐渐高于合成肇庆市，差距一直存在且保持在较高水平。2015 年，肇庆市真实的实际人均 GDP 对数是 10.779，高于合成值 0.117，增长明显。同时，在图（b）中，2009 ~ 2011 年真实惠州的实际人均 GDP 对数略低于合成惠州市，差距为负但真实值逐年接近合成值。拐点出现在 2013 年，2013 年后真实值高于合成值，且差距有拉大趋势。2014 年真实值增长速度出现下降，导致差距缩小，2015 年惠州市真实的实际人均 GDP 对数是 11.087，高于合成值 0.049，增长同样明显。

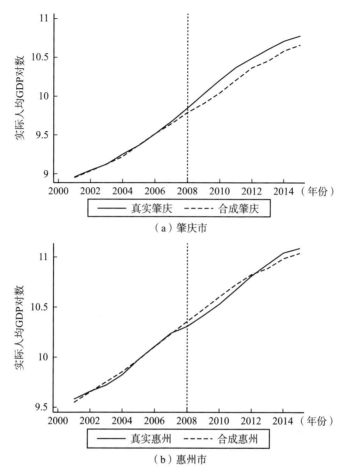

（a）肇庆市

（b）惠州市

图 6 - 2　处理组与合成控制组增长路径对比

资料来源：笔者自绘。

为更加直观地观察珠三角扩容对肇庆市与惠州市经济增长的影响，分别计算合成肇庆市、合成惠州市与肇庆市、惠州市实际人均 GDP 对数的差，并用 GAP 表示。如图 6 - 3 所示，图（a）与图（b）分别描绘肇庆市与惠州市的 GAP 随时间的变化路径。首先，图（a）显示肇庆市 GAP 在 2001～2007 年围绕 0 水平值在正负 0.05 范围内波动，在 2007 年处理效应开始显著为正且逐年增加，2010 年后增速稳定。以实际人均 GDP 计算，2009～2015 年，肇庆市实际人均 GDP 的真实值分别比合成值高出 2646.70 元、4086.10 元、4780.94 元、4138.42 元、5724.80 元、5338.99 元与 5318.58 元。若以增长率计算，2009～2015 年肇庆市实际人均 GDP 年均增长率为 14.31%，而合成肇庆市年均增长率为

12.30%，前者比后者高出 2.01%，是一个非常显著的差距。其次，图（b）显示惠州市 GAP 同样在 2001～2007 年围绕 0 水平值在正负 0.05 范围内波动，波动性比肇庆市稍大。在节点时间 2008 年，其 GAP 值迅速为负，在经过 4 年的滞后期后 GAP 值开始显著为正且逐渐增大。直至 2014 年，影响效应发生小幅度下降，但基本保持在相对稳定状态。以实际人均 GDP 计算，2009～2015 年，惠州市实际人均 GDP 的真实值分别比合成惠州市高出 −2165.52 元、−2806.95元、−2303.92 元、−691.81 元、2335.84 元、3480.10 元与 3134.64 元。若以增长率计算，2009～2015 年肇庆市实际人均 GDP 年均增长率为 11.81%，而合成肇庆市年均增长率为 10.25%，前者比后者高出 1.56%，同样是一个无法忽略的差距。

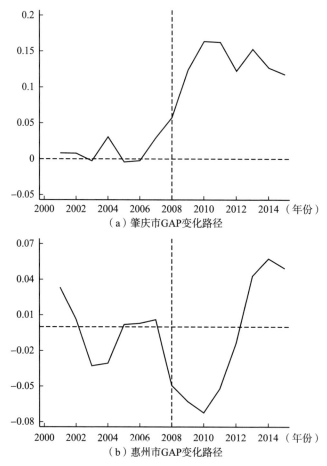

（a）肇庆市GAP变化路径

（b）惠州市GAP变化路径

图 6−3　区域扩容对新进城市的经济增长效应

资料来源：笔者自绘。

综上所述，从长期看珠三角扩容对新进城市的经济增长具有显著促进作用，但惠州市增长效应存在一定滞后，且在扩容后短期内出现负面效应。

2. 稳健性检验

（1）安慰剂检验（placebo test）。一个稳健的合成控制法结果，不应受备选控制组范围大小而改变，同时也不能与安慰剂所展现的非事实结果相同。为验证新进城市实际人均 GDP 差异确实源于扩容的影响而非受控制组范围或其他因素影响，进行控制组变换及处理组变换检验。

控制组变换之一：去除相邻城市。对于与处理组紧密联系的邻近地区，因可能受到事件外溢效应影响，并交错影响处理组地区，故可能使处理效应产生偏差。因此，为检验处理组处理效应结果是否受邻近地区影响并排除邻近地区产生的潜在影响，在控制组地区样本中分别剔除肇庆市与惠州市邻近地区[①]，并重新进行合成控制法估计，结果如图 6 - 4 所示。由图（a）及图（b）可知，对于肇庆市与惠州市，在控制组地区样本中剔除邻近地区后，实际人均GDP 对数的真实值与合成值的增长路径趋势走向以及处理效应的大小均与剔除之前的情况保持高度一致，说明合成控制法结论因不受控制组地区范围缩小而稳健可信。

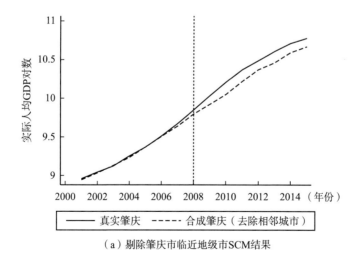

（a）剔除肇庆市临近地级市SCM结果

---

①　肇庆市的邻近地级市为清远市和云浮市，惠州市的邻近地级市为韶关市、汕头市和河源市，以上地级市在相应分析中均在对照组中予以剔除。

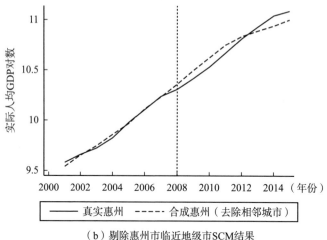

（b）剔除惠州市临近地级市SCM结果

图6－4　控制组变换之一：去除相邻城市

资料来源：笔者自绘。

　　控制组变换之二：泛珠三角样本。泛珠三角地区在资源、产业、市场等方面有较强的互补性，经济合作紧密，同样符合潜在拟合性的基本要求。因此将控制组地区扩展到泛珠三角样本，即在原有控制组基础上增加贵州、四川、云南三省城市作为控制组，并重新进行合成控制法估计，结果如图6－5所示。由图（a）及图（b）可知，对于肇庆市与惠州市，控制组扩展到泛珠三角样本后，实际人均GDP对数的真实值与合成值的增长路径趋势走向以及处理效应的大小均与之前情况保持高度一致，说明合成控制法结论因不受控制组地区范围扩大而稳健可信。

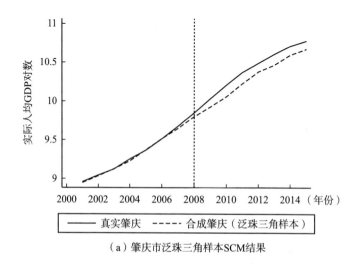

（a）肇庆市泛珠三角样本SCM结果

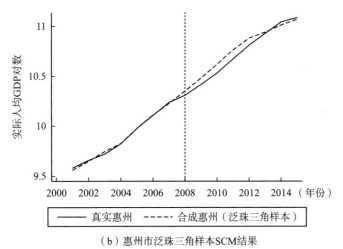

（b）惠州市泛珠三角样本SCM结果

图6-5　控制组变换之二：泛珠三角样本

资料来源：笔者自绘。

　　处理组变换。其基本思想如下：将控制组的某一地区视作安慰剂地区，假设珠三角扩容中新进城市是安慰剂地区而非肇庆市与惠州市，采用合成控制法对相应安慰剂地区作类似分析，即利用其他地区（不包括肇庆市与惠州市）合成该安慰剂地区实际上并不存在的"反事实状态结果"，并考察在节点时间2008年后安慰剂地区处理效应的大小。由于安慰剂地区实际上并未受到该事件影响，若安慰剂地区的处理效应变化路径明显类似处理组地区，则说明合成控制法结论在地区维度上不稳健，反之则为稳健。同时，因权重越大表示该地区的经济特征与处理组地区越相似，故处理组变换中安慰剂对象的合理选择是构成合成控制组权重最大的地区。由表6-5可知，阳江市与厦门市分别为合成肇庆市与合成惠州市权重中最大的城市，但厦门市由于位于控制组凸组合之外，无法作为安慰剂地区，因此选择权重第二大的漳州市。由于阳江市和漳州市均为合成肇庆市与合成惠州市中权重较大的城市，因此有必要作为安慰剂地区进行检验。图6-6显示分别对阳江市与漳州市采用合成控制法分析的结果，从图（a）与图（b）可知，阳江市与漳州市在节点时间2009年后各自的处理效应均为负且延续到2015年，与原本肇庆市与惠州市处理效应变化路径显著分异。因此，合成控制法结论在地区维度上稳健可信，排除其他共同或遗漏因素影响。

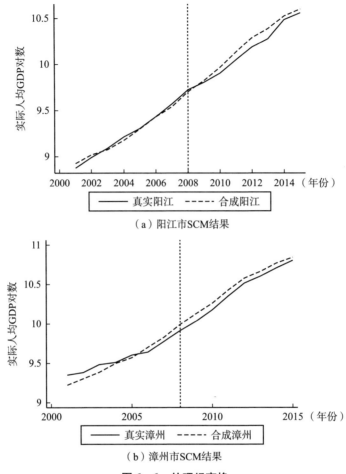

图6-6　处理组变换

资料来源：笔者自绘。

（2）排序检验（permutation test）。本书发现珠三角扩容对肇庆市与惠州市存在正的处理效应即增长效应，但增长效应在统计上是否显著异于0仍需检验。对此本书借鉴阿巴迪等（Abadie et al.，2010）提出的排序检验进行进一步研究。主要思路类似安慰剂检验，但考虑一般情况，随机而非主观地进行检验，并比较处理组地区以及随机选择的安慰剂地区的处理效应。若两者的处理效应差异显著，则说明合成控制所得出的结论稳健且显著，反之亦然。本书只针对安慰剂检验中的处理组变换进行相应的排序检验，即对60个地区①进行

① 由于厦门市位于控制组凸组合之外，无法找到合适的合成控制组，故共有60个安慰剂地区。

安慰剂实验，测算各地区处理效应，得到 GAP 变化路径，作为随机选取某一地区估计珠三角扩容处理效应 GAP 的分布。在得到分布后，计算各地区的比值 Ratio，并考察 Ratio 的分布情况，具体计算方法见式（6－15）。

$$\text{Ratio}_i = \text{Post} - \text{Period RMSPE}_i / \text{Pre} - \text{Period RMSPE}_i \qquad (6-15)$$

对于合成控制法而言，一个最理想的结果是，节点时间前的拟合效果越好，节点时间后突变性越强，即 Pre－Period RMSPE 值越小，Post－Period RMSPE 值越大。比值 Ratio 将两者效果结合，以量化指标保留所有安慰剂样本的有效信息，故相比于上述观测方法更加严谨。可以预期，若珠三角扩容事件确实对肇庆市与惠州市产生显著经济增长效应，则其对应比值将明显高于其他地区，图 6－7 描绘所有地区的比值分布情况。从图中可知，在 62 个地区中，肇庆市比值为 10.183，位列第 3。若通过随机给予处置的方法，安慰剂地区要想获得与肇庆市一样大的比值的概率是 3/62，即 4.84%。此外，惠州市比值为 4.353，位列第 9，要想获得与惠州市一样大的比值的概率是 9/62，即 14.52%。因此，排序检验能基本证明珠三角扩容对肇庆市与惠州市产生显著增长效应的结论稳健可信。

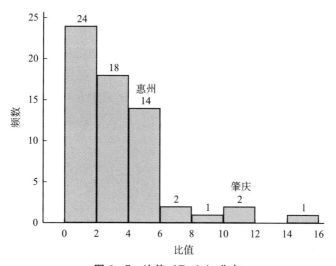

图 6－7　比值（Ratio）分布

资料来源：笔者自绘。

综合两种检验结果，有足够证据证明珠三角扩容后对肇庆市与惠州市产生显著增长效应，但惠州市在扩容后短期内也确实出现负面效应。因此，区域扩容对新进地区的增长效应在短期中存在差异，但在长期中具有显著促进作用。

6.3.4　影响机制验证

主要理论机制表明，区域扩容加速了原位与新进地区之间的扩散—回流效应，在市场联系与产业分工机制下，导致新进地区长短期增长效应的不同。因此，经济增长及其动态变化其实是市场联系与产业分工因素作用的结果。剖析肇庆市与惠州市在扩容后的趋势变化，才能准确分析所产生的不同的长短期增长表现。

首先，在市场联系方面，参考杨天宇和荣雨菲（2017）的做法，使用相同的最优权重计算相关预测变量的合成值，重点关注2008年后真实值和合成值的变化趋势。由于合成值代表反事实结果，即未发生扩容的变化趋势。在扩容之前，真实值与合成值基本保持一致。因此，扩容后要素受到的影响就能体现在真实值与合成值大小比较或趋势变化中，即能分析增长效应动态变化在市场联系层面的原因。

在要素市场层面，使用投资率、劳动参工率的预测变量数据，分析2008年扩容后新进地区要素变化情况。图6-8与图6-9展示珠三角扩容后肇庆市和惠州市在投资率、劳动参工率的真实值和合成值变化情况。从图6-8可以看出，扩容后肇庆市投资率真实值始终高于合成值。但相比于肇庆市，惠州市投资率真实值大小明显小于合成值，且短期内两者差距有扩大趋势，反映出惠州市在扩容后资本要素的回流效应确实存在，对惠州市的经济增长产生了负面影响。图6-9中，扩容后肇庆市劳动参工率同样出现真实值始终高于合成值的情形。然而，惠州市在扩容后短期内合成值迅速上升并超过真实值，反映出惠州市在短期内劳动要素受到的负向冲击。直至后期真实值才逐渐高于合成值，表明从回流到扩散效应的转变。

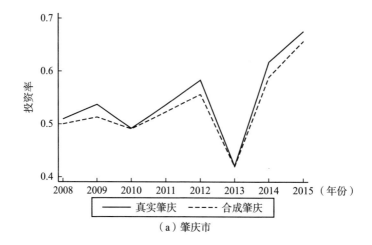

（a）肇庆市

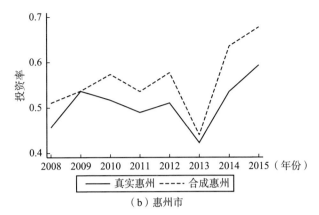

（b）惠州市

图 6 - 8　珠三角扩容后投资率真实值与合成值变化

资料来源：笔者自绘。

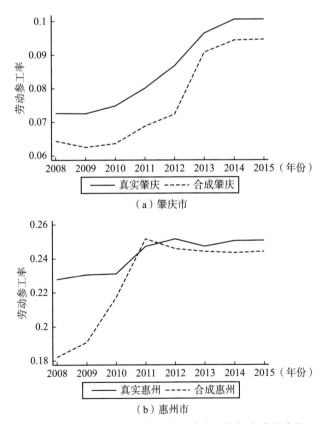

（a）肇庆市

（b）惠州市

图 6 - 9　珠三角扩容后劳动参工率真实值与合成值变化

资料来源：笔者自绘。

同时，本书考虑产品市场情况。使用相同方法，采用市场活跃度数据分析扩容后市场活跃度真实值与合成值的变化趋势。由图6-10可以看出，扩容后肇庆市市场活跃度真实值高于合成值，因此并没受到产品市场过多的竞争力冲击。然而，与之形成鲜明比较的是，惠州市市场活跃度真实值虽高于合成值，但短期内两者差距迅速缩小，直至2013年差距才逐渐扩大，反映出扩容后短期内惠州产品市场确实存在原位市场的竞争力冲击，回流效应明显。后期差距的扩大同样表明扩散效应长期发挥。

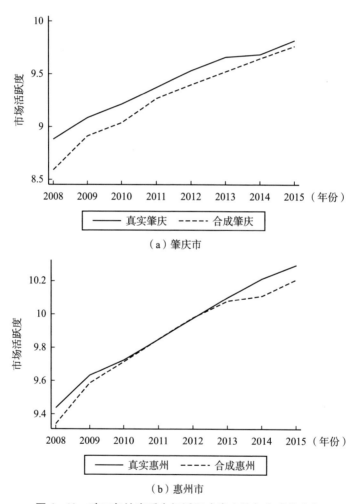

图6-10　珠三角扩容后市场活跃度真实值与合成值变化

资料来源：笔者自绘。

　　进一步地，本书分析扩容后肇庆市与惠州市接纳原位地区产业转移情况。由于需要关注城市之间的产业转移情况，根据内部产业结构变化，即发达原位地区产业产值占地区总产值比重趋势下降且对应欠发达新进地区相应比重趋势上升的判断标准，确定倾向转移产业①。此外，由于邻近且经济体量大的原位地区发生产业转移的可能性更大，故将广州市、佛山市、深圳市与东莞市作为产业转移输出地区，将肇庆市与惠州市作为产业转移承接地区。本书收集2008～2015年二位数工业产值数据，依据上述判断方式分别匹配肇庆市与惠州市倾向接受邻近原位地区的转移产业，图6-11展示的是匹配后的转移产业比重变化情况②。

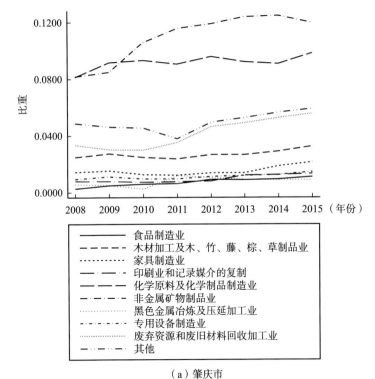

（a）肇庆市

　　① 多数文献使用的是区域市场占比的判断标准确定转移产业，考虑到本书主要针对城市之间具体的产业转移，如采用区域市场占比指标会受其他城市产值变动的影响，选择内部产业结构变化作为参照，可以更好地反映一个城市在综合考虑资源禀赋情况下对产业的自主选择。
　　② 考虑到2008年后石油加工、炼焦及核燃料加工业产值受石油价格影响波动较大，且惠州市相关产业主要来自外部直接投资，并非来自邻近发达地区产业转移，因此匹配转移产业不包括该产业。

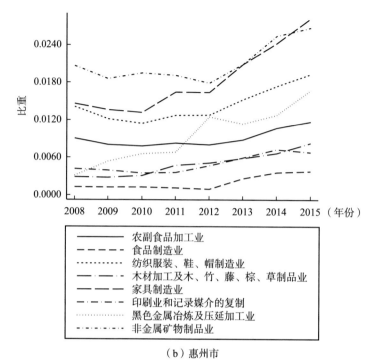

（b）惠州市

图6-11　珠三角扩容后新进城市倾向接受转移产业比重变化情况

资料来源：笔者自绘。

结果显示，2008～2011年无论是肇庆市还是惠州市，除少部分转移产业外，大部分转移产业比重并未显著上升，甚至出现了下降的趋势，特别是惠州市主要转移产业在短期内均出现了较大程度的下降，这也充分说明实际扩容后短期内产业转移并未迅速发生，因而未能直接带来产业转移的正向增长效应。同时，从长期看，随着新进地区招商引资与产业园建设的不断推进，原位发达地区对新进地区的产业转移不断持续，转移的产业最终为新进地区带来了长期的经济增长。

因此，相关数据分析进一步验证本书提出的影响机制框架。扩容后短期内因受原位地区扩张影响，惠州市在要素市场与产品市场方面回流效应明显，此外产业转移未能在短期内迅速开展而产生应有的增长效应，导致惠州市最终出现短期的负面效应。相比于惠州市，肇庆市要素和产品市场冲击较小，产业转移效果较为良好，因此短期内并未出现负面效应。从长期看，在市场联系与产业分工作用下，新进地区增长效应显著。

6.4　本章小结

首先，探索珠三角城市群内部城市间的竞争合作状态，对于城市群建设规划与良性互动发展具有十分重要的现实意义。本章构建了珠三角城市群城市竞争力指标体系，并利用D—S模型对2000～2019年珠三角九市间的竞争合作关系进行初步判断。研究结果显示，从整体上看，珠三角城市群城市间竞争、合作关系兼而有之；分维度来看，广州、深圳两个中心城市间的竞争与合作关系均不显著；两个中心城市与佛山、东莞两个次中心城市之间存在良好的互补关系；中心城市、次中心城市与其他外围城市间的合作关系更为突出；外围城市内部存在明显的竞争关系。

其次，区域扩容作为区域竞合行为的集中展现，扩容后新进地区能否获得更好的发展关乎区域未来进一步一体化的广度和深度。本章以珠三角为例，提供城市群扩容促进新进城市增长的案例。结合扩散—回流效应理论，本书认为市场联系与产业分工是区域扩容影响新进地区发展的重要渠道。通过采用合成控制法分析，发现珠三角扩容对新进城市的长期经济增长具有显著促进作用，但惠州市在扩容后短期内出现了负面效应，主要是由于扩容后要素和产品市场面临原位城市较大的回流冲击，且产业转移短期效果不佳引起。从长期看，新进地区可从市场联系和产业分工两个层面获得扩容的外溢正向经济增长效应。

第7章 城市群现代化治理体系的逻辑框架与对策建议

本章分析城市群治理问题。研究城市群发展过程中遇到的困境与难题，在空间聚集与资源配置的基础上理解城市群问题，在理解城市群问题基础上破解城市群治理难题，构建城市群治理体系框架。重点分析产业体系、空间格局和生态体系三个城市群发展内容，围绕资源聚集配置方式—城市群现代化产业体系—城市群空间格局—城市群生态体系这一逻辑链条展开，重点从资源空间配置方式如何决定城市群空间格局、资源部门配置方式如何决定城市群现代化产业体系、资源绿色配置方式如何决定城市群生态体系等三个方面进行理论分析，提出产业协同、空间优化和绿色宜居的治理路径，并有针对性地提出粤港澳大湾区世界级城市群协同发展机制及治理模式建议。

7.1 引　　言

7.1.1 问题提出

城市群是城市化发展到成熟阶段的最高空间组织形式，其发展演化规律和治理体系一直是经济学、地理学和公共管理研究的核心内容。随着经济全球化与区域一体化的发展，城市群已成为集聚社会要素的巨大影响空间及显著增长极。城市群高质量发展是中国经济高质量发展的重要组成部分和中国经济社会发展的基本特征，是支撑中国经济高质量发展的主要平台。然而，资源配置方式市场化改革背景下，以城市群为主体的城镇不均衡格局是中国经济不均衡不充分发展的重要表现，快速城市化过程中城市群治理难题需要转变城市群发展方式、优化资源配置结构、转换增长动力。

科学、高效的城市群治理体系是构建城市群层面现代化经济体系的重要支撑。中共十九届四中全会将完善和发展中国特色社会主义制度，推进国家治理体系和治理能力现代化作为全面深化改革的总目标，将治理体系和治理能力现代化的高度进一步提升。同时，区域是国家宏观经济的重要组成部分，区域治理是国家治理的关键环节。因此，作为经济市场化和社会现代化的基础保障，国家治理体系现代化的实现需要包括城市群在内的科学的综合治理体系和卓越的治理能力。

粤港澳大湾区是中国改革开放前沿地区，也是中国经济增长的重要增长极，是经济高质量发展的重要一环。粤港澳大湾区具备区位优势明显、经济实力雄厚、创新要素聚集、国际化水平领先、合作基础良好等发展基础，其战略价值在粤港澳大湾区的国际地位中得到彰显，如中国创新高地、人才高地、知识高地、制度供给高地、经济高质量发展高地等。2019 年 2 月《粤港澳大湾区发展规划纲要》明确粤港澳大湾区五大战略定位：充满活力的世界级城市群、具有全球影响力的国际科技创新中心、"一带一路"建设的重要支撑、内地与港澳深度合作区、宜居宜业宜游的优质生活圈。因此，实现这五大战略定位正是城市群治理体系创新的目标所在。另一方面，粤港澳大湾区"一个国家、两种制度、三个关税区、三种法律体系、四个中心城市"的特殊区情表明，粤港澳大湾区城市群有不同于国内其他城市群的跨境治理难题。随着粤港澳大湾区城市群的发展态势与经济结构不断变化，不同制度下形成的合作难点与深层矛盾将会不断涌现，如这次新冠肺炎疫情引致的公共安全应对。这迫切需要打破制度壁垒，形成规则对接或衔接，创新粤港澳大湾区经济高质量发展的体制机制。与此同时，在中央政府指导下，粤港澳三地在经济、环保、基础设施等跨区域公共事务管理中取得了成功合作经验与案例，如港珠澳大桥、广深港高铁、深圳前海、珠海横琴和广州南沙自贸区等跨境治理典范。综合来看，实践问题需要进一步进行系统理论提炼与制度思考，建设城市群现代化治理体系具有迫切性和必要性。

更为重要的是，粤港澳大湾区将成为国家发展新格局中连接国内国际双循环的重要枢纽，如何使粤港澳大湾区更好地融入全球产业体系和国际贸易格局，粤港澳大湾区城市群高质量发展战略和治理体系必须予以有效应对。粤港澳大湾区需要一种认同治理，城市群需要积极融入全球化，在与世界交流和区域交往中寻求共同利益，共同探讨全球贸易与投资规则。因此，以粤港澳大湾区城市群为主体分析对象，总结其治理体系演变的一般性和特殊性规律，兼具理论与现实意义。

那么，城市群的治理难题是什么？城市群产业体系、空间格局与生态体系这三方面问题的机制是什么？结合粤港澳大湾区世界级城市群，如何有效实施治理模式、治理路径和治理能力现代化的政策支撑体系？这些理论问题与实践问题需要通过构建城市群治理体系并应用于粤港澳大湾区进行回答。

7.1.2　文献综述

1. 区域治理体系的主要内容

区域治理体系重点包括区域产业治理、协同创新治理、开放治理、绿色治理、智慧治理五大方面。

（1）区域产业治理。城市群高质量发展离不开产业的支撑，新时期产业空间以突破传统行政边界的新形态发展，逐步形成以中心城市为焦点、周边城市产业协同发展的圈层化产业空间新格局。然而，不少区域在产业重构的过程中出现了不同程度的产业过度集聚与产业过度分散并存的问题。尹金宝和毛文瑾（2015）指出搭建企业、居民、社会组织及政府部门之间的协商对话平台有利于增加社会组织参与产业体系构建，是共享智力资源的有效路径。

（2）协同创新治理。王卫东（2011）以长三角城市群为例，从基础架构、重点领域、关键载体、保障机制和对策措施等方面构建长三角城市群协同创新发展机制。对城市群协同创新模式进行更进一步的探讨，相关学者提出了区域创新共同体、跨城际联盟组织、产学研协同创新等模式。例如刘凤朝等（2005）从跨城际联盟组织出发，借鉴了区域间建立合理的协商协调机制、组建统一的行政协调组织机构、构建有效的合作制度三种方法。

（3）开放治理。开放型治理体系是集社会管理理念和体制的创新体系，离不开多个社会主体共同参与。骆毅和王国华（2016）基于美国"开放政府"改革理论，研究"公众专利评审"项目的典型案例，总结出有效激励与协调开放公共数据情境下多元社会主体协同治理机制的规律。

（4）绿色治理。滕敏敏和韩传峰（2014）研究了传统政府主导的"命令—控制"型区域环境治理方式，分析了企业在区域环境治理中非合作行为产生的原因，表明在市场激励下，企业可以以较低的成本参与区域环境治理，在自觉承诺机制下实现帕累托最优。王玉明（2019）则认为企业和非政府组织通过研发环保技术，将在提升城市群绿色发展方面发挥重要作用。

（5）智慧治理。作为未来城市治理的发展路径，智慧治理除了科技治理的硬实力外，更需要发挥人文智慧、社会机制的基础性作用（张丙宣和周涛，2016）。许爱萍（2018）认为智慧治理要坚持以人为本的发展理念，做好统筹规划、系统布局工作；探索政府主导下的政企合作关系，明确利益分配机制，形成政府主导、市场与社会充分参与的智慧城市建设和管理模式；不断提高智慧治理的规范化与透明化（王法硕和钱慧，2017）。

2. 区域治理的实践

随着理论研究的不断完善，众多学者聚焦我国主要区域的治理体系展开研究。其中，对京津冀地区的关注较多。赵新峰和袁宗威（2014）从京津冀地区大气污染治理入手，研究了政府间大气污染治理政策的协调性。尹金宝和毛文瑾（2015）针对京津冀区域协调发展目标，构建了落实决策机制、执行机制、监督机制的运行机制。长三角城市群的协调发展同样引人关注。姬兆亮（2012）认为行政协议制度是区域政府协同治理的未来路径选择，并构建了由决策层、协调层和执行层共同组成的长三角区域政府多层次合作机制的框架。申剑敏和陈周旺（2016）从跨区域治理的角度探讨长三角区域社会信用体系中的地方政府合作过程、主体和机制。粤港澳大湾区在近几年也成为研究热点，李建平（2017）认为应该构筑"四方协议＋大湾区发展合作委员会＋联席会议＋专项合作"的协作机制。文宏等（2019）从粤港澳三地政府合作的演进史中，总结了交易关系、产业互补、协议调整和整体治理四种合作模式。张福磊（2019）认为粤港澳大湾区要确保控制协调、凝聚整合、任务导向管理以及功能导向聚合四个体系的协调整合。

3. 文献评述

综合各学者的研究成果，城市群治理仍存在以下两点不足，可深入探索。

第一，对世界级城市群治理体系尚缺乏关注与统一认识。现有研究多侧重宏观整体或省域分析，研究城市群治理体系的文献仍比较匮乏，研究内容比较分散，概念与内涵也尚未统一。

第二，未能建立阐释城市群发展及城市群问题的逻辑演变框架，对于粤港澳大湾区城市群的发展实践、治理体系经验总结尚缺。现有文献尽管已关注各方面治理内容，但尚未形成紧密联系，相关理论也未能形成统一框架。

7.2　城市群治理体系的逻辑框架

7.2.1　框架与机制

厘清城市群治理体系的框架与机制，有利于认识城市群区域治理能力现代化水平对高质量发展的重要促进作用，更能对标世界五大城市群，有针对性地指导高质量城市群建设。图7-1为城市群现代化治理体系的逻辑框架，框架从时代背景—治理难题—资源配置—治理体系—高质发展的逻辑链条展开分析，阐述了新时代新发展格局下构建城市群现代化治理体系的经济学机制。

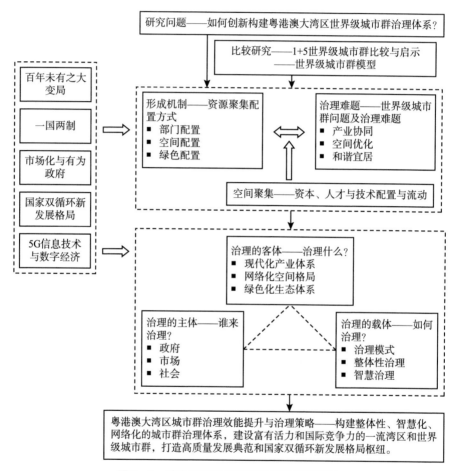

图7-1　城市群现代化治理体系的逻辑框架

资料来源：笔者自绘。

1. 城市群治理难题制约治理体系现代化水平

城市群作为最为特殊的区域空间，包含区域演化过程中最为复杂的体系（杨龙和米鹏举，2020）。在这一体系中，既包括国家、政府、市场、企业、民众等多元主体的有效互动，也包含技术变革、资源流动、空间生产与消费所重塑的集聚形态和增长方式，更伴随众多不可忽视的城市群问题与治理难题。这些存在的空间、产业、生态等方面的城市群问题是实现城市群高质量发展过程中最为棘手但又不得不解决的难题。此外，区域是实现科学治理体系必不可少的载体。在各类区域尺度下，相比于城市、都市圈和省域单位，城市群是经济区域的中心议题，也是出现严重区域治理难题的高发区域。因此，完善现有治理体系，加快形成科学合理的区域治理体系，必须首先解决城市群问题。事实上，城市群所出现的问题与治理能力欠缺有很强的一致性，是治理体系不完善在区域层面的真实缩影，这些城市群问题集中体现在以下五个方面。

第一，在经济模式上，城市群过去一直是"出口导向""投资拉动"发展战略的有力实施者，承担生产和组装的重要角色。然而，这种模式严重依赖较低的人力成本、原料成本、土地等基本要素优势，长期忽视对国内市场需求的培育和开发，导致出现"高污染、高耗能、低价值"的粗放型增长特征与"低端嵌入"和"对外依存度高"的外贸典型特点（王勇等，2020）。伴随传统要素成本优势和后发模仿优势的逐渐消失，以及世界经济不确定性等因素叠加，传统发展模式存在较大经济风险，已不能支撑经济高质量发展（洪俊杰，2020）。如何转变为更多依托经济内部自主创新与人力资本积累的内生增长模式实现经济增长，实现"以我为主，为我所用"的全球价值跃升，是城市群必须关注的核心内容。

第二，在创新方面，城市群作为科技创新的主阵地，核心技术成为制约城市群高质量发展的瓶颈。原始创新、颠覆式创新与先进基础工艺等研究仍较为薄弱，关键基础材料、核心基础零部件严重依赖进口的局面未能根本改变，光刻机、芯片、操作系统与发动机等技术"卡脖子"痛点存在，科技安全面临严峻挑战（王昌林和杨长湧，2020）。同时，城市群内部城市间创新供给不平衡，协同创新程度不深，官产学研协同创新体未能有效建立，科技成果转化率普遍较低。

第三，在生产与需求端，城市群承载着地区产业链与供应链的主要价值实现。然而，整体上产业基础能力水平与发达国家仍存在一定差距，产业融合度有待加深，产业链水平低端锁定问题严重、供应链运作模式亟待优化，全球产业分工话语权有待提升（刘志彪，2020）。更为严重的是，新冠肺炎疫情所引发的全球连锁效应暴露了存在的断点、堵点以及薄弱点，产业链、供应链中断的风险不期而至。此外，在城市群内部治理中，产业定位雷同、重复建设问题严重，结构同构化明显（覃成林和周姣，2010）。同时，城市群已成为中国拉动消费增长的主要平台，但消费潜力尚未得到充分释放，对于更高品质的产品、教育、医疗等方面的高水平服务依然有很大市场空间有待开拓，消费动力不足的问题亟待解决。

第四，在环境与社会层面，资源环境承载条件与管理能力不相适应的矛盾依然存在，跨区域污染转移与规避行为频发，环境污染"脱域化"现象突出（刘晓丽和方创琳，2008）。同时，由于受城乡二元结构、户籍编制、行政体制等诸多结构性因素影响，阻碍城市群要素自由流动的堵点依然存在。此外，收入分配不合理、贫富差距大、基础设施互联互通不完善、公共服务未满足均等化要求等因素阻碍了国内市场需求红利的实现和经济循环的畅通（孙志燕和侯永志，2019）。

第五，在空间布局与治理模式上，城市间"层级—网络"错位发展不明晰，"金字塔"结构尚未建立（方创琳，2014）。此外，城市群还存在行政级别与协调机制的差异化与非一致性、区域协作治理机制形式大于内在、城市群管理能力不高等体制机制问题亟待解决（傅强和朱浩，2013）。

总体来看，城市群问题作为阻碍高质量发展的"拦路虎"，也是国家治理体系的主要症结所在。因此，应通过进一步优化城市群资源配置，解决城市群发展问题，走高质量发展之路，构建合理的区域治理体系。

2. 资源优化配置是治理能力现代化的题中之义

经济体系本质上是一个动态循环体系，包含生产、分配、交换和消费四个环节（逄锦聚，2020）。因此，作为多个经济环节有机衔接的运转体系，经济体系的运行质量取决于循环的畅通程度。任何环节的发展滞后、任何环节之间的梗阻不畅，均将严重损害经济系统运转，制约经济高质量发展（沈春苗和郑江淮，2015）。从这个层面讲，通过提高供给质量、提升产业韧性、扩大消费内需、构建合理的区域治理体系，进而实现国民经济良性运转，是现阶段实现高质量发展的主攻方向。

在畅通循环这一过程中，无论是哪种循环，无论是处于循环的哪个环节，以商品和要素为表征的资源在面对人的无限欲望时，其稀缺性总是存在的，这是分析经济运行的逻辑起点。同时，资源的分配存在一个最佳比例，偏离最佳比例时，在循环体系下可通过资源的动态流动来修正调整。在此前提下，资源配置方式便成为经济体系的本质属性。如何对其所拥有的各种资源产生激励，继而通过流动路径进行分配，是资源配置方式的主要内容。可以说，资源配置方式的优劣不但决定了资源是否得到最佳利用、经济效益是否最大化实现，更是壮大与畅通经济循环、提升经济发展质量的关键（王一鸣，2020）。因此从这个意义上看，经济发展质量与资源配置方式密切相关。

　　传统经典的配置资源理论认为，当市场配置资源时，由于存在"无形的手"通过价格调节供需，促使资源自动"寻优"，因而市场是最有效率的形式，市场应是配置资源方式的主体。正是在资源配置方式主体的实践变革中，中国实现了从封闭向融入全球化进程的重大转变，最大程度激发了市场主体的活力，使资源"物尽其用""物尽其值"，助推了中国经济的腾飞，带动了整体经济的高速增长和城市化、工业化发展，总体实力迈上了一个新的台阶。

　　进入高质量发展阶段，伴随着主要矛盾的变化，经济发展的目标取向从"有没有""有多少"变为"好不好"，质量型发展有着更为丰富的内涵。同时，在加快构建新发展格局的过程中，完善治理体系、促进要素资源高效流通也需要更加有效的作为。《中共中央　国务院关于构建更加完善的要素市场化配置体制机制的意见》指出，要推进要素市场制度建设，实现流动自主有序、配置高效公平，对资源配置方式进一步调整提出了制度设计的指导。基于此，资源配置方式作为重要手段，有必要明确其具体结构与功能，以契合新发展格局建设要求并指导高质量发展实践。

　　理论上，资源配置方式是一个系统模式，除了要解决谁来配置外，还应回答配置在哪、配置什么以及怎样配置等问题。第一，对谁来配置的问题已基本达成共识，那便是选择"市场主导"以及"公共服务型政府"进行配置（陈云贤，2019）。第二，对于配置场所的问题，过去一直关注的是部门与产业间的配置，也就是运用市场价格调节供需，引导资源流向最适宜部门中去。然而在实际中，配置场所除了部门尺度外，空间尺度也不容忽视。资源的稀缺性除了突出体现在部门中，空间稀缺性也是其集中体现，是分析空间集聚与不均衡、区域极化扩散属性以及产生治理问题的起点（罗静和曾菊新，2003）。在配置场所上，除了要考虑资源部门配置外，资源空间配置也不可或缺，即资源在空间上如何从"城邦化经济"转向"区域城市一体化经济"模式下的自由流动。第三，在配置对象上，以劳动、资本、人力资本为表征的传统资源配置已受到重视，但面对核心技术受制于人、生态破坏日益严峻、环境污染、贫富差距扩大等科技、环境与社会问题，更彰显了科技资源、绿色资源与公共服务资源配置的重要性。重要的是，这些资源具有稀缺性，且在配置过程中由于经济外部性的普遍存在，由单一市场决定的配置方式往往会产生诸多问题，更需要发挥服务型政府的治理作用。科技自立自强、环境友好、社会和谐同样关系国家竞争力与人民福祉，直接影响中国经济的平稳健康和可持续发展，代表高质量发展时期经济社会深层次转型的关键所在（金碚，2018）。第四，谁来配置、配置在哪里以及配置什么所构成的系统内容复杂，结构部分交错重叠。此外，因目标不一致还存在经济增长与社会、环境的权衡取舍等矛盾。这些矛盾并非简单地渐次出现，而是很可能集中爆发并同时产生影响，降低整体配置效率。在这一过程中，如何用综合眼光看待各种矛盾，通过复杂精巧的安排协调优化各方面，发挥资源配置效率，对于资源配置方式尤其关键（钱伟刚，2018）。

总体来说，资源配置方式包括配置主体、配置场所、配置对象以及配置效能，分别回答谁来配置、配置在哪里、配置什么以及怎么配置的问题。配置主体是基础，目前已基本从"政府主导""增长型政府"转变为"市场主导""服务型政府"（高培勇等，2019）。进入高质量发展阶段，配置方式应注重配置场所、配置对象这两个具体领域，系统间配置效能的提升也需要重视。其中，资源空间配置与部门配置是配置场所的两个主要维度，配置对象需同时重视资源生产配置、创新配置与绿色配置，以提升系统环节间耦合协调程度为主要目标。

资源配置方式作为提高治理能力的核心手段，是高质量发展的题中之义。进入高质量发展阶段，资源配置方式内容更需要补充、整合与完善。基于"市场主导""服务型政府"的配置主体，以资源配置场所、配置对象为关注重点，结合配置效能提升系统耦合协调程度，便是资源配置方式的完整运行机制体系（如图 7 - 2 所示）。在资源配置方式的顶层指导下，将推动商品要素自由流动和优化配置，加快形成新发展格局的内需体系、产业链体系、供应链体系、价值链体系和市场体系，从而更快实现从高速度增长到高质量发展的转变。

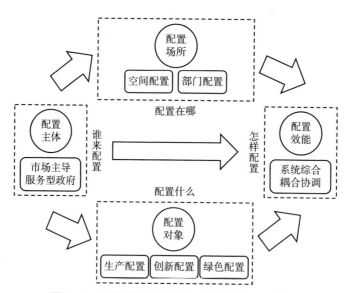

图 7 - 2　现代化区域治理体系下的资源配置体系

资料来源：笔者自绘。

3. 实现城市群资源优化配置是城市群治理体系的核心

构建科学合理的区域治理体系以区域为依托。城市群在中国城镇化战略格局中处于主体地位，是促进区域高质量发展的主要平台。同时，城市群问题是国家宏观治理体系不完善的主要症结所在，治理能力提升需要以解决城市群问题为前提。因此，高质量发展城市群的布局，是构建区域治理体系的主要空间载体。提高城市群发展质量，构建高效的区域治理体系，最终形成优势互补高质量发展的区域经济布局动力系统（方创琳，2018）。

资源配置方式同样在解决城市群问题、提升治理能力、推动城市群高质量发展的过程中起关键作用。从本质上看，资源配置方式深刻影响中国城市群高质量发展进程，城市群由高速增长、低质量阶段向中高速增长、高质量阶段的内生转化同样是资源配置方式不断优化的表现。改革开放以来，在顺应配置主体由市场决定的基本指引下，中国城市群取得了惊人增长，并带动居民收入增加与空间快速聚集扩张。然而，空间结构粗放、产业同质化竞争严重、生态体系不完善、城乡差距过大等问题，显示出中国城市群处于低质量发展阶段。当前，城市群发展的主要矛盾从数量型转化为质量型，一方面是人民大众日益增长的美好生活需求，另一方面则是城市群区域不平衡和简单粗放发展模式的结构性供给不足。实现城市群从"数量型增长"到"质量型增长"转变的目标，更好支撑新发展格局，同样需要资源要素配置方式的不断变革完善（方创琳，2019）。从资源配置方式的内容来看，配置主体问题基本明晰，进入高质量发展阶段同样需要关注配置场所、配置对象与配置效能问题。资源的空间配置、部门配置、创新配置、绿色配置以及资源各部分耦合协调的配置效能，是提升城市群治理能力、建设高质量城市群最需关注的五大领域。在这个过程中，城市群资源流动的空间配置决定了空间格局，部门配置决定了产业体系，创新配置决定了创新体系，绿色配置决定了社会生态文明，配置效能决定了治理模式。从资源配置方式的顶层设计开始，经过要素流动的路径过程，在空间、产业、创新以及生态等各方面进行演化耦合，最终影响城市群发展质量的运行转变。因此，新发展格局的建设离不开以城市群为主体的经济支撑，更需要通过发挥市场机制在资源配置中的决定性作用，有效解决配置场所、配置对象问题，提升配置效能，促进各环节、各层面、各领域中商品和要素的自由流动。

在内外循环中，作为沟通内外循环的重要窗口，城市群一方面需要更好地吸纳全球优质资源、商品与服务，建立适应全球资源配置的高水平标准体系；另一方面则需要更好地融入全球产业体系和国际贸易格局，在与世界交流和区域交往中寻求共同利益，克服制度摩擦和公众认知，共同探讨全球贸易与投资新规则，更好地参与和引领"一带一路"建设、全球化进程（吴志成和王慧婷，2020）。在内部主体循环中，资源空间配置要求城市群塑造结构清晰、功能互补的网络化空间格局，部门配置要求城市群培育集约特色、安全可控的现代化产业体系，创新配置要求城市群打造具有全球视野、自立自强的创新高地，绿色配置要求城市群构建清洁美丽、和谐宜居的绿色化生态系统，配置效能要求城市群形成整体协同、多元开放的智慧化治理模式。

因此，根据资源配置方式调整内容，借鉴五大世界级城市群发展经验，城市群高质量发展体现在城市群优化空间与产业结构、变革增长动力与推进治理能力现代化方面，一般具有五个特征：结构清晰、功能互补的网络化空间格局，集约特色、安全可控的现代化产业体系，全球视野、自立自强的一流化创新高地，清洁美丽、和谐宜居的绿色化生态系统，整体协同、多元开放的智慧化治理模式。进入高质量发展阶段，以"市场主导""公共服务型政府"为资源配置主体，推动城市群空间格局更优化、产业体系更先进、创新能力更突出、社会生态更美好、治理模式更优化，是促进国家宏观经济整体有机融合、加快形成区域治理体系的根本要求。

7.2.2　城市群治理体系的基本内容

1. 认同治理、跨境治理、智慧治理的治理理念

认同治理的核心在于合作、交流与协同，即构建贯穿城市群发展方方面面的合作沟通共享机制。从地方视野上看，认同治理要求加强地方协作与地方沟通，通过专业化分工协作，实现功能特色互补、产业错位布局的目标。从全球视野上看，城市群需要提高软实力，通过积极融入全球化，在与世界交流和区域交往中寻求共同利益，共同探讨适应全球贸易与投资规则的方法。跨境治理要求打破制度壁垒，形成规则对接或衔接，创新城市群经济高质量发展的体制机制。智慧治理则要求信息技术融入城市群治理体系的方方面面，目标在于借助数据"轻资产"的特性，实现治理对象发展现状的全面可视化，利用数据模型及时预警潜在风险，同时，对治理对象的全面掌握有利于提高治理对策的精细水平和超前水平，为治理效果反馈提供有效的技术抓手。

遵循认同治理、跨境治理和智慧治理，从治理的主体、客体和载体出发，构建城市群治理体系，即现代化的产业体系、整体协同的空间格局和绿色宜居的生态体系。围绕高质量发展的具体要求，建设现代化产业体系的重点在于培

育城市群产业核心竞争力，不断提高产品附加值，助力城市群内部企业实现全球价值链的攀登；构建整体协同空间格局的目的在于破解高端创新要素的不合理配置难题，实现创新要素的供求匹配，充分激发城市群各创新主体的创新活力，助力创新驱动发展；建设绿色宜居社会和谐的生态体系是实现高质量发展的必由之路，也是可持续发展的必由之路，有利于提升能源和资源的利用效率，也有利于转向高效环保节能的经济增长方式。

2. 整体协同的空间格局和空间治理模式

跨境高端要素流动和本地空间有序集聚是培育世界级城市群和实现创新驱动发展的关键因素。由于高端资源要素的流动性和科技知识的内隐性不同，创新主体和各等级城市突破空间障碍的能力和空间范围的不同，从而形成多种空间尺度的合作模式、产业合作内容和协同模式。

高质量发展背景下的城市群，需要对不同空间尺度的高端要素和创新资源形成"本地汇聚、在地联结和就地转化"能力，呈现"多中心、多层级、多功能"的区域创新网络和开放空间格局，表现为对接辐射国内外两个扇面的空间枢纽。因此，城市群整体协同的空间格局和空间治理研究，应从多空间的尺度开展国内外各主体的产业经济合作行为和关系研究，强化国内外高端资源要素的对接和地方制度的响应，构建"全球—地方联结"的网络枢纽。

3. 现代化产业体系

构建城市群产业治理体系，就是着眼于提升城市群的产业基础高级化、产业链现代化水平，利用数字化技术实施产业链重点领域全周期管理。

（1）产业结构合理化。第一，构造区域协同创新的治理机制，需要分别从城市群内部的区域协同、城市群与其他主体的跨区域合作、多层网络耦合以及创新功能角度出发，围绕技术与知识等高端要素的学习、共享和匹配机制，充分发挥各城市主体的比较优势，实现错位布局、功能互补的城市群协同创新体系。第二，提升城市群内部的协同创新能力，关键在于帮助城市主体找到自身定位，形成城市群内部产业协作的合理结构，促进知识与技术等高端要素在城市群内部高效流动。从产业优化的角度看，城市群内部的产业分工应符合各城市内部的产业整体发展水平。城市群整体应以集约高效为目的，充分发挥不同城市战略性新兴产业与传统产业在产业结构与协同创新功能上的互补性，形成功能合理、协作高效的产业分工格局。同时，需要促进知识与技术等高端要素在城市群内部的传播，充分发挥城市群内部合理的产业分工对知识溢出、知识转移和技术扩散的积极作用。第三，提升城市群与其他主体的跨区域合作能力，通过建设跨区域联盟推动城市群协同创新能力的提升，建立平台级的共享和匹配机制，并获取互补性、异质性的知识，提升企业创新能力，打造跨境协同创新体系，提升产城融合能力。

（2）产业基础高级化。第一，实现产业基础高级化，需要通过积极参与全球贸易、拓展全球市场、推动城市群要素市场改革等方式挖掘要素红利，提升要素的供给效率，为激发城市群产业创新活力提供保障。完善城市群的产业配套体系，不仅需要提升城市群内部产业与产业链的整体技术水平，更需要解决产业链与技术发展的"卡脖子"问题。城市群应着力加强自主研发，定位核心产业，攻克产业链关键技术瓶颈，将内部企业整合到国际产业链和供应链。优化营商环境，推进贸易投资便利化、自由化，把"引进来"和"走出去"相结合。第二，打造"国家—城市群之间—城市群内部"三层网络的要素优化配置系统。发挥地理开放度对协同创新的积极效应，包括城市群与城市群之间的协同效应、跨境城市群之间的辐射作用。构建区域协同平台，实现高端要素在区域协同平台的有效共享和匹配。通过培育完善产城融合等平台，聚集产业创新资源。重点发挥平台匹配机制对创新效率带来的正反馈效应，实现产业基础高级化。通过积极参与全球贸易、拓展全球市场、推动要素市场改革的方式进一步挖掘要素红利。

（3）产业治理数字化。第一，产业治理数字化在于利用数字化技术识别、管理和监控对其他行业和社会生活辐射性强的重点产业，如生物技术、环境产业、化工产业、新材料、先进制造业和互联网产业等。此外应实施全周期治理，做到产业链精准布局，有效预测创新资源对产业链的迭代作用，规制重点产业负面影响，对负外部性强的产业的重点领域实施监管。第二，实施产业链精准布局战略。针对供给端产品繁杂的特点，通过数字化技术加强对产业链现状的评估，特别是要摸清产业链重点中间产品。构建重点中间产品供给网络半结构化数据库，鼓励重点产业企业进驻，对供应链上下游的产品质量和内容实时更新，全面梳理产业链上下游关键核心产品的供求关系，进而掌握各产业链符合扶持条件的产品，形成培育清单和路线图，做到重点中间产品自主生产、质量可控，为实施产业基础再造工程提供行动坐标。第三，有效预测创新对产业链的迭代作用。针对创新资源无序流动和浪费的局面，构建关键产业链发展地图和产业知识图谱，对产业链重点领域的创新技术作出前瞻性预测，畅通创新知识与技术等高端要素产业链上的扩散渠道。产业链发展地图应整合产业链上下游重点企业、项目、平台，对技术创新进行前瞻布局，动态调整技术发展方向，解决技术问题。产业知识图谱标准应整合产业链、技术路线、应用领域、区域分布等多方面信息，面向社会创新主体公开，牵头引领社会资源投入建设，促进高端创新要素的供求匹配，畅通高端创新要素在产业链上的扩散和外溢渠道。第四，规制重点产业的负外部性。及时出台数据隐私保护、伦理道德、网络安全的法案或政策，控制破坏市场环境的行为，保证信息高质量传播等。

4. 绿色治理、社会和谐与宜居治理

在生态环境保护方面，将"绿色宜居、社会和谐"作为推进城市群生态治理的共同目标，以认同治理为导向，通过塑造城市群内部共识，促进合力共治。明确提出区域生态治理目标，系统认识政府、市场、公众多方主体参与下的区域协同治理，建立起跨领域、跨组织的生态资源统筹管理监察机制，形成区域生态建设的共同行动组织及监督行动组织，促进实质性合作的落实。同时，发展生态农业，推动绿色农业和特殊农业发展，在传统农业转型过程中考虑生态治理及淘汰落后产能的同时，减少工业污染物的排放。健全区域生态补偿机制、生态风险防范机制以及生态法治保障等机制。通过整合城市群各领域绿色低碳的信息化建设成果，打造绿色低碳新型智慧大数据平台，实现各领域的融合管理，从基础设施建设、完善体制保障、一体化技术协调等方面，借助智慧、数字之力提出生态治理的顶层设计建议。

5. 治理效能综合提升

城市群发展主要体现在城市群空间格局、产业体系和生态体系的不断优化以及城市群功能和协同机制不断完善等方面，这些都是动态交互的过程。因此从整体性评价出发，评估城市群发展模式、城市群结构和城市群发展动力等方面的治理效能。此外，信息技术作为要素流动的有效载体，也是进行现代化治理体系改革的有效技术抓手，智慧化评价必不可少。

整体性评价的重点是城市间竞争与合作的福利效应。应建立城市群内各城市竞争与合作框架以探讨城市群政府跨区域协同合作治理架构与经济效率关系，得出城市群各城市竞争与合作的福利经济结果。具体来说，基础设施的需求、公共服务的完备、现代信息技术、市场一体化角度是城市群不同主体竞争与合作的焦点。应选择最优的城市群整体治理模式，提高治理效能。

智慧化评价的重点是多主体的参与度和认同度，是解决模式迭代矛盾的有

效评价指标。具体而言，要做好跨界治理、数字治理与智慧治理的有机结合。利用信息技术推进政府的制度创新以及政府各部门间的任务协调、协同治理，促进多主体跨界、跨区域合作并带动多主体参与到城市治理中来，高效运用数字治理与智能治理的成果，设计跨境治理的智慧治理模式，形成跨省域的经济一体化城市群，在城市群空间网络架构、拉动内需、创新驱动、生态文明等方面探索新路。同时也要实现多主体的参与和管理，形成统一的运行闭环，实现信息化、工业化和城镇化的深度融合。

7.3　城市群治理体系的演化：以粤港澳大湾区城市群为例

7.3.1　粤港澳大湾区城市群主要特征

1. 从模仿学习到自主创新——发展模式升级

粤港澳大湾区的技术创新阶段大致可以分为技术使用阶段、技术学习阶段与技术创造阶段。首先，在技术使用阶段，其主要特点是"以市场换技术"。得益于独特的区位条件与制度优势，大湾区在"三来一补"的生产模式中主动接受来自发达国家的产业转移，初步完成了资金和技术的原始积累。其次，在技术学习阶段，大湾区企业的技术模仿形式可分为两大类：一类是以深圳、东莞为代表的直接对外来技术加以整合、改造的外源型模仿；另一类是以佛山、顺德为代表的对本地技术领先的民营企业加以学习的内源性模仿。学习模仿策略是粤港澳大湾区城市群在技术约束下企图后来居上、追赶先进的现实选择。最后，2008年金融危机席卷全球，经济全球化步入十字路口，全球产业链的分工方式出现新变化。大湾区顺势而为，重新调整发展战略，积极发展高新科技，进入技术创造阶段。在此期间，大湾区大批高新企业走向国际市场，逐渐成为全球高新技术领域的供应商。例如，华为建立欧洲研究所、比亚迪研发 IGBT 模块、碧桂园成立 AI 凤凰魔盒、美的收购库卡机器人等。从学习模仿到自主创新，粤港澳大湾区城市群在摸索中找到了一条发展模式不断升级的道路。

2. 从要素驱动到创新驱动——动力机制创新

创新驱动的转变与创新是粤港澳大湾区动力机制变革的真实写照。从自然资源的角度看，大湾区土地、淡水、海洋资源丰富，环境承载力较强。然而，长期发展低附加值、高污染率的加工贸易业对资源、环境造成了不可逆转的破坏，削弱了经济可持续发展的基础，粗放的增长方式难以为继。从劳动力的角度看，过去珠江三角洲九市廉价劳动力是其最主要的竞争优势，而随着劳动力成本的持续上升，珠江三角洲的劳动力优势也逐渐被其他东南亚国家取代。与此同时，国内人口出生率走低、老龄化加剧，人口红利已接近尾声。从资本的角度看，经过对外开放，大湾区的资本总量充足而结构性问题凸显。一方面，投资的边际效应递减，对经济的拉动力十分有限；另一方面，政府的投资比重过高会挤出企业与私人投资，抑制市场活力。综上，过去依靠资源、劳动力、资本等要素拉动经济增长的模式造成了大湾区"体量大而不强，增长快而不优"的局面。伴随着新一轮科技革命和产业变革，粤港澳大湾区已经进入创新驱动发展的关键时期。2013～2018 年，广东省委省政府先后出台了 115 个与创新驱动相关的政策性文件。除政策支持外，大湾区还有丰富的创新载体与高端人才，拥有 25 个国家重点实验室、449 家科技孵化器、122 个珠江人才计划创新团队，为大湾区的发展提供技术保障。

3. 从双城联动到双区驱动——区域合作深化

对于城市群而言，中心城市往往发挥着至关重要的作用，辐射带动整个区域的发展。改革开放初期，香港凭借体制优势率先成为大湾区的核心城市，但由于港澳与内地联系不强，对珠三角九市的辐射带动作用不明显。随着经济特区成立，以外贸为主导的工业化模式与"孔雀东南飞"的城市化模式相辅相成，广州、深圳在短期内飞速发展，逐渐成为珠三角城市中的领头羊。此时粤港澳大湾区呈现"层级分明、双城联动"的空间格局，以广州、深圳两个一线城市为中心，辐射周边都市圈的发展，从而带动整个大湾区发展。2018 年，广深港高铁与港珠澳大桥相继营运通车，大湾区内部通达性进一步加强；2019年《粤港澳大湾区发展规划纲要》发布，粤港澳大湾区的建设正式上升为国家战略，各类壁垒逐渐被打破，港澳与珠江三角洲城市间的合作交流越来越顺畅。2019 年 11 月，广东省第十二届委员会第八次全体会议提出，要充分发挥大湾区与先行示范区的重大平台作用，充分释放"双区驱动"效应。从广深"双城联动"到大湾区与先行示范区"双区驱动"，隐含了两条重要发展脉络：一是"从二到多"，城市间的发展差距逐渐缩小，呈现百花齐放的局面；二是"从城到区"，区域内合作更为频繁，联系日益紧密，城市间趋于协同发展而不是单打独斗。

4. 从"前店后厂"到协同发展——产业体系完善

经济特区成立初期，珠江三角洲九市接受发达国家以及香港地区的低端制造业转移，以劳动密集型企业为主，服务业发展欠佳，产业结构失衡。香港与澳门地域狭小，制造业发展受限，以发展金融、房地产、博彩等服务业为主。这一时期，粤港澳三地的产业结构都较为单一，缺乏完备的产业体系。经过多年的自主创新与协同发展，大湾区不仅具备成熟的电子信息、机械设备、生物医药等先进制造业，还拥有配套的金融、房地产、商务、物流等服务业，产业体系多样化、多层次，形成密切的产业关联与高效的协作关系，突出表现在以下三个方面。（1）内地与港澳分工明确。珠江三角洲九市仍然以发展制造业为主，向先进制造业、高端制造业过渡；香港作为自由贸易港，继续担任大湾区金融中心、贸易中心、航运中心的角色；澳门以旅游业、博彩业为主导产业，同时作为内地与葡语国家交流的桥梁。（2）珠江东岸与西岸差异发展。珠江东岸以深圳、东莞为核心，主要发展知识密集型产业，以电子产品、金融服务为主；珠江西岸以广州、佛山为核心，主要发展技术密集型产业，以装备制造、电子加工、生物医药为主。（3）珠江三角洲九市各有所长。深圳、惠州主要发展电子设备生产产业；除发展电子设备制造业外，东莞的服装、纸制品制造行业也较为发达；广州以汽车和医药化学制造业为主；佛山、珠海的电气机械和器材制造业享誉全国；江门、肇庆、中山地区的金属冶炼制品业、食品加工业为各地产业发展提供有力支撑。

7.3.2　粤港澳大湾区治理体系演化：创新、协同、开放的发展过程

粤港澳城市群从经济特区到大湾区，从中心城市、都市圈到城市群，其变革历程蕴含并继承着新发展理念，是中国城市群40年发展的典型样本。探讨大湾区治理体系演进的方向，关键在于资源配置效率的优化。基于逻辑机制，从粤港澳空间、产业、绿色、协同四个角度划分大湾区改革开放40年的发展阶段，解析城市群走向现代化治理体系的经验启示。

1. 粤港澳大湾区的空间格局演进

改革开放40年来，随着经济全球化的推进与交通信息网络的建设，生产要素汇聚于中心并向外围扩散，城市间的动态交换日益紧密，粤港澳大湾区形成"点—层级—网络"的空间演化特征，使得空间格局由散点孤立向互补式

的多中心网络化转变。

第一阶段，粤港澳空间格局的点状孤立。改革开放初期，受国家政策的影响，人员、资金、技术等涌入并推动珠三角的城镇化进程，深圳、珠海利用经济特区的优势，快速实现工业化与城市化。"三来一补"与乡镇企业的发展也推动一批小城镇逐步兴起，南海、东莞、中山、顺德经济发展迅猛。在城市数量增加过程中也存在一系列问题，如中型城市偏少、重复建设无序扩张、城市间功能联系薄弱等，空间格局呈现多核散点弱联系的主要特征，影响空间资源配置的进一步优化。

第二阶段，粤港澳空间格局的层级辐射。随着市场经济体制的推进和港澳特区的回归，区域要素的流动限制逐渐减少，推进了城镇化进程并使空间结构不断优化。在新区建设、区划调整和大型基建的影响下，大中小城市发展齐头并进，广州和深圳凭借省会地位、特区政策扩大影响力，成为区域经济、文化和交通的辐射双中心。各中心城市突出服务业职能并将制造业职能转移，外围城市也因转型升级建立起具有高度竞争力的产业集群，共同推动珠三角形成多元差异下的分工协作与一体互补。城市化进程推动珠三角地区走向整合，城市组团层级明确地分布于珠江东西两岸，大都市连绵区逐步形成。

第三阶段，粤港澳空间格局的网络整合。全球化与市场化的深入使区域界限打破，内地与港澳深化合作也进一步推动人流、物流、信息流等要素的自由流通，粤港澳大湾区逐步向一体化格局迈进。作为湾区中心城市，香港、澳门、广州和深圳以"广佛—深莞"为中心带动区内城镇发展，以中心城市为核心的都市圈相继扩容，形成多中心高效连接的均质枢纽网络。港珠澳大桥等重点基础设施工程已布局建成，将打通广深港澳科技创新走廊，方便区域要素交流，进一步推进大湾区加速融合。

2. 粤港澳大湾区的产业体系演进

改革开放 40 年来，随着全球产业价值链的分工深化，大湾区的主导产业从传统制造业转向高端制造业和新兴服务业，要素禀赋从自然资源、非熟练劳动力等升级为科技人才、高精技术等高级要素，使得低端、分离的传统产业体系逐步向中高端、一体化的现代产业体系转化。

第一阶段，粤港澳产业体系发展的雏形。改革开放初期，受经济特区政策和廉价人力成本的吸引，来自港澳台地区的资本进入珠三角，推动产业发展由传统农业经济向工业化社会转变。一方面，以遍地开花的乡镇企业为主要载体，通过"三来一补""前店后厂"的加工贸易模式，珠三角坚持出口导向的外向型策略，承接港台产业转移并形成以加工制造业为主的产业特色。另一方面，珠三角产业以资本驱动为主，多为低投入、低技术含量、低附加值的劳动密集型产业，缺乏自主创新的技术和配套服务业的支援，导致城市间制造模式出现严重同质化。

第二阶段，粤港澳产业体系发展的转型。由于政策区位支持与国际产业转移的原因，珠三角基本完成工业化并形成门类齐全、规模庞大的制造业体系。各级政府由工业发展为主导转变为第二、第三产业并举，并将一部分劳动密集型产业向珠三角边缘地带、山区和内地转移，为后续优质产业发展提供有利空间。以中国加入 WTO 和 2008 年金融危机为关键点，珠三角制造业加大科技投入和自主创新力度，转向依托人才、技术等高级要素和创新红利，着力向产业链上下游两方延伸。

第三阶段，粤港澳产业体系发展的深入。随着国际科技革命与产业变革愈演愈烈，经济发展新常态也要求加快供给侧结构性改革，实现由高速增长向高质量发展转变，要求粤港澳构建现代化产业体系，推动实现"创新链、产业链、资本链"的协同融合。

3. 粤港澳大湾区的生态文明演进

改革开放 40 多年来，随着可持续发展理念的深化和生态文明建设的推进，大湾区的生产方式从资本积累投入转向创新低碳循环，生活方式从物质至上转向多样化个性需求，城市群生产生活生态空间优化，高污染、高排放、高能耗的黑色发展逐步向效率、和谐、持续的绿色发展转化。

第一阶段，粤港澳生态安全文明的探索。改革开放初期，珠三角地区处于经济发展起步期，满足人民温饱、实现富裕小康成为当阶段区域开发的主要任务，而生态安全问题则难以兼顾。高速工业化和城市化引发资源浪费与生态污染，激化经济增长与生态环境间的矛盾冲突，给区域的生产生活活动带来巨大危害。地方政府基于"三同时"制度推进企业进行"三废"治理的技术改造，并要求编制《环境影响报告书》讨论基础建设的环保可行性。环境法制法规并不系统健全，政府、企业、居民的环保意识普遍薄弱，有法不依、执法不严，片面强调经济增长，使污染排放管制处于放任状态。

第二阶段，粤港澳生态安全文明的整治。随着人口、经济的爆炸增长，珠三角能源消费和污染排放问题凸显，异于粗放增长模式的绿色发展成为治理关键。各地政府坚持可持续发展战略，切实加强区域环境综合防治，优先治理重点污染区域和污染源，相关地方性法规陆续颁布，逐步推动生态环境向良好宜居转换。根据《2010 年广东省环境状况公报》所示,各地级市饮用水源水质已完全达标,空气质量已达到国家二级标准,水土流失区域逐步恢复。

第三阶段,粤港澳生态安全文明的规划。进入新时代以来,生态文明建设越来越受到重视。当前粤港澳以建设美丽湾区为目标,实行严格生态环境保护制度,出台如《固体废物污染防治三年行动计划》《推动落后产能退出工作方案》《打赢蓝天保卫战行动方案》等诸多政策文件。在环保政策完善和落实的同时,大湾区政府通过深化粤港澳环保交流合作,探索一体化的环境治理体系,如"粤港碳标签互认机制""粤港澳大气污染联防联治合作""大湾区水鸟生态廊道建设"等环境合作项目陆续开展,生态文明建设正体系化推进。

4. 粤港澳大湾区的协同治理演进

作为多元多层级的城市集合体,城市群在资源配置优化的同时,更需对协同发展的区域治理模式进行统筹。结合实践案例与大湾区实例,进一步从协同治理角度分析城市群的高质量发展战略。

在现实案例中,世界级城市群也会跨区域合作,在市场机制下通过对话协商引导要素有序流动和平等交换。作为世界三大湾区之一,东京湾的科学规划建设得益于成熟的决策机制,即在统一管理下,召集科研智库协助港湾规划,并在包括政界、工商界、学界等多元主体的审议下完成政策制定。借鉴国际先进经验,长三角城市群也自 1997 年成立城市经济协调会,先后通过包括市场一体机制、区域城市扩容、基础设施互通等决议,有力推进建设城市合作的专业化服务平台。改革开放 40 多年来,粤港澳调整政府与市场在资源配置中的关系,各城市在经济、教育、技术等多方面合作深化,至今已经历"孤立—交流—融合"的协同发展演进。

第一阶段为 1978~2002 年的孤立阶段,区域合作缺乏协调性且多为民间经济自发交流。一方面,由于港澳资金与产业转移的刺激,珠三角迈入高速工业化与城镇化的进程,"村村点火、户户冒烟"是区域发展的主要景象。同时资源配置方式正处于由"计划经济为主"向"市场基础性作用"的探索调整期,有的城市为争取大规模招商引资与邻近地区展开竞争,重复建设问题长期存在。另一方面,在港澳回归前,广东省缺乏与港澳地区的官方合作,因此粤港、粤澳合作会议于港澳回归后才逐步成立。

第二阶段为 2003~2012 年的交流阶段,区域合作转向以政府协调为主且内容、范围升级。在珠三角内部,随着市场经济体制的完善,服务型政府建设跨界协同制度,《珠江三角洲地区改革发展规划纲要》指出要推进包含产业、交通、城乡等的区域一体化格局，实现粤港澳经济融合发展。此外，珠三角的辐射腹地扩张，作为区域龙头带动泛珠三角乃至珠江西江"两江经济带"发展。在内地与港澳的交流过程中，2003 年粤港澳三方签署"CEPA"框架协议，通过减少或取消（非）关税壁垒，全面推动湾区内部服务贸易自由化和贸易投资便利化，此后粤港、粤澳合作协议更进一步加深三地经济合作。

第三阶段为 2013 年至今，大湾区的概念被正式提出并纳入国家发展战略。以建立统一市场为目标，大湾区深化行政改革，发挥市场在资源配置中的决定性作用。在中央政府的统筹协调下，多种行政辖区和多重管辖主体被纳入一体化合作框架，三地联系方式开始由渐进合作走向多边融合，从以往单一工业分工拓展到产业互补、城市功能和基础建设等全方位合作。《粤港澳大湾区发展规划纲要》指出，要提升大湾区市场一体化水平，应进一步以纲领性文件指导大湾区当前及今后的发展。

综上所述可以发现，城市群治理体系应从顶层设计入手，厘清政府与市场在资源配置中的关系，有效发挥市场机制并实现政府职能转型，突破阻碍市场一体化的行政、区域壁垒。当前粤港澳的协同发展正走向多元化和正规化，其中珠三角内部从孤立竞争到协同一体，与港澳的合作也从有限领域发展到全方位深层次。粤港澳应立足湾区的特色与优势，促进香港、澳门融入国家发展大局，全面深化三地合作协议；完善区域合作手段，基于市场主导、政府引导构建多层级、多主体的区域协调机构；致力突破货币、海关、税制等要素自由流动难题，通过互联互通和政策对接整合三地资源，进而保持港澳长期繁荣稳定，提升大湾区整体竞争力。

7.4 构建城市群现代化治理体系的路径选择

7.4.1 塑造结构清晰、功能互补的网络化空间格局

高起点、高标准、高质量地编制空间规划，形成高度密集的交通网络。建立多部门协同的空间信息平台，统筹经济布局、土地利用和城镇化格局，形成"多规"用地边界和内涵上高度统一的"一张图"。严格监督落实，注重衔接引导，明确城市群功能定位、战略重点，合理布局住宅、产业、生态和公共空间。建设用地实行城市群镶嵌体系的组团式、插花式审批用地新模式，优先保障重点项目用地。提高城市群交通网络密度，强化航空、航运、公路、铁路等交通基础设施建设。优化区域城市间、各类运输方式间交通的衔接水平，重点

贯通城市间的"断头路"，布局城郊线及城市群环线。加快城市群同城化立体交通体系建设，着力打造综合交通枢纽，形成以中心城市为主枢纽，多种交通方式互联互通、便捷高效的现代化交通网络。

构建分布合理、层级完整、规模有序的城市群等级体系，打造"核心辐射、集群发展、多点支撑"的高质高效的空间格局（方创琳，2011）。城市群按照现有规模、区域职能与发展潜力划分为中心城市、次级城市与节点城市。对于中心城市，根据功能定位选择"单中心"或"双城联动"发育模式，通过适当调整城市群内行政区划，扩大投资建设规模与加快人口、产业集聚力度等方式，提升中心城市首位度。同时，疏解中心城市非核心功能，主动发挥城市群开放窗口作用，着重提升内外联系与服务功能，发挥区域增长极与辐射带动作用。对于次级城市，要充分利用各地优势，着力挖掘发展潜力，努力晋升为区域新的中心城市。深化各次级城市之间的横向联合，建立全方位、多层次、多渠道的交流与合作，提升与中心城市的纵向互动关联度，发挥它们在城市群中承上启下的重要支撑作用。对于节点城市，通过突出其特色经济的形成与发展，提升规模紧凑度，完善生产制造功能，建设特色鲜明的小城镇，吸引人口聚集，不断壮大城市数量与规模。推动城市群加快形成以核心城市为中心，大、中、小城市互动协作、点—轴—面集群发展的金字塔网络分层结构。

提升城市群产业间关联效应，形成主导明确、优势互补、错位布局、联动发展的产业分工布局。树立"城市群共同体"思维，依据城市在空间生产网络中的地位与职能，兼顾各城市的比较优势与区域特色，合理布局优势产业。城市群的中心城市应率先实现由要素驱动向创新驱动转变，逐渐以先进制造、高新技术产业与现代服务业为主导，承担金融商务、总部管理、知识创造、研发设计职能，并作为要素与信息枢纽链接向外辐射传导通道，发挥辐射溢出效应，为制造业的产业空间转移提供便利。其他次级城市结合具体的禀赋能力和承载目标，完善承接配套条件，将经济利益与经济补偿相挂钩，进一步利用"成本洼地"的优势，以产业转移承担城市群生产制造职能，以学习吸收产业技术提升制造效率，探索差异化发展路径，形成具有地方特色和优势的产业集群。同时，有条件的次级城市可向节点城市二次辐射转移，延伸城市群整体产业链与价值链，使城市群内部形成以产业为纽带的高度协同化分工，推动城市群经济循环有序联动与共赢发展。立足产业和空间"双重调控"，突破行政区束缚，协调各方利益，形成以高新区与各类产业园区为空间依托的产业集聚配套和承接模式，循序渐进地推进"产城融合"。

7.4.2　培育集约特色、安全可控的现代化产业体系

坚持产业集约化、智能化、绿色化和融合化转型升级方向，形成更高质量的供给体系（赵蓉等，2020）。坚持"藏粮于地"方针，提高"藏粮于技"能力，发展现代都市农业，保障城市群"米袋子"与"菜篮子"稳定供应。着重提高工业四基能力，淘汰区域落后产能，促进三高产业清洁型升级。推动制造业数字化转型，推动数字技术在设计、管理、销售等环节的普及，加速制造设备数字化升级，推广柔性制造、远程制造、协同制造等生产新模式。顺应工业经济向服务经济转型的步伐，聚焦服务业重点领域，提升服务专业化和高端化水平。加快发展生产性服务业，提升协同集聚水平，更好发挥知识溢出、前后向管理与规模经济效应，使整体产业链向微笑曲线两端延伸。

以新基建畅通双循环，以新经济加速双循环（蒲清平和杨聪林，2020）。大力布局新型基础设施建设，推动"新基建＋产业链"共建共享，引导依托新基建打通消费与生产、供应与制造、产品与服务间的数据和业务流，持续推进新型基础设施建设与运营提质、降本、增效。推动"互联网＋"行动，加速推进数字产业化与产业数字化发展。推进线上线下经济融合，加快推进知识经济、服务经济、智能经济、共享经济等新经济业态，将新经济嵌入双循环的各环节，借助新经济强大势能，筑牢经济高质量发展的根基，为支撑城市群经济内涵型增长提供不竭动力。

打造更加自主可控、安全可靠的供应链产业链体系，构建城市群产业链空间网络。建立产业基础能力评估制度，把握产业链和供应链的现状分布、优势与短板。加强产业链补链、重整和提升，通过"引资补链""拉长长板"等方式，加强企业商业模式、生产模式、服务模式、管理模式创新，加快向"制造＋服务"转变，培育制造环节尽快延伸至原材料供应、产品设计、加工销售在内的全产业链优势，推动产业链向中高端攀升（刘志彪和陈柳，2020）。同时，对于产业链关键环节在国外的，通过技术攻关打通堵点、替代生产加工方式连接断点，重构城市群内部产业链网络。系统提升和优化供应链管理能力，构建多源供应计划，提升应急系统组织与管理能力。

增强产业链韧性，提高产业安全保障与风险防范能力。拓宽企业交流渠道，引导产业链处于不同环节的企业不定时开展产品、技术、设计、管理、销售等环节的交流活动，促进技术、设备和服务合作共享，搭建促进合作的实施机制、监督机制以及利益协商机制，构建开放生产组织体系，形成网络化、集

群化协同分工格局（李雪和刘传江，2020）。支持产业链上下游企业加强产品协同和技术合作攻关。鼓励现代信息技术在产业安全生产中的应用，强化在生产、控制、维护、信息、平台、网络等全流程安全能力的建设，增强态势感知、风险防范以及科学决策能力。

7.4.3　打造全球视野、自立自强的一流化创新高地

完善技术创新机制和研发体系，打好核心技术攻坚战。提升科技自立自强水平，加快构建全流程创新链条，推动城市群成为全国技术策源地，是"十四五"时期加快形成新发展格局的战略支撑与关键动能（吕薇，2020）。加大颠覆式创新、基础研究、前沿研发与共性技术项目的投入，培育基础研究能力，提升原始创新能力。建设一批高水平新型研发机构，联合骨干企业组建省技术创新中心、产业创新中心等机构，组建联合研究机构或产业技术联盟。加快布局建设具有产业引领作用的国家工业基础与技术研究院、国家重大科技基础设施、重大公共实验室。坚持应用牵引、体系推进，形成攻关清单。政府和企业对于投入巨大、技术难度高、市场主体难以攻克的重大问题进行联合攻关。推动技术与垂直行业交叉融合，着力突破人工智能、工业互联网、信息技术、新能源材料、智慧城市、教育医疗等交叉领域，带动群体性应用创新技术变革。

构建全方位联动的创新生态系统，形成技术成果转化新模式（尹响等，2020）。统筹整合各类要素，构建政产学研各类主体广泛参与、线上线下结合的开放协同创新网络。围绕产业链、供应链部署创新链，开展创新成果转移转化区域试点，并对"高精尖缺"领域技术创新成果转化项目给予奖励。推进孵化器、加速器建设，为研发、经营等企业提供必备的孵化空间。建设一批知识产权保护中心，综合运用审查、行政、司法、仲裁等方法形成保护合力。实施注重知识价值的分配政策，切实改善科研人员收入。

深度参与全球科技创新合作，提升科技创新国际话语权。通过国内外政产学研创新主体强强联合，共同举办科技创新大会、高端论坛、学术交流会议等活动，联合成立研究中心、合作实验室等创新载体，培育若干标志性的国际合作项目。依托内陆开放型经济试验区、中国自贸区、保税区、自由贸易港等创新平台，推动平台建设与提质升级，鼓励提升制度开放创新水平，促进区域贸易、投资、科技创新的自由化与便利化（裴长洪和刘洪愧，2020）。立足全球范围开展科技创新靶向招商引资，主动积极寻求与引进具有国际背景的优质科

技创新企业资源。鼓励通过海外并购、参股、联合培养与战略联盟等方式，加速科技创新龙头企业"走出去"，提高自身的科技竞争力。

7.4.4　构建清洁美丽、和谐宜居的绿色化生态系统

推进城市群绿色低碳发展，构建生态环境综合治理体系（黄跃和李琳，2017）。构建蓝绿交织的低碳城市、园林城市、森林城市，提升城市群环境承载力和生态效益。强化价格机制在绿色资源配置中的核心作用，改变以命令控制型为主的环境规制模式，逐步转换为以市场为基础的排污许可证交易和奖补形式。同时，根据地区的产业特色打造符合自身优势的低碳产业，大力发展高端服务业和生产性服务业，促使产业结构清洁化、能源消费结构优化和绿色经济体系的形成。搭建产学研多主体参与的环保技术创新研发平台，注重引进、模仿与吸收节能减排技术，提升绿色创新绩效。同时，提升政府对环境改善的服务管理水平。一方面，加大对企业在资源节约以及防污减排等方面的资金支持；另一方面，主动增加污染监测频次，对污染企业实施严厉处罚。在打造整体政府环境时，加强在政绩评价中对环境保护等长期因素的考核。此外，加强城市间环境治理的交流学习，全面提升区域协同治理效能和空间综合治理能力。协调优化各地区的环境政策，加强地方政府间公共政策的协同，完善信息公开制度和监督制度，建立省际联合治理机制，促使地区间环境规制趋同，从而改善环境跨域污染等问题。完善城市间包括能源、灾害防控、垃圾处理等基础设施服务。

破除城市群要素循环障碍，打造新型消费中心。加快拓展新兴消费领域，增加公共服务有效供给，更大程度激发全社会消费活力。积极推进新型城镇化进程，重视增加教育、医疗、社保和就业等方面的公共支出，提高保障民生的公共服务质量（陆铭等，2019）。同时，坚持实施乡村振兴战略，推行农业科技化、规模化和现代化，多渠道增加农民收入，提升中低收入人群的消费能力，通过农商互联、电子商务等方式挖掘低收入人群消费空间。加快发展新零售新业态，构建现代服务业体系，创造更多就业岗位，提高居民收入。加快推进传统商业模式数字化转型升级，以新型消费模式使经济循环的脉搏更加强劲。推动传统要素与科技、数据新型要素在城市间、城乡间健康有序循环。加快证券市场基础制度建设，规范债券市场统一标准以及实施技术改造升级。

7.4.5　形成整体协同、多元开放的智慧化治理模式

强化整体治理与一体化协同合作，推进多元治理。调整政绩考核体系，深入转变政府职能，推进城市群行政审批体制改革。建立城市群区域委员会，发挥跨区域合作协调机构作用，制定并落实有约束力的长期规划目标、管理协作规则、利益分享机制、冲突解决机制。搭建区域合作平台，积极探索飞地经济、共建园区等多边经济合作框架协议。在遵循市场机制原则的基础上，将社会组织以及居民参与治理纳入治理体系，积极探索多主体良性互动、紧密合作的多元治理模式，充分发挥政府与社会力量的联动治理效应（郑方辉和刘畅，2020），逐步改变传统的"强政府—弱社会"治理模式。推动治理模式精细化转型，加强多元治理、超前规划和技术工具的协同应用，构建共建共享共治的社会治理新格局。

推动城市群开放治理，营造公平竞争的市场环境。全面提升对外开放水平，采用高水平的对外开放政策，广度与深度并重，破解"准入不准营、准入很难营"的困境，给经济主体平等的待遇。坚持共商、共建、共享的基本原则，加强多边组织机制对接，推广相关技术、产品、标准、服务、规则和共识。

以数字治理为重要抓手，构建更智能、更精准、更普惠的跨区域治理网络体系。推动整体性治理与智慧化治理结合，利用数字技术推进政府的制度创新以及政府各部门间的任务协调。高效运用数字治理与智能治理成果，设计跨境治理的智慧治理模式，推动数字基建、数据共享、数字赋能，深化城市群数字化上下联动、内外合作。加强建设数字政府，打通数据壁垒并向社会公开，完善一站式电子政务门户访问渠道，以"区块链＋政务服务"推进新型政务信息资源共享平台建设，推动打造政务服务区块链应用示范区。依托大数据、云计算等数字技术治理手段，构建边界清晰、分工协作、平衡互动的协同监管机制。正确处理数字治理与传统治理在制度供给、价值观念等方面的更迭矛盾，明确数字治理应用的边界，推动适老化、适残化改造，让数字技术更有温度、更接地气。同时，加速数字素养与标准化推广建设，通过数字普惠建设，提升政府、社会组织与民众利用数字资源和工具的能力，提高社会对数字治理的认知接纳度和智慧治理的参与度。

7.5　本章小结

城市群治理体系内涵丰富，构建科学合理的区域治理体系应以区域为依托。城市群在中国城镇化战略格局中处于主体地位，是构建区域治理体系的主要空间载体。本章以资源配置机制决定城市群发展阶段为主线，贯彻认同治理、跨境治理、智慧治理的理念，提出世界级城市群的治理体系。

经济特区成立以来，粤港澳大湾区发生了翻天覆地的变化，本章通过探索其发展特征、驱动要素与阶段更迭，得出如下结论：粤港澳大湾区的演变历程在发展模式上，表现为从模仿学习到自主创新；在动力机制上，表现为从要素驱动到创新驱动；在区域合作上，表现为从"双城联动"到"双区驱动"；在产业体系上，表现为从"前店后厂"到协同发展。

同时，建设粤港澳大湾区城市群治理体系是构建新发展格局、实现高质量发展的必然要求。构建治理体系有利于实现粤港澳大湾区五大战略定位，充分释放粤港澳大湾区的战略价值，破解粤港澳大湾区跨境治理的难题。

最后，立足资源配置机制的理论基础，遵循城市群治理体系框架，针对城市群现代化治理体系提出塑造结构清晰、功能互补的网络化空间格局，培育集约特色、安全可控的现代化产业体系，打造全球视野、自立自强的一流化创新高地，构建清洁美丽、和谐宜居的绿色化生态系统，形成整体协同、多元开放的智慧化治理模式的对策建议。

结　　论

　　城市群承担着国家高质量发展和全球经济地位提升的重要责任。城市群的高质量发展有利于集聚创新要素资源、培育现代化产业体系、优化城镇化布局和形态、构建和谐绿色生态体系、促进区域协调发展。因此，必须以高质量城市群为主体构建协调发展的城镇格局。

　　基于新时代中国城市群如何实现高质量发展核心问题，以中国城市群典型样本为主体分析对象，围绕城市群发展"过程—结构—机制—协同—质量—战略"的分析思路，开展理论分析与实证研究。主要研究内容包括：（1）中国城市化过程与新时代中国城市群高质量发展内涵特征、评价与演变方向；（2）中国城市群发展质量演变的经济学机制框架构建与研究；（3）高质量城市群结构形成、动力来源与协同模式特征，从城市群内部城市视角出发，分别研究高质量城市群下产业集聚的空间格局、创新为主体的产业体系、城市间竞合行为的影响；（4）支撑城市群高质量发展的现代化治理体系与新时代中国城市群高质量发展战略和路径对策。通过上述研究，回答新时代中国城市群高质量发展内涵与特征是什么、中国高质量发展城市群演变的经济学机制是什么、哪些因素影响城市群高质量发展、新时代中国城市群高质量发展战略如何制定等问题，得到如下研究结论。

　　第一，中国城市群实现从"低质量发展"转向"高质量发展"的演变过程是：发展背景与现实需求决定资源聚集配置方式变革，引起资本、人才、技术等资源的配置与流动，资源流动导致城市群发展质量差异；资源聚集配置方式决定了城市群产业体系、空间格局和生态体系；城市群的空间格局、产业体系、生态体系与城市群发展阶段具有一致性。城市群协同发展与良好治理体系的目标在于破解城市群治理难题，使城市群实现从低质量发展阶段到高质量发展阶段的转化，提升城市群发展质量，承担国家双循环新发展格局的枢纽责任。

　　第二，高质量城市群是落实资源配置调整的主要空间载体，是构建新发展格局的核心枢纽。城市群发展质量主要体现在空间格局、产业体系、绿色发展和协同联系四大领域。2003 年以来中国城市群的发展质量呈持续上升趋势，各城市群发展差距在逐步缩小，前期以空间格局优化为重点，后期绿色发展越来越受到重视；中国城市群发展质量存在区域差异，发展水平整体呈现东、中、西递减趋势。

第三，城市群多产业集聚是其空间布局优化的重要动力。本书建立一个空间经济学一般均衡模型，从理论上探讨区域间制造业与服务业的空间协同集聚形态（分离式集聚、中心式集聚）的演变规律与驱动机制。交通运输条件和产业紧密联系程度等因素都会影响制造业与服务业聚集形态。珠三角城市间高技术产业协同集聚平均水平高于城市内平均水平。

第四，作为双循环新发展格局的主战场，城市群亟待提高创新能力以实现高质量发展。相比非城市群地区，城市群的创新优势主要有两个来源，一是高创新能力企业的集聚效应，二是选择效应。制造业与生产性服务业协同集聚能显著提升城市专利质量水平，产业协同集聚是提升地区创新能力的空间前提条件，知识外部性溢出与分工深化是导致城市专利质量提升的主要中介渠道。

第五，探索珠三角城市群内部城市间的竞争合作状态，对于城市群建设规划有十分重要的现实意义。本书利用 D—S 模型对 2000~2019 年珠三角九市间竞争合作关系的研究表明珠三角城市群城市间竞争、合作关系兼而有之。区域扩容作为区域竞合行为的集中展现，扩容后新进地区能否获得更好的发展关乎区域进一步一体化的广度和深度，市场联系与产业分工是珠三角扩容影响新进地区经济增长的重要渠道。

第六，城市群治理体系内涵丰富，高质量发展城市群的布局是构建区域治理体系的主要空间载体。本书以资源配置机制决定城市群发展阶段为主线，贯彻认同治理、跨境治理、智慧治理的理念，提出世界级城市群的治理体系。粤港澳大湾区的演变历程在发展模式上表现为从模仿学习到自主创新；在动力机制上表现为从要素驱动到创新驱动；在区域合作上表现为从"双城联动"到"双区驱动"；在产业体系上表现为从"前店后厂"到协同发展。

附　　录

附录1：代表性消费者的效用最大化问题求解

代表性消费者的效用最大化问题整体可描述如式（1-1）至式（1-4）所示。

$$\max_{A,M,S} U = A^a M^b S^c \tag{1-1}$$

$$\text{s. t} \quad tP_A A + \int_0^{N_M} p_M(i) m(i) di + \int_0^{N_S} p_S(j) s(j) dj = Y \tag{1-2}$$

$$M = \left\{ \int_0^{N_M} m(i)^{\frac{\delta_M - 1}{\delta_M}} di \right\}^{\frac{\delta_M}{\delta_M - 1}} \tag{1-3}$$

$$S = \left\{ \int_0^{N_S} s(j)^{\frac{\delta_S - 1}{\delta_S}} dj \right\}^{\frac{\delta_S}{\delta_S - 1}} \tag{1-4}$$

上述最优化问题求解分为两步，第一步是考虑产品生产成本最小化问题，其中制造业需求和服务需求求解最优化的步骤一致，以制造业品为例，问题转化描述如式（1-5）和式（1-6）所示。

$$\min_{m(i)} \int_0^{N_M} p_M(i) m(i) di \tag{1-5}$$

$$\text{s. t} \quad M = \left\{ \int_0^{N_M} m(i)^{\frac{\delta_M - 1}{\delta_M}} di \right\}^{\frac{\delta_M}{\delta_M - 1}} \tag{1-6}$$

拉格朗函数 Θ_1 构建如式（1-7）所示。

$$\Theta_1 = \int_0^{N_M} p_M(i) m(i) di - \phi_1 \left[\left\{ \int_0^{N_M} m(i)^{\frac{\delta_M - 1}{\delta_M}} di \right\}^{\frac{\delta_M}{\delta_M - 1}} - M \right] \tag{1-7}$$

一阶条件 FOC 如式（1-8）所示。

$$\frac{d\Theta}{dm(i)} = 0 \tag{1-8}$$

计算可得式（1-9）。

$$p_M(i) = \phi_1 \left\{ \int_0^{N_M} m(i)^{\frac{\delta_M-1}{\delta_M}} di \right\}^{\frac{\delta_M}{\delta_M-1}} m(i)^{-\frac{1}{\delta_M}} \qquad (1-9)$$

同理对制造业品 k 也有式（1-10）。

$$p_M(k) = \phi_1 \left\{ \int_0^{N_M} m(k)^{\frac{\delta_M-1}{\delta_M}} dk \right\}^{\frac{\delta_M}{\delta_M-1}} m(k)^{-\frac{1}{\delta_M}} \qquad (1-10)$$

式（1-9）与式（1-10）两者相除可得另一种变形的一阶条件 FOC，如式（1-11）所示。

$$\frac{p_M(i)}{p_M(k)} = \left\{ \frac{m(i)}{m(k)} \right\}^{-\frac{1}{\delta_M}} \qquad (1-11)$$

也即满足式（1-12）。

$$m(i) = m(k) \left\{ \frac{p_M(i)}{p_M(k)} \right\}^{-\delta_M} \qquad (1-12)$$

代入约束条件式（1-6）可得式（1-13）。

$$\left\{ \int_0^{N_M} m(k)^{\frac{\delta_M-1}{\delta_M}} \left\{ \frac{p_M(i)}{p_M(k)} \right\}^{1-\delta_M} di \right\}^{\frac{\delta_M}{\delta_M-1}} = M \qquad (1-13)$$

化简可得式（1-14）。

$$m(k) \, p_M(k)^{\delta_M} \left\{ \int_0^{N_M} p_M(i)^{1-\delta_M} di \right\}^{\frac{\delta_M}{\delta_M-1}} = M \qquad (1-14)$$

也即得到单个制造业品需求量 m(k) 的表达式，如式（1-15）所示。

$$m(k) = \frac{p_M(k)^{-\delta_M}}{\left\{ \int_0^{N_M} p_M(i)^{1-\delta_M} di \right\}^{\frac{\delta_M}{\delta_M-1}}} M \qquad (1-15)$$

对上式乘以 $p_M(k)$ 得到支出函数并取定积分可得总支出函数，如式（1-16）所示。

$$\int_0^{N_M} p_M(k) m(k) dk = \frac{\int_0^{N_M} p_M(k)^{1-\delta_M} dk}{\left\{ \int_0^{N_M} p_M(i)^{1-\delta_M} di \right\}^{\frac{\delta_M}{\delta_M-1}}} M \qquad (1-16)$$

化简可得总支出函数表达式，如式（1-17）所示。

$$\int_0^{N_M} p_M(k) m(k) dk = \left\{ \int_0^{N_M} p_M(i)^{1-\delta_M} di \right\}^{\frac{1}{1-\delta_M}} M \qquad (1-17)$$

通过式（1-17）前半部分可以看出制造业综合品的价格，同时也是制造业品的价格指数，若用 P_M 代表，其表达式如式（1-18）所示。

$$P_M = \left\{ \int_0^{N_M} p_M(i)^{1-\delta_M} di \right\}^{\frac{1}{1-\delta_M}} \qquad (1-18)$$

因此支出函数可变为式（1-19）。

$$\left\{\int_0^{N_M} p_M(i)^{1-\delta_M} di\right\}^{\frac{1}{1-\delta_M}} M = P_M M \qquad (1-19)$$

由于制造业品与服务业品支出函数的求解类似，同理可得服务业综合品的价格指数 P_S 的表达式，如式（1-20）所示。

$$P_S = \left\{\int_0^{N_S} p_S(j)^{1-\delta_S} di\right\}^{\frac{1}{1-\delta_S}} \qquad (1-20)$$

同时，其支出函数如式（1-21）所示。

$$\left\{\int_0^{N_S} p_S(j)^{1-\delta_S} di\right\}^{\frac{1}{1-\delta_S}} S = P_S S \qquad (1-21)$$

在得到制造业综合品与服务业综合品价格指数的表达式后，进入求解步骤，即求解效用最大化问题。此时，消费者效用最大化问题转变如式（1-22）和式（1-23）所示。

$$\max_{A,M,S} U = A^a M^b S^c \qquad (1-22)$$

$$\text{s. t} \quad P_A A + P_M M + P_S S = Y \qquad (1-23)$$

拉格朗函数 Θ_2 构建如式（1-24）所示。

$$\Theta_2 = A^a M^b S^c - \phi_2(P_A A + P_M M + P_S S - Y) \qquad (1-24)$$

一阶条件 FOC 如式（1-25）所示。

$$\frac{\partial \Theta}{\partial A} = \frac{\partial \Theta}{\partial M} = \frac{\partial \Theta}{\partial S} = 0 \qquad (1-25)$$

计算可得到式（1-26）、式（1-27）和式（1-28）。

$$aA^{a-1} M^b S^c = \phi_2 P_A \qquad (1-26)$$

$$bA^a M^{b-1} S^c = \phi_2 P_M \qquad (1-27)$$

$$cA^a M^b S^{c-1} = \phi_2 P_S \qquad (1-28)$$

上组合式中以式（1-26）为基础，分别相除式（1-27）、式（1-28）可得式（1-29）和式（1-30）。

$$\frac{P_A}{P_M} = \frac{aM}{bA} \qquad (1-29)$$

$$\frac{P_A}{P_S} = \frac{aS}{cA} \qquad (1-30)$$

化简调整有式（1-31）和式（1-32）。

$$P_M M = \frac{b}{a} P_A A \qquad (1-31)$$

$$P_S S = \frac{c}{a} P_A A \qquad (1-32)$$

基于假设条件 $a+b+c=1$，代入预算约束可得式（1-33）、式（1-34）和式（1-35）。

$$P_A A = aY \qquad (1-33)$$

$$P_M M = bY \qquad (1-34)$$

$$P_S S = cY \qquad (1-35)$$

结合标准化条件 $P_A=1$，可以得到 A、M、S 的表达式分别为式（1-36）、式（1-37）和式（1-38）。

$$A = aY \qquad (1-36)$$

$$M = bY/P_M \qquad (1-37)$$

$$S = cY/P_S \qquad (1-38)$$

最后，求解具体制造业品需求函数 $m(i)$ 与服务业品的需求函数 $s(j)$。以制造业品为例，将制造业品的价格指数 P_M 的表达式（1-18）、制造业综合品 M 的表达式（1-37）结果代入表达式（1-15）中，可得式（1-39）。

$$m(k) = p_M(k)^{-\delta_M} P_M^{\delta_M} M = p_M(k)^{-\delta_M} P_M^{\delta_M - 1} bY \qquad (1-39)$$

因此，制造业品的需求函数 $m(i)$ 的表达式如式（1-40）所示。

$$m(i) = p_M(i)^{-\delta_M} P_M^{\delta_M - 1} bY \qquad (1-40)$$

同理，服务业品的需求函数 $s(j)$ 的表达式如式（1-41）所示。

$$s(j) = p_S(j)^{-\delta_S} P_S^{\delta_S - 1} cY \qquad (1-41)$$

由此，关于代表性消费者效用最大化问题求解完毕。

附录2：代表性制造业厂商的利润最大化问题求解

代表性制造业厂商的利润最大化问题整体可描述如式（2-1）、式（2-2）和式（2-3）所示。

$$\max_{q_M(i)} \Pi(i) = p_M(i)q_M(i) - W_M^{1-\gamma}P_{S,M}^{\gamma}\{f_M + \beta_M q_M(i)\} \tag{2-1}$$

$$s.t \quad l_M(i)^{1-\gamma}H(i)^{\gamma} = f_M + \beta_M q_M(i) \tag{2-2}$$

$$H(i) = H = \left\{\int_0^{N_S} sm(j)^{\frac{\delta_{S,M}-1}{\delta_{S,M}}}dj\right\}^{\frac{\delta_{S,M}}{\delta_{S,M}-1}} \tag{2-3}$$

上述最优化问题求解同样分为两步，第一步考虑投入成本最小化问题，可描述如式（2-4）和式（2-5）所示。

$$\min_{sm(i)}\int_0^{N_S} p_{S,M}(i)sm(i)di \tag{2-4}$$

$$s.t \left\{\int_0^{N_S} sm(i)^{\frac{\delta_{S,M}-1}{\delta_{S,M}}}di\right\}^{\frac{\delta_{S,M}}{\delta_{S,M}-1}} = H \tag{2-5}$$

根据附录1的求解方式，可得服务业中间投入综合品的价格指数 $P_{S,M}$ 的表达式，如式（2-6）所示。

$$P_{S,M} = \left\{\int_0^{N_S} p_{S,M}(j)^{1-\delta_{S,M}}dj\right\}^{\frac{1}{1-\delta_{S,M}}} \tag{2-6}$$

同理可以得到投入制造业生产的服务业中间品的具体需求。需要注意的是，此时总收入为制造业的总收益，其中有 γ 部分用于其要素的支付，因此表达式如式（2-7）所示。

$$sm(j) = p_{S,M}(j)^{-\delta_{S,M}}P_{S,M}^{\delta_{S,M}-1}\gamma p_M(i)q_M(i) \tag{2-7}$$

第二步直接利用利润最大化一阶条件进行推导，一阶条件 FOC 如式（2-8）所示。

$$\frac{\partial\Pi(i)}{\partial q_M(i)} = 0 \tag{2-8}$$

计算可得式（2-9）。

$$p_M(i)\left(1 - \frac{1}{\epsilon_M}\right) = \beta_M W_M^{1-\gamma}P_{S,M}^{\gamma} \tag{2-9}$$

此时，当产品数量非常多时，以下条件将成立：

$$\epsilon_M = \delta_M \tag{2-10}$$

代入化简后，式（2-9）变为式（2-11）。

$$p_M(i)\left(1 - \frac{1}{\delta_M}\right) = \beta_M W_M^{1-\gamma} P_{S,M}^{\gamma} \qquad (2-11)$$

即如式（2-12）所示。

$$p_M(i) = p_M = \frac{\delta_M}{\delta_M - 1}\beta_M W_M^{1-\gamma} P_{S,M}^{\gamma} \qquad (2-12)$$

由于长期中垄断竞争厂商利润为0，不存在经济利润，因此代入利润函数有式（2-13）。

$$\Pi(i) = p_M q_M(i) - W_M^{1-\gamma} P_{S,M}^{\gamma}\{f_M + \beta_M q_M(i)\} = 0 \qquad (2-13)$$

代入 p_M 表达式化简可得式（2-14）。

$$\frac{1}{\delta_M - 1}q_M(i) = \frac{f_M}{\beta_M} \qquad (2-14)$$

因此可得到 q_M 表达式如式（2-15）所示。

$$q_M(j) = q_M = \frac{f_M}{\beta_M}(\delta_M - 1) \qquad (2-15)$$

依据经典空间经济模型的标准化条件，即如式（2-16）和式（2-17）所示。

$$\beta_M = \frac{\delta_M - 1}{\delta_M} \qquad (2-16)$$

$$f_M = \frac{b}{\delta_M} \qquad (2-17)$$

可得 p_M 与 q_M 的表达式为式（2-18）和式（2-19）。

$$p_M = W_M^{1-\gamma} P_{S,M}^{\gamma} \qquad (2-18)$$

$$q_M = b \qquad (2-19)$$

此时，对服务业中间产品的需求代入化简后的表达式如式（2-20）所示。

$$sm(j) = p_{S,M}(j)^{-\delta_{S,M}} P_{S,M}^{\delta_{S,M}-1}\gamma p_M q_M = p_{S,M}(j)^{-\delta_{S,M}} P_{S,M}^{\delta_{S,M}+\gamma-1} W_M^{1-\gamma}\gamma b \qquad (2-20)$$

此外，最终使用制造业劳动力的需求数量满足式（2-21）的条件。

$$l_M(i)^{1-\gamma} H^{\gamma} = f_M + \beta_M q_M = b \qquad (2-21)$$

因此，代入计算可知 l_M 的表达式如式（2-22）所示。

$$l_M(i) = l_M = \left\{\frac{b}{H^{\gamma}}\right\}^{\frac{1}{1-\gamma}} \qquad (2-22)$$

由此，关于代表性制造业厂商利润最大化问题求解完毕。

附录 3：代表性服务业厂商的利润最大化问题求解

代表性服务业厂商的利润最大化问题整体可描述如式（3-1）、式（3-2）和式（3-3）所示。

$$\max_{q_S(j) \, 、 \, q_{S,M}(j)} \Pi(j) = p_S(j)q_S(j) + p_{S,M}(j)q_{S,M}(j) - W_S l_S(j) \quad (3-1)$$

$$s.\,t \quad l_S(j) = f_S + \beta_S q_{ST}(j) \quad (3-2)$$

$$q_{ST}(j) = q_S(j) + q_{S,M}(j) \quad (3-3)$$

直接代入式（3-2）、式（3-3）到利润函数式（3-1）中，并利用利润最大化一阶条件进行推导，一阶条件 FOC 如式（3-4）所示。

$$\frac{\partial \Pi(j)}{\partial q_S(j)} = \frac{\partial \Pi(j)}{\partial q_{S,M}(j)} = 0 \quad (3-4)$$

计算可得式（3-5）。

$$p_S(j)\left(1 - \frac{1}{\epsilon_S}\right) = p_{S,M}(j)\left(1 - \frac{1}{\epsilon_{S,M}}\right) = \beta_S W_S \quad (3-5)$$

此时，当产品数量非常多时，以下条件将成立：

$$\epsilon_S = \delta_S \quad (3-6)$$

$$\epsilon_{S,M} = \delta_{S,M} \quad (3-7)$$

代入化简后如式（3-8）所示。

$$p_S(j)\left(1 - \frac{1}{\delta_S}\right) = p_{S,M}(j)\left(1 - \frac{1}{\delta_{S,M}}\right) = \beta_S W_S \quad (3-8)$$

故可得到 p_S 与 $p_{S,M}$ 的表达式如式（3-9）、式（3-10）所示。

$$p_S(j) = p_S = \frac{\delta_S}{\delta_S - 1}\beta_S W_S \quad (3-9)$$

$$p_{S,M}(j) = p_{S,M} = \frac{\delta_{S,M}}{\delta_{S,M} - 1}\beta_S W_S \quad (3-10)$$

由于长期垄断竞争厂商利润为 0，不存在经济利润，因此有式（3-11）。

$$\Pi(j) = p_S(j)q_S(j) + p_{S,M}(j)q_{S,M}(j) - W_S l_S(j) = 0 \quad (3-11)$$

代入式（3-9）、式（3-10），并结合式（3-2）和式（3-3）两个约束条件，调整后结果如式（3-12）所示。

$$\beta_S W_S\left(\frac{\delta_S}{\delta_S - 1}q_S(j) + \frac{\delta_{S,M}}{\delta_{S,M} - 1}q_{S,M}(j)\right) - W_S\{f_S + \beta_S(q_S(j) + q_{S,M}(j))\} = 0$$

$$(3-12)$$

化简可得式（3 - 13）。

$$\frac{1}{\delta_s - 1}q_s(j) + \frac{1}{\delta_{s,M} - 1}q_{s,M}(j) = \frac{f_s}{\beta_s} \tag{3-13}$$

由附录 2 中式（2 - 20）结果可知，式（3 - 14）成立。

$$sm(j) = p_{s,M}(j)^{-\delta_{s,M}}P_{s,M}^{\delta_{s,M}+\gamma-1}W_M^{1-\gamma}\gamma b \tag{3-14}$$

根据式（3 - 10）可知 $p_{s,M}(j) = p_{s,M}$，因此有式（3 - 15）。

$$sm(j) = sm \tag{3-15}$$

在均衡时，服务业作为制造业生产时，每一种中间产品的需求和供给必然相等，即满足式（3 - 16）。

$$q_{s,M}(j) = sm(j) \tag{3-16}$$

因此有式（3 - 17）和式（3 - 18）。

$$q_{s,M}(j) = q_{s,M} \tag{3-17}$$

$$q_s(j) = q_s \tag{3-18}$$

于是，式（3 - 13）可直接写为式（3 - 19）。

$$\frac{1}{\delta_s - 1}q_s + \frac{1}{\delta_{s,M} - 1}q_{s,M} = \frac{f_s}{\beta_s} \tag{3-19}$$

式（3 - 19）右端为服务业生产的成本结构，左端表示两部分生产，需要考虑成本分配。考虑平均分配模式，即各部分比例均为 $\frac{1}{2}$，故可得 q_s 与 $q_{s,M}$ 的表达式如式（3 - 20）和式（3 - 21）所示。

$$q_s(j) = q_s = \frac{f_s(\delta_s - 1)}{2\beta_s} \tag{3-20}$$

$$q_{s,M}(j) = q_{s,M} = \frac{f_s(\delta_{s,M} - 1)}{2\beta_s} \tag{3-21}$$

此外，最终使用服务业劳动力的需求数量满足式（3 - 22）和式（3 - 23）两个条件。

$$l_s(j) = f_s + \beta_s q_{ST}(j) \tag{3-22}$$

$$q_{ST}(j) = q_s(j) + q_{s,M}(j) \tag{3-23}$$

因此，代入式（3 - 20）和式（3 - 21）计算可知 l_s 的表达式，如式（3 - 24）所示。

$$l_s(i) = l_s = \frac{f_s(\delta_s + \delta_{s,M})}{2} \tag{3-24}$$

由此，关于代表性服务业厂商利润最大化问题求解完毕。

附录4：H 表达式推导

H 表达式最初如式（4-1）所示。

$$H = \left\{ \int_0^{N_S} sm(i)^{\frac{\delta_{S,M}-1}{\delta_{S,M}}} di \right\}^{\frac{\delta_{S,M}}{\delta_{S,M}-1}} \qquad (4-1)$$

由附录3中式（3-25）可知 sm（i）= sm，因此有式（4-2）。

$$H = \left\{ \int_0^{N_S} sm^{\frac{\delta_{S,M}-1}{\delta_{S,M}}} di \right\}^{\frac{\delta_{S,M}}{\delta_{S,M}-1}} = (N_S)^{\frac{\delta_{S,M}}{\delta_{S,M}-1}} sm \qquad (4-2)$$

N_S 表达式由 $n_{1,S}$、$n_{2,S}$ 加总可得，表达式如式（4-3）所示。

$$N_s = n_{1,s} + n_{2,s} = \frac{2\eta(1-\varphi-\epsilon)}{f_S(\delta_{S,x}+\delta_{S,M})} + \frac{2(1-\eta)(1-\varphi-\epsilon)}{f_S(\delta_{S,x}+\delta_{S,M})} = \frac{2(1-\varphi-\epsilon)}{f_S(\delta_{S,x}+\delta_{S,M})}$$
$$(4-3)$$

由附录3中式（3-15）、式（3-16）可知 $sm = q_{S,M}$，代入式（3-21）可得 sm 表达式如式（4-4）所示。

$$sm = \frac{f_S(\delta_{S,M}-1)}{2\beta_S} \qquad (4-4)$$

由此最终可得 H 表达式如式（4-5）所示。

$$H = \left\{ \frac{2(1-\varphi-\epsilon)}{f_S(\delta_{S,x}+\delta_{S,M})} \right\}^{\frac{\delta_{S,M}}{\delta_{S,M}-1}} \frac{f_S(\delta_{S,M}-1)}{2\beta_S} \qquad (4-5)$$

参 考 文 献

[1] 安虎森，邹璇. 相邻城市竞争、合作与双赢机制研究 [J]. 南开经济研究，2007 (5)：32 – 52.

[2] 白冰，赵作权，张佩. 中国南北区域经济空间融合发展的趋势与布局 [J]. 经济地理，2021 (2)：1 – 10.

[3] 白俊红，蒋伏心. 协同创新、空间关联与区域创新绩效 [J]. 经济研究，2015 (7)：174 – 187.

[4] 白永平，狄保忻，王鹏龙，黄永斌. 陇海—兰新—北疆铁路沿线城市紧凑度及其影响因素研究 [J]. 经济地理，2012 (7)：37 – 42.

[5] 蔡翔，张海晶，程发新，史烽. 产学协同创新空间效应及其影响机理研究——下篇：地理距离视角下的空间外溢效应 [J]. 技术经济与管理研究，2019 (11)：35 – 40.

[6] 蔡翼飞，张车伟. 地区差距的新视角：人口与产业分布不匹配研究 [J]. 中国工业经济，2012 (5)：31 – 43.

[7] 曹海军，霍伟桦. 基于协作视角的城市群治理及其对中国的启示 [J]. 中国行政管理，2014 (8)：67 – 71.

[8] 曹跃群，刘培森. 中国城市规模分布及影响因素实证研究 [J]. 西北人口，2011 (4)：47 – 52.

[9] 柴攀峰，黄中伟. 基于协同发展的长三角城市群空间格局研究 [J]. 经济地理，2014 (6)：75 – 79.

[10] 钞小静，薛志欣. 新时代中国经济高质量发展的理论逻辑与实践机制 [J]. 西北大学学报（哲学社会科学版），2018 (6)：12 – 22.

[11] 陈安平. 经济增速放缓与区域动态调节 [J]. 经济学报，2020 (3)：141 – 167.

[12] 陈昌兵. 新时代我国经济高质量发展动力转换研究 [J]. 上海经济研究，2018 (5)：16 – 24.

[13] 陈国亮，陈建军. 产业关联、空间地理与二三产业共同集聚——来

自中国212个城市的经验考察 [J]. 管理世界, 2012 (4): 82-100.

[14] 陈佳贵, 王钦. 中国产业集群可持续发展与公共政策选择 [J]. 中国工业经济, 2005 (9): 5-10.

[15] 陈建军, 刘月, 邹苗苗. 产业协同集聚下的城市生产效率增进——基于融合创新与发展动力转换背景 [J]. 浙江大学学报 (人文社会科学版), 2016 (3): 150-163.

[16] 陈抗, 郁明华. 城市边缘区与中心区的竞争合作关系演进研究 [J]. 现代城市研究, 2006 (6): 10-16.

[17] 陈柯, 尹良富, 汪俊英, 韩博闻. 中国制造业产业集聚影响因素的实证研究 [J]. 上海经济研究, 2020 (10): 97-108.

[18] 陈曦, 朱建华, 李国平. 中国制造业产业间协同集聚的区域差异及其影响因素 [J]. 经济地理, 2018 (12): 104-110.

[19] 陈晓东, 金碚. 黄河流域高质量发展的着力点 [J]. 改革, 2019 (11): 25-32.

[20] 陈星, 周成虎. 生态安全: 国内外研究综述 [J]. 地理科学进展, 2005 (6): 8-20.

[21] 陈英武. 城市间生产者服务业与制造业互动研究 [D]. 南京: 南京大学, 2015.

[22] 陈玉光. 城市群形成的条件、特点和动力机制 [J]. 城市问题, 2009 (1): 18-22.

[23] 陈跃刚, 张弛, 吴艳. 长江三角洲城市群多维邻近性与知识溢出效应 [J]. 城市发展研究, 2018 (12): 34-44.

[24] 陈云贤. 中国特色社会主义市场经济: 有为政府 + 有效市场 [J]. 经济研究, 2019 (1): 4-19.

[25] 陈子韬, 孟凡蓉, 王焕. 政府支持对高技术产业创新效率影响研究 [J]. 科学学研究, 2020 (10): 1782-1790.

[26] 程玉鸿, 程灵云. 基于竞合视角的城市竞争力源泉及其变动——以大珠江三角洲地区为实证案例 [J]. 经济学家, 2014 (9): 50-57.

[27] 程玉鸿, 汪良伟. 城市群内城市间竞争合作关系研究及实证测度——以粤港澳大湾区为例 [J]. 港澳研究, 2018 (1): 45-54.

[28] 崔晶, 孙伟. 区域大气污染协同治理视角下的府际事权划分问题研究 [J]. 中国行政管理, 2014 (9): 11-15.

[29] 戴翔, 张二震. 逆全球化与中国开放发展道路再思考 [J]. 经济学

家，2018（1）：70 – 78.

[30] 戴一鑫，李杏，晁先锋. 产业集聚协同效度如何影响企业创新——"地理、技术、组织"共生演化的视角 [J]. 当代财经，2019（4）：96 – 109.

[31] 丁焕峰. 学习与区域创新发展 [M]. 北京：中国经济出版社，2006.

[32] 丁焕峰，杜丽璇. 广东省高技术产业演化的时空差异研究 [J]. 研究与发展管理，2010（3）：29 – 35.

[33] 丁焕峰，周艳霞. 中国城市经济增长质量时空演进研究 [M]. 北京：科学出版社，2020.

[34] 丁焕峰，孙小哲，王露. 创新型城市试点改善了城市环境吗？[J]. 产业经济研究，2021（2）：101 – 113.

[35] 丁焕峰、何小芳、孙小哲. 中国城市专利质量评价及时空演进 [J]. 经济地理，2021（5）：113 – 121.

[36] 丁志国，赵宣凯，苏治. 中国经济增长的核心动力——基于资源配置效率的产业升级方向与路径选择 [J]. 中国工业经济，2012（9）：18 – 30.

[37] 豆建春，冯涛，杨建飞. 技术创新、人口增长和中国历史上的经济增长 [J]. 世界经济，2015（7）：143 – 164.

[38] 段德忠，杜德斌，谌颖，管明明. 中国城市创新技术转移格局与影响因素 [J]. 地理学报，2018（4）：738 – 754.

[39] 范剑勇. 产业集聚与地区间劳动生产率差异 [J]. 经济研究，2006（11）：72 – 81.

[40] 方创琳，关兴良. 中国城市群投入产出效率的综合测度与空间分异 [J]. 地理学报，2011（8）：1011 – 1022.

[41] 方创琳，宋吉涛，张蔷，李铭. 中国城市群结构体系的组成与空间分异格局 [J]. 地理学报，2005（5）：827 – 840.

[42] 方创琳. 中国城市群形成发育的新格局及新趋向 [J]. 地理科学，2011（9）：1025 – 1034.

[43] 方创琳. 中国城市群研究取得的重要进展与未来发展方向 [J]. 地理学报，2014（8）：1130 – 1144.

[44] 方创琳. 京津冀城市群一体化发展的战略选择 [J]. 改革，2017（5）：54 – 63.

[45] 方创琳. 改革开放 40 年来中国城镇化与城市群取得的重要进展与展望 [J]. 经济地理，2018（9）：1 – 9.

［46］方创琳．中国新型城镇化高质量发展的规律性与重点方向［J］．地理研究，2019（1）：13-22.

［47］方福前．论建设中国特色社会主义政治经济学为何和如何借用西方经济学［J］．经济研究，2019（5）：16-29.

［48］封伟毅，杨硕．高技术产业集聚度测度与比较研究——基于中国2007~2017年数据的实证分析［J］．工业技术经济，2020（6）：154-160.

［49］冯德显，乔旭宁，贾晶．中原城市群竞合关系及一体化战略研究［J］．地域研究与开发，2005（6）：11-17.

［50］付晨玉，杨艳琳．中国工业化进程中的产业发展质量测度与评价［J］．数量经济技术经济研究，2020（3）：3-25.

［51］傅强，朱浩．中央政府主导下的地方政府竞争机制——解释中国经济增长的制度视角［J］．公共管理学报，2013（1）：19-30.

［52］高康，王茂春，张步闿．长江经济带物流业集聚的时空格局与影响因素研究［J］．资源开发与市场，2018（9）：1296-1303.

［53］高培勇，杜创，刘霞辉，袁富华，汤铎铎．高质量发展背景下的现代化经济体系建设：一个逻辑框架［J］．经济研究，2019（4）：4-17.

［54］高一铭，徐映梅，季传凤，钟宇平．我国金融业高质量发展水平测度及时空分布特征研究［J］．数量经济技术经济研究，2020（10）：63-82.

［55］谷丽，郝涛，任立强，洪晨．专利质量评价指标相关研究综述［J］．科研管理，2017（S1）：27-33.

［56］顾朝林，柴彦威，蔡建明等．中国城市地理［M］．北京：商务印书馆，1999.

［57］郭春野，庄子银．知识产权保护与"南方"国家的自主创新激励［J］．经济研究，2012（9）：32-45.

［58］国务院发展研究中心课题组，马建堂，张军扩．充分发挥"超大规模性"优势推动我国经济实现从"超大"到"超强"的转变［J］．管理世界，2020：36（1）.

［59］韩峰，王琢卓，阳立高．生产性服务业集聚、空间技术溢出效应与经济增长［J］．产业经济研究，2014（2）：1-10.

［60］韩纪江，郭熙保．扩散—回波效应的研究脉络及其新进展［J］．经济学动态，2014（2）：117-125.

［61］郝凤霞，张诗葭．长三角城市群交通基础设施、经济联系和集聚——基于空间视角的分析［J］．经济问题探索，2021（3）：80-91.

[62] 郝寿义，曹清峰．后工业化初级阶段与新时代中国经济转型 [J]．经济学动态，2019（9）：26 – 38.

[63] 何天祥，朱翔，王月红．中部城市群产业结构高度化的比较 [J]．经济地理，2012（5）：54 – 58.

[64] 贺欢欢，吕斌．长株潭城市群经济联系测度研究 [J]．经济地理，2014（7）：67 – 74.

[65] 洪俊杰．双循环相互促进，高质量发展可期 [N]．光明日报，2020 – 7 – 9（2）.

[66] 侯杰，张梅青．城市群功能分工对区域协调发展的影响研究——以京津冀城市群为例 [J]．经济学家，2020（6）：77 – 86.

[67] 侯赟慧，刘志彪，岳中刚．长三角区域经济一体化进程的社会网络分析 [J]．中国软科学，2009（12）：90 – 101.

[68] 胡鞍钢，周绍杰．绿色发展：功能界定、机制分析与发展战略 [J]．中国人口·资源与环境，2014（1）：14 – 20.

[69] 胡艳，唐磊，蔡弘．城市群内部城市间竞争和合作对城市经济发展的影响——基于空间溢出效应对长三角城市群的实证检验 [J]．西部论坛，2018（1）：76 – 83.

[70] 胡尊国，王耀中，尹国君．劳动力流动、协同集聚与城市结构匹配 [J]．财经研究，2015（12）：26 – 39.

[71] 黄建富．世界城市的形成与城市群的支撑——兼谈长三角城市群的发展战略 [J]．世界经济研究，2003（7）：17 – 21.

[72] 黄群慧．新冠肺炎疫情对供给侧的影响与应对：短期和长期视角 [J]．经济纵横，2020（5）：46 – 57.

[73] 黄群慧．"双循环"新发展格局：深刻内涵、时代背景与形成建议 [J]．北京工业大学学报（社会科学版），2021（1）：9 – 16.

[74] 黄永斌，董锁成，白永平，李俊，王菲．中国地级以上城市紧凑度时空演变特征研究 [J]．地理科学，2014（5）：531 – 538.

[75] 黄跃，李琳．中国城市群绿色发展水平综合测度与时空演化 [J]．地理研究，2017（7）：1309 – 1322.

[76] 姬兆亮．区域政府协同治理研究 [D]．上海：上海交通大学，2012.

[77] 吉亚辉，甘丽娟．中国城市生产性服务业与制造业协同集聚的测度及影响因素 [J]．中国科技论坛，2015（12）：64 – 68，100.

［78］简新华，聂长飞．中国高质量发展的测度：1978—2018［J］．经济学家，2020（6）：49 - 58.

［79］江曼琦，席强敏．生产性服务业与制造业的产业关联与协同集聚［J］．南开学报（哲学社会科学版），2014（1）：153 - 160.

［80］金碚．关于"高质量发展"的经济学研究［J］．中国工业经济，2018（4）：5 - 18.

［81］金春雨，王伟强．我国高技术产业空间集聚及影响因素研究——基于省级面板数据的空间计量分析［J］．科学学与科学技术管理，2015（7）：49 - 56.

［82］靳景玉，刘朝明．城市联盟的动力与价值创造机制研究［J］．上海财经大学学报，2004（6）：33 - 38.

［83］柯善咨．中国城市与区域经济增长的扩散回流与市场区效应［J］．经济研究，2009（8）：85 - 98.

［84］寇宗来，刘学悦．中国企业的专利行为：特征事实以及来自创新政策的影响［J］．经济研究，2020（3）：83 - 99.

［85］李广瑜，史占中，赵子健．中国高技术产业创新影响因素的实证检验［J］．经济与管理研究，2016（2）：85 - 90.

［86］李国平，宋昌耀．雄安新区高质量发展的战略选择［J］．改革，2018（4）：47 - 56.

［87］李建平．粤港澳大湾区协作治理机制的演进与展望［J］．规划师，2017（11）：53 - 59.

［88］李金昌，史龙梅，徐蔼婷．高质量发展评价指标体系探讨［J］．统计研究，2019（1）：4 - 14.

［89］李金龙，王敏．城市群内府际关系协调：理论阐释、现实困境及路径选择［J］．天津社会科学，2010（1）：83 - 87.

［90］李兰冰，刘秉镰．"十四五"时期中国区域经济发展的重大问题展望［J］．管理世界，2020（5）：36 - 51.

［91］李琳，刘莹．中国区域经济协同发展的驱动因素——基于哈肯模型的分阶段实证研究［J］．经济地理，2014（9）：1603 - 1616.

［92］李琳，谈胉，徐洁．长江中游城市群市场一体化水平评估与比较［J］．城市问题，2016（10）：12 - 21.

［93］李圣军．城镇化模式的国际比较及其对应发展阶段［J］．改革，2013（3）：81 - 90.

［94］李伟，夏卫红．城市群府际治理机制：区域经济一体化的路径选择［J］．天津行政学院学报，2011（5）：85 - 89．

［95］李习保．中国区域创新能力变迁的实证分析：基于创新系统的观点［J］．管理世界，2007（12）：18 - 30．

［96］李旭辉，殷缘圆，程刚．基于新发展理念的经济社会发展测度及空间关联格局研究［J］．中央财经大学学报，2020（7）：104 - 115．

［97］李雪，刘传江．新冠疫情下中国产业链的风险、重构及现代化［J］．经济评论，2020（4）：55 - 61．

［98］李雪松，孙博文．密度、距离、分割与区域市场一体化——来自长江经济带的实证［J］．宏观经济研究，2015（6）：117 - 128．

［99］李仲飞，杨亭亭．专利质量对公司投资价值的作用及影响机制［J］．管理学报，2015（8）：1230 - 1239．

［100］梁琦，李建成，陈建隆．异质性劳动力区位选择研究进展［J］．经济学动态，2018（4）：122 - 137．

［101］廖远涛，顾朝林，林炳耀．新城市竞争力模型：层次分析方法［J］．经济地理，2014（1）：39 - 42．

［102］凌永辉，刘志彪．内需主导型全球价值链的概念、特征与政策启示［J］．经济学家，2020（6）：26 - 34．

［103］凌永辉，张月友，沈凯玲．生产性服务业发展、先进制造业效率提升与产业互动——基于面板联立方程模型的实证研究［J］．当代经济科学，2017（2）：62 - 71．

［104］刘秉镰，边杨，周密，朱俊丰．中国区域经济发展70年回顾及未来展望［J］．中国工业经济，2019（9）：24 - 41．

［105］刘秉镰，朱俊丰．新中国70年城镇化发展：历程、问题与展望［J］．经济与管理研究，2019（11）：3 - 14．

［106］刘凤朝，施定国，潘雄峰．东北区域创新体系建设的行政协调体系研究［J］．科技进步与对策，2005（10）：38 - 41．

［107］刘鹤．加快构建以国内大循环为主体、国内国际双循环相互促进的新发展格局［N］．人民日报，2020 - 11 - 25．

［108］刘欢，邓宏兵，李小帆．长江经济带人口城镇化与土地城镇化协调发展时空差异研究［J］．中国人口·资源与环境，2016（5）：160 - 166．

［109］刘甲炎，范子英．中国房产税试点的效果评估：基于合成控制法的研究［J］．世界经济，2013（11）：117 - 135．

[110] 刘江会，董雯. 国内主要城市"竞合关系"对上海建设全球城市的影响——基于城市战略定位的比较分析 [J]. 城市发展研究，2016 (6)：74-81.

[111] 刘乃全，吴友. 长三角扩容能促进区域经济共同增长吗 [J]. 中国工业经济，2017 (6)：79-97.

[112] 刘胜，李文秀，陈秀英. 生产性服务业与制造业协同集聚对企业创新的影响 [J]. 广东财经大学学报，2019 (3)：43-53.

[113] 刘伟江，吕镯. "营改增"、制造业服务化与全要素生产率提升——基于 DI 合成控制法的实证研究 [J]. 南方经济，2018 (5)：1-21.

[114] 刘晓丽，方创琳. 城市群资源环境承载力研究进展及展望 [J]. 地理科学进展，2008 (5)：35-42.

[115] 刘亚雪，田成诗，程立燕. 世界经济高质量发展水平的测度及比较 [J]. 经济学家，2020 (5)：69-78.

[116] 刘洋，温珂，郭剑. 基于过程管理的中国专利质量影响因素分析 [J]. 科研管理，2012 (12)：104-109.

[117] 刘奕，夏杰长，李垚. 生产性服务业集聚与制造业升级 [J]. 中国工业经济，2017 (7)：24-42.

[118] 刘莹，李琳，张喜艳. 中国区域经济协同网络演变及成因分析——以 2003~2017 年中国 40470 组两两城市对为样本 [J]. 地理研究，2020 (12)：2779-2795.

[119] 刘月，邹苗苗，陈建军. 空间经济学视角下的产业协同集聚：一个文献综述 [J]. 江淮论坛，2017 (3)：47-53.

[120] 刘志彪，陈柳. 疫情冲击对全球产业链的影响、重组与中国的应对策略 [J]. 南京社会科学，2020 (5)：15-21.

[121] 刘志彪. 新冠肺炎疫情下经济全球化的新趋势与全球产业链集群重构 [J]. 江苏社会科学，2020 (4)：16-23.

[122] 柳建文. "一带一路"背景下我国国际次区域合作问题研究 [J]. 国际论坛，2017 (3)：1-7.

[123] 柳士双. 城市群竞合问题研究 [J]. 经济与管理，2011 (11)：28-32.

[124] 龙小宁，王俊. 中国专利激增的动因及其质量效应 [J]. 世界经济，2015 (6)：115-142.

[125] 卢盛峰，陈思霞，张东杰. 政府推动型城市化促进了县域经济发

展吗？[J]. 统计研究，2017（5）：59－68.

[126] 陆铭，陈钊. 分割市场的经济增长——为什么经济开放可能加剧地方保护？[J]. 经济研究，2009（3）：42－52.

[127] 陆铭，李杰伟，韩立彬. 治理城市病：如何实现增长、宜居与和谐？[J]. 经济社会体制比较，2019（1）：22－29.

[128] 罗静，曾菊新. 空间稀缺性——公共政策地理研究的一个视角[J]. 经济地理，2003（6）：722－725.

[129] 罗来军，文丰安. 长江经济带高质量发展的战略选择[J]. 改革，2018（6）：13－25.

[130] 罗长远，季心宇. 融资约束下的企业出口和研发："鱼"与"熊掌"不可得兼？[J]. 金融研究，2015（9）：140－158.

[131] 骆毅，王国华."开放政府"理论与实践对中国的启示——基于社会协同治理机制创新的研究视角[J]. 江汉学术，2016（2）：113－122.

[132] 吕丽娜，赵小燕. 中国城市群府际合作治理困境与对策——基于元治理的视角[J]. 武汉理工大学学报（社会科学版），2017（3）：9－14.

[133] 吕薇. 把科技自立自强作为国家发展战略支撑[N]. 经济日报，2020－12－1.

[134] 麻学锋，刘玉林. 基于三要素的张家界旅游城镇化响应测度及影响机制[J]. 地理科学，2018（8）：1346－1356.

[135] 马国霞，石敏俊，李娜. 中国制造业产业间集聚度及产业间集聚机制[J]. 管理世界，2007（8）：58－65.

[136] 马海涛，徐楦钫. 黄河流域城市群高质量发展评估与空间格局分异[J]. 经济地理，2020（4）：11－18.

[137] 马静，李小帆，张红. 长江中游城市群城市发展质量系统协调性研究[J]. 经济地理，2016（7）：53－61.

[138] 马茹，罗晖，王宏伟，王铁成. 中国区域经济高质量发展评价指标体系及测度研究[J]. 中国软科学，2019（7）：60－67.

[139] 马燕坤. 城市群功能空间分工形成的演化模型与实证分析[J]. 经济管理，2016（12）：31－46.

[140] 马宗国，丁晨辉."一带一路"倡议下区域高新技术产业协同创新研究[J]. 经济体制改革，2019（1）：61－67.

[141] 毛昊. 中国专利质量提升之路：时代挑战与制度思考[J]. 知识产权，2018（3）：61－71.

[142] 毛艳华，杨思维．珠三角一体化的经济增长效应研究［J］．经济问题探索，2017（2）：68 - 75.

[143] 茅锐．企业创新、生产力进步与经济收敛：产业集聚的效果［J］．金融研究，2017（8）：83 - 99.

[144] 苗长虹，张建伟．基于演化理论的我国城市合作机理研究［J］．人文地理，2012（1）：54 - 59.

[145] 倪红福，冀承，杨耀武．中国宏观需求结构的演变逻辑、趋势研判与政策含义［J］．改革，2020（7）：82 - 97.

[146] 聂长飞，简新华．中国高质量发展的测度及省际现状的分析比较［J］．数量经济技术经济研究，2020（2）：26 - 47.

[147] 宁立志，盛赛赛．论专利许可与专利转让的对抗与继受［J］．知识产权，2015（7）：3 - 13.

[148] 欧阳峣，傅元海，王松．居民消费的规模效应及其演变机制［J］．经济研究，2016（2）：56 - 68.

[149] 潘竟虎，胡艳兴．中国城市群"四化"协调发展效率测度［J］．中国人口·资源与环境，2015（9）：100 - 107.

[150] 庞晶．城市群形成与发展机制研究［M］．北京：中国财政经济出版社，2009.

[151] 庞瑞芝，范玉，李扬．中国科技创新支撑经济发展了吗？［J］．数量经济技术经济研究，2014（10）：37 - 52.

[152] 逄锦聚．深化理解加快构建新发展格局［J］．经济学动态，2020（10）：3 - 11.

[153] 裴长洪，刘洪愧．中国外贸高质量发展：基于习近平百年大变局重要论断的思考［J］．经济研究，2020（5）：4 - 20.

[154] 彭国华．技术能力匹配、劳动力流动与中国地区差距［J］．经济研究，2015（1）：99 - 110.

[155] 彭艳芝，费小燕．基于演化博弈的战略网络城市竞合分析［J］．系统科学学报，2011（3）：62 - 65.

[156] 平力群．日本经济变迁与首都圈规划更迭——以影响资源配置为视角［J］．现代日本经济，2019（2）：13 - 25.

[157] 蒲清平，杨聪林．构建"双循环"新发展格局的现实逻辑、实施路径与时代价值［J］．重庆大学学报（社会科学版），2020（6）：24 - 34.

[158] 齐讴歌，赵勇．城市群功能分工的时序演变与区域差异［J］．财经

科学，2014（7）：114 - 121.

　　[159] 齐元静，杨宇，金凤君. 中国经济发展阶段及其时空格局演变特征 [J]. 地理学报，2013（4）：517 - 531.

　　[160] 钱伟刚. 论中国特色社会主义市场经济资源配置方式——从政府和市场的统分视角批判新自由主义 [J]. 经济社会体制比较，2018（3）：1 - 11.

　　[161] 乔彬，李国平. 城市群形成的产业机理 [J]. 经济管理，2006（22）：78 - 83.

　　[162] 秦立春，傅晓华. 基于生态位理论的长株潭城市群竞合协调发展研究 [J]. 经济地理，2013（11）：58 - 62.

　　[163] 曲婉，康小明. 高技术产业创新效率区域差异研究 [J]. 中国科技论坛，2012（8）：70 - 74.

　　[164] 任保平，文丰安. 新时代中国高质量发展的判断标准、决定因素与实现途径 [J]. 改革，2018（4）：5 - 16.

　　[165] 任再萍，田思婷，施楠. 自贸区成立对其区位优势与协同互补性的影响研究：基于 Dendrinos - Sonis 模型的实证分析 [J]. 中国软科学，2016（11）：175 - 183.

　　[166] 芮明杰. 构建现代产业体系的战略思路、目标与路径 [J]. 中国工业经济，2018（9）：24 - 40.

　　[167] 申剑敏，陈周旺. 跨域治理与地方政府协作——基于长三角区域社会信用体系建设的实证分析 [J]. 南京社会科学，2016（4）：64 - 71.

　　[168] 沈春苗，郑江淮. 资源错配研究述评 [J]. 改革，2015（4）：116 - 124.

　　[169] 沈宏婷，陆玉麒，沈惊宏. 中国省域创新投入—创新产出—创新效益的时空耦合研究 [J]. 经济地理，2017（6）：17 - 22.

　　[170] 沈坤荣，赵倩. 以双循环新发展格局推动"十四五"时期经济高质量发展 [J]. 经济纵横，2020（10）：18 - 25.

　　[171] 沈坤荣. 以城市群推动经济高质量发展 [N]. 人民日报，2018 - 8 - 6.

　　[172] 师博，张冰瑶. 新时代、新动能、新经济——当前中国经济高质量发展解析 [J]. 上海经济研究，2018（5）：25 - 33.

　　[173] 师博，张冰瑶. 全国地级以上城市经济高质量发展测度与分析 [J]. 社会科学研究，2019（3）：19 - 27.

　　[174] 石忆邵，杭太元. 我国城乡一体化研究的近期进展与展望 [J]. 同

济大学学报（社会科学版），2013（6）：50－57.

[175] 史丹，李晓斌. 高技术产业发展的影响因素及其数据检验 [J]. 中国工业经济，2004（12）：32－39.

[176] 史丹. 新中国70年工业发展成就与战略选择 [J]. 财经问题研究，2020（3）：3－9.

[177] 宋国君，何伟. 中国城市水资源利用效率标杆研究 [J]. 资源科学，2014（12）：2569－2577.

[178] 宋河发，穆荣平，陈芳，张思重，李振兴. 基于中国发明专利数据的专利质量测度研究 [J]. 科研管理，2014（11）：68－76.

[179] 宋马林，金培振. 地方保护、资源错配与环境福利绩效 [J]. 经济研究，2016（12）：47－61.

[180] 宋旭光，赵雨涵. 中国制造业 R&D 资产折旧率测算及其解析 [J]. 统计与信息论坛，2018（10）：49－55.

[181] 苏杭，郑磊，牟逸飞. 要素禀赋与中国制造业产业升级——基于 WIOD 和中国工业企业数据库的分析 [J]. 管理世界，2017（4）：70－79.

[182] 苏红键，魏后凯. 改革开放40年中国城镇化历程、启示与展望 [J]. 改革，2018（11）：49－59.

[183] 孙博文，孙久文. 长江经济带市场一体化的空间经济增长与非对称溢出效应 [J]. 改革，2019（3）：72－86.

[184] 孙豪，桂河清，杨冬. 中国省域经济高质量发展的测度与评价 [J]. 浙江社会科学，2020（8）：4－14.

[185] 孙红玲. 中心城市发育、城市群形成与中部崛起——基于长沙都市圈与湖南崛起的研究 [J]. 中国工业经济，2012（11）：31－43.

[186] 孙黄平，黄震方，徐冬冬，施雪莹，刘欢，谭林胶，葛军莲. 泛长三角城市群城镇化与生态环境耦合的空间特征与驱动机制 [J]. 经济地理，2017（2）：163－170.

[187] 孙健，尤雯. 人才集聚与产业集聚的互动关系研究 [J]. 管理世界，2008（3）：177－178.

[188] 孙久文，姚鹏. 京津冀产业空间转移、地区专业化与协同发展——基于新经济地理学的分析框架 [J]. 南开学报（哲学社会科学版），2015（1）：81－89.

[189] 孙久文，周玉龙. 城乡差距、劳动力迁移与城镇化——基于县域面板数据的经验研究 [J]. 经济评论，2015（2）：29－40.

［190］孙志燕，侯永志．对我国区域不平衡发展的多视角观察和政策应对［J］．管理世界，2019（8）：1－8．

［191］锁利铭，阚艳秋，涂易梅．从"府际合作"走向"制度性集体行动"：协作性区域治理的研究述评［J］．公共管理与政策评论，2018（3）：83－96．

［192］锁利铭．面向府际协作的城市群治理：趋势、特征与未来取向［J］．经济社会体制比较，2016（6）：13－16．

［193］锁利铭．地方政府间正式与非正式协作机制的形成与演变［J］．地方治理研究，2018（1）：25－39．

［194］覃成林，潘丹丹．粤港澳大湾区产业结构趋同及合意性分析［J］．经济与管理评论，2018（3）：15－25．

［195］覃成林，周姣．城市群协调发展：内涵、概念模型与实现路径［J］．城市发展研究，2010（12）：7－12．

［196］谭洪波．生产者服务业与制造业的空间集聚：基于贸易成本的研究［J］．世界经济，2015（3）：171－192．

［197］汤铎铎，刘学良，倪红福，杨耀武，黄群慧，张晓晶．全球经济大变局、中国潜在增长率与后疫情时期高质量发展［J］．经济研究，2020（8）：4－23．

［198］唐为，王媛．行政区划调整与人口城市化：来自撤县设区的经验证据［J］．经济研究，2015（9）：72－85．

［199］滕敏敏，韩传峰．区域环境治理的企业参与机制研究［J］．上海管理科学，2014（4）：6－8．

［200］田秋生．高质量发展的理论内涵和实践要求［J］．山东大学学报（哲学社会科学版），2018（6）：1－8．

［201］万广华，范蓓蕾，陆铭．解析中国创新能力的不平等：基于回归的分解方法［J］．世界经济，2010（2）：3－14．

［202］万庆，吴传清，曾菊新．中国城市群城市化效率及影响因素研究［J］．中国人口·资源与环境，2015（2）：66－74．

［203］王冰，程婷．中国中部六大城市群经济增长差异性和收敛性［J］．城市问题，2015（3）：11－17．

［204］王昌林，杨长湧．在构建双循环新发展格局中育新机开新局［N］．经济日报，2020－8－5（11）．

［205］王德利，杨青山．中国城市群规模结构的合理性诊断及演变特征

[J]. 中国人口·资源与环境, 2018 (9): 123 - 132.

[206] 王德利. 中国城市群城镇化发展质量的综合测度与演变规律 [J]. 中国人口科学, 2018 (1): 46 - 59.

[207] 王佃利, 王玉龙, 苟晓曼. 区域公共物品视角下的城市群合作治理机制研究 [J]. 中国行政管理, 2015 (9): 6 - 12.

[208] 王法硕, 钱慧. 基于政策工具视角的长三角城市群智慧城市政策分析 [J]. 情报杂志, 2017 (9): 86 - 92.

[209] 王富喜, 毛爱华, 李赫龙, 贾明璐. 基于熵值法的山东省城镇化质量测度及空间差异分析 [J]. 地理科学, 2013 (11): 1323 - 1329.

[210] 王富喜. 山东半岛城市群人口 - 土地城镇化质量测度与协调发展研究 [J]. 地理科学, 2020 (8): 1345 - 1354.

[211] 王慧, 高广达. 博弈论视角下厦门—平潭双岛竞合关系分析 [J]. 经济问题, 2013 (2): 94 - 99.

[212] 王佳宁, 罗重谱, 何培育. 成渝城市群政府转型效能评估 [J]. 改革, 2016 (4): 6 - 26.

[213] 王健, 鲍静, 刘小康, 王佃利. "复合行政" 的提出——解决当代中国区域经济一体化与行政区划冲突的新思路 [J]. 中国行政管理, 2004 (3): 44 - 48.

[214] 王姣娥, 胡浩. 中国高铁与民航的空间服务市场竞合分析与模拟 [J]. 地理学报, 2013 (2): 175 - 185.

[215] 王丽莉, 乔雪. 我国人口迁移成本、城市规模与生产率 [J]. 经济学 (季刊), 2020 (1): 165 - 188.

[216] 王利伟. 京津冀距离建成世界级城市群有多远——基于熵值模型方法 [J]. 宏观经济研究, 2019 (9): 142 - 152.

[217] 王全忠, 彭长生. 城市群扩容与经济增长——来自长三角的经验证据 [J]. 经济经纬, 2018 (5): 51 - 57.

[218] 王伟, 孙平军, 杨青山. 新制度经济学下城市群形成与演进机理分析框架研究 [J]. 地理科学, 2018 (4): 539 - 547.

[219] 王卫东. 长三角城市群协同创新发展机制研究 [J]. 企业经济, 2011 (12): 125 - 128.

[220] 王贤彬, 聂海峰. 行政区划调整与经济增长 [J]. 管理世界, 2010 (4): 42 - 53.

[221] 王贤彬, 谢小平. 区域市场的行政整合与经济增长 [J]. 南方经

济，2012（3）：23 – 36.

[222] 王晓红，冯严超. 雾霾污染对中国城市发展质量的影响 [J]. 中国人口·资源与环境，2019（8）：1 – 11.

[223] 王晓亚. 知识密集型产业协同发展与企业技术创新——作用机理与实证研究 [J]. 科学学与科学技术管理，2017（4）：96 – 104.

[224] 王雪微，范大龙. 长三角城市群城市发展质量测度及时空演变格局 [J]. 人文地理，2020（6）：85 – 94.

[225] 王一. 从地区竞争到区域协作：区域治理研究述评 [J]. 陕西行政学院学报，2014（1）：46 – 50.

[226] 王一鸣. 百年大变局、高质量发展与构建新发展格局 [J]. 管理世界，2020（12）：1 – 13.

[227] 王永钦，张晏，章元，陈钊，陆铭. 中国的大国发展道路——论分权式改革的得失 [J]. 经济研究，2007（1）：4 – 16.

[228] 王勇等. 中国经济增长的潜力、政策选择与 2020 全球宏观经济形势展望 [J]. 国际经济评论，2020（1）：124 – 160.

[229] 王友丽，南宁豫. 粤港澳大湾区高科技产业供应链协同发展研究 [J]. 国际贸易，2020（6）：37 – 44.

[230] 王玉明. 构建城市群区域环境治理的合作网络 [J]. 哈尔滨工业大学学报（社会科学版），2019（5）：108 – 117.

[231] 王正巍. 产业协同聚集和地方政府行为及空间竞争效应 [J]. 云南财经大学学报，2021（1）：19 – 26.

[232] 魏福成，胡洪曙. 我国基本公共服务均等化：评价指标与实证研究 [J]. 中南财经政法大学学报，2015（5）：26 – 36.

[233] 魏敏，李书昊. 新时代中国经济高质量发展水平的测度研究 [J]. 数量经济技术经济研究，2018（11）：3 – 20.

[234] 魏守华，吴贵生，吕新雷. 区域创新能力的影响因素——兼评我国创新能力的地区差距 [J]. 中国软科学，2010（9）：76 – 85.

[235] 文宏，吕映南，林彬. "调适性互动"：我国地方政府间合作的现实模式与机制——以粤港澳大湾区为例 [J]. 华南理工大学学报（社会科学版），2019（3）：11 – 19.

[236] 吴传清，黄磊. 演进轨迹、绩效评估与长江中游城市群的绿色发展 [J]. 改革，2017（3）：65 – 77.

[237] 吴非，杜金岷，李华民. 财政科技投入、地方政府行为与区域创

新异质性 [J]. 财政研究, 2017 (11): 60 - 74.

[238] 吴福象, 刘志彪. 城市化群落驱动经济增长的机制研究——来自长三角 16 个城市的经验证据 [J]. 经济研究, 2008 (11): 126 - 136.

[239] 吴俊, 杨青. 长三角扩容与经济一体化边界效应研究 [J]. 当代财经, 2015 (7): 86 - 97.

[240] 吴志成, 王慧婷. 全球治理体系面临的挑战与中国的应对 [J]. 天津社会科学, 2020 (3): 65 - 70.

[241] 席艳玲, 吉生保. 中国高技术产业集聚程度变动趋势及影响因素——基于新经济地理学的视角 [J]. 中国科技论坛, 2012 (10): 51 - 57.

[242] 项继权. 基本公共服务均等化: 政策目标与制度保障 [J]. 华中师范大学学报 (人文社会科学版), 2008 (1): 2 - 9.

[243] 谢宝剑. 基于演化博弈视角的粤港区域合作分析 [J]. 暨南学报 (哲学社会科学版), 2016 (10): 94 - 102.

[244] 徐维祥, 刘程军, 江为赛, 张凌燕, 唐根年. 产业集群创新的时空分异特征及其动力演化——以浙江省为例 [J]. 经济地理, 2016 (9): 103 - 110.

[245] 徐现祥, 李郇. 市场一体化与区域协调发展 [J]. 经济研究, 2005 (12): 57 - 67.

[246] 许爱萍. 京津冀智慧城市群建设: 探求城市群高质量发展路径 [J]. 开发研究, 2018 (5): 122 - 127.

[247] 许学强, 程玉鸿. 珠江三角洲城市群的城市竞争力时空演变 [J]. 地理科学, 2006 (3): 257 - 265.

[248] 许源源. 新区域主义视角下的市际重复博弈: 问题与路向 [J]. 中国行政管理, 2012 (9): 100 - 103.

[249] 闫星宇, 张月友. 我国现代服务业主导产业选择研究 [J]. 中国工业经济, 2010 (6): 75 - 84.

[250] 严成樑, 龚六堂. 财政支出、税收与长期经济增长 [J]. 经济研究, 2009 (6): 4 - 15.

[251] 阎东彬, 范玉凤, 陈雪. 美国城市群空间布局优化及对京津冀城市群的借鉴 [J]. 宏观经济研究, 2017 (6): 114 - 120.

[252] 杨浩昌, 李廉水, 张发明. 高技术产业集聚与绿色技术创新绩效 [J]. 科研管理, 2020 (9): 99 - 112.

[253] 杨龙, 米鹏举. 城市群何以成为国家治理单元 [J]. 行政论坛,

2020（1）：120 – 129.

[254] 杨思莹. 政府推动关键核心技术创新：理论基础与实践方案 [J].
经济学家，2020（9）：85 – 94.

[255] 杨耀武，张平. 中国经济高质量发展的逻辑、测度与治理 [J]. 经
济研究，2021（1）：26 – 42.

[256] 杨震宁，赵红. 中国企业的开放式创新：制度环境、"竞合"关系
与创新绩效 [J]. 管理世界，2020（2）：139 – 160.

[257] 叶璐，王济民. 我国城乡差距的多维测定 [J]. 农业经济问题，
2021（2）：123 – 134.

[258] 银温泉，才婉茹. 我国地方市场分割的成因和治理 [J]. 经济研
究，2001（6）：3 – 12.

[259] 尹金宝，毛文瑾. 京津冀区域治理协调体系的构建 [J]. 商业经济
研究，2015（9）：134 – 136.

[260] 尹来盛，冯邦彦. 从城市竞争到区域合作——兼论我国城市化地
区治理体系的重构 [J]. 经济体制改革，2014（5）：38 – 42.

[261] 尹希果，刘培森. 中国制造业集聚影响因素研究——兼论城镇规
模、交通运输与制造业集聚的非线性关系 [J]. 经济地理，2013（12）：97 –
103.

[262] 尹响，易鑫，胡旭. 人类命运共同体理念下应对新冠疫情全球经
济冲击的中国方案 [J]. 经济学家，2020（5）：79 – 90.

[263] 于斌斌. 产业结构调整与生产率提升的经济增长效应——基于中
国城市动态空间面板模型的分析 [J]. 中国工业经济，2015（12）：83 – 98.

[264] 余军华，吕丽娜. 自组织型城市群的一体化研究：基于政策网络
的视角 [J]. 贵州社会科学，2015（11）：117 – 122.

[265] 余泳泽，武鹏. 我国高技术产业研发效率空间相关性及其影响因
素分析——基于省级面板数据的研究 [J]. 产业经济评论，2010（3）：71 –
86.

[266] 余泳泽，杨晓章，张少辉. 中国经济由高速增长向高质量发展的
时空转换特征研究 [J]. 数量经济技术经济研究，2019（6）：3 – 21.

[267] 余泳泽. 中国区域创新活动的"协同效应"与"挤占效应"——
基于创新价值链视角的研究 [J]. 中国工业经济，2015（10）：37 – 52.

[268] 袁海红，张华，曾洪勇. 产业集聚的测度及其动态变化——基于
北京企业微观数据的研究 [J]. 中国工业经济，2014（9）：38 – 50.

[269] 原倩. 城市群是否能够促进城市发展 [J]. 世界经济, 2016 (9): 99 – 123.

[270] 原毅军, 郭然. 生产性服务业集聚、制造业集聚与技术创新——基于省级面板数据的实证研究 [J]. 经济学家, 2018 (5): 23 – 31.

[271] 张丙宣, 周涛. 智慧能否带来治理——对新常态下智慧城市建设热的冷思考 [J]. 武汉大学学报 (哲学社会科学版), 2016 (1): 21 – 31.

[272] 张福磊. 多层级治理框架下的区域空间与制度建构: 粤港澳大湾区治理体系研究 [J]. 行政论坛, 2019 (3): 95 – 102.

[273] 张古鹏, 陈向东. 基于专利的中外新兴产业创新质量差异研究 [J]. 科学学研究, 2011 (12): 1813 – 1820.

[274] 张国峰, 李强, 王永进. 大城市生产率优势: 集聚、选择还是群分效应 [J]. 世界经济, 2017 (8): 167 – 192.

[275] 张国峰, 王永进. 中国城市间工资差距的集聚效应与选择效应——基于 "无条件分布特征—参数对应" 方法的研究 [J]. 中国工业经济, 2018 (12): 60 – 78.

[276] 张虎, 韩爱华, 杨青龙. 中国制造业与生产性服务业协同集聚的空间效应分析 [J]. 数量经济技术经济研究, 2017 (2): 3 – 20.

[277] 张建松, 韩增林, 董晓菲. 省级地域公路货运的空间联系探讨——以辽宁省为例 [J]. 地理科学进展, 2006 (4): 96 – 107.

[278] 张杰, 高德步, 夏胤磊. 专利能否促进中国经济增长——基于中国专利资助政策视角的一个解释 [J]. 中国工业经济, 2016 (1): 83 – 98.

[279] 张杰, 郑文平, 翟福昕. 竞争如何影响创新: 中国情景的新检验 [J]. 中国工业经济, 2014 (11): 56 – 68.

[280] 张杰, 郑文平. 创新追赶战略抑制了中国专利质量么? [J]. 经济研究, 2018 (5): 28 – 41.

[281] 张京祥. 城镇群体空间组合 [M]. 南京: 东南大学出版社, 2000.

[282] 张军扩, 侯永志, 刘培林, 何建武, 卓贤. 高质量发展的目标要求和战略路径 [J]. 管理世界, 2019 (7): 1 – 7.

[283] 张可. 经济集聚与区域创新的交互影响及空间溢出 [J]. 金融研究, 2019 (5): 96 – 114.

[284] 张可云, 何大梽. 空间类分与空间选择: 集聚理论的新前沿 [J]. 经济学家, 2020 (4): 34 – 47.

[285] 张磊, 张明龙. "长三角" 地缘经济关系的测度分析 [J]. 上海经

济研究，2003（11）：49 – 52.

[286] 张平，杨耀武. 经济复苏、"双循环"战略与资源配置改革 [J]. 现代经济探讨，2021（1）：1 – 8.

[287] 张平，袁富华. 宏观资源配置系统的失调与转型 [J]. 经济学动态，2019（5）：18 – 27.

[288] 张涛，张若雪. 人力资本与技术采用：对珠三角技术进步缓慢的一个解释 [J]. 管理世界，2009（2）：75 – 82.

[289] 张同斌，范庆泉. 中国高新技术产业区域发展水平的梯度变迁与影响因素 [J]. 数量经济技术经济研究，2010（11）：52 – 65.

[290] 张学良，李培鑫，李丽霞. 政府合作、市场整合与城市群经济绩效——基于长三角城市经济协调会的实证检验 [J]. 经济学（季刊），2017（4）：1563 – 1582.

[291] 张学良，林永然. 都市圈建设：新时代区域协调发展的战略选择 [J]. 改革，2019（2）：46 – 55.

[292] 张学良等. 中国区域经济发展报告 – 中国城市群的崛起与协调发展 [M]. 北京：人民出版社，2013.

[293] 张亚明，李新华，唐朝生. 竞合视域下京津冀区域地缘经济关系测度分析 [J]. 城市发展研究，2012（5）：22 – 27.

[294] 张昱，曾倩. 粤港澳大湾区知识密集型生产性服务业与高技术制造业协同关系研究 [J]. 城市观察，2019（6）：7 – 16.

[295] 张跃，刘莉，黄帅金. 区域一体化促进了城市群经济高质量发展吗？——基于长三角城市经济协调会的准自然实验 [J]. 科学学研究，2021（1）：63 – 72.

[296] 赵璐. 中国经济格局时空演化趋势 [J]. 城市发展研究，2013（7）：4 – 18.

[297] 赵娜，王博，刘燕. 城市群、集聚效应与"投资潮涌"——基于中国20个城市群的实证研究 [J]. 中国工业经济，2017（11）：81 – 99.

[298] 赵蓉，赵立祥，苏映雪. 全球价值链嵌入、区域融合发展与制造业产业升级——基于双循环新发展格局的思考 [J]. 南方经济，2020（10）：1 – 19.

[299] 赵儒煜，常忠利. 经济高质量发展的空间差异及影响因素识别 [J]. 财经问题研究，2020（10）：22 – 29.

[300] 赵曦，司林杰. 城市群内部"积极竞争"与"消极合作"行为分

析——基于晋升博弈模型的实证研究 [J]. 经济评论，2013 (5)：79 – 88.

[301] 赵新峰，袁宗威. 京津冀区域政府间大气污染治理政策协调问题研究 [J]. 中国行政管理，2014 (11)：18 – 23.

[302] 赵勇，白永秀. 知识溢出：一个文献综述 [J]. 经济研究，2009 (1)：144 – 156.

[303] 赵勇，白永秀. 中国城市群功能分工测度与分析 [J]. 中国工业经济，2012 (11)：18 – 30.

[304] 赵勇，魏后凯. 政府干预、城市群空间功能分工与地区差距——兼论中国区域政策的有效性 [J]. 管理世界，2015 (8)：14 – 29.

[305] 赵玉林，魏芳. 基于熵指数和行业集中度的我国高技术产业集聚度研究 [J]. 科学学与科学技术管理，2008 (11)：122 – 126.

[306] 赵志耘，杨朝峰. 创新范式的转变：从独立创新到共生创新 [J]. 中国软科学，2015 (11)：155 – 160.

[307] 郑德凤，郝帅，孙才志等. 中国大陆生态效率时空演化分析及其趋势预测 [J]. 地理研究，2018 (5)：1034 – 1046.

[308] 郑方辉，刘畅. 国家治理绩效：概念内涵与评价维度——兼议新冠肺炎抗疫中的国家治理体系和治理能力 [J]. 理论探讨，2020 (3)：14 – 21.

[309] 郑云辰，葛颜祥，接玉梅，张化楠. 流域多元化生态补偿分析框架：补偿主体视角 [J]. 中国人口·资源与环境，2019 (7)：131 – 139.

[310] 钟韵，秦嫣然. 中国城市群的服务业协同集聚研究——基于长三角与珠三角的对比 [J]. 广东社会科学，2021 (2)：5 – 15.

[311] 周良君，丘庆达，陈强. 粤港澳大湾区体育产业空间关联网络特征研究——基于引力模型和社会网络分析 [J]. 广东社会科学，2021 (2)：100 – 108.

[312] 周绍杰，王洪川，苏杨. 中国人如何能有更高水平的幸福感——基于中国民生指数调查 [J]. 管理世界，2015 (6)：8 – 21.

[313] 周天芸，黄亮. 泛珠三角经济一体化的趋同效应实证研究 [J]. 国际经贸探索，2012 (1)：52 – 64.

[314] 周伟，赵艳，宁煊. 京津冀城市群制造业结构变迁与空间集聚影响因素分析 [J]. 地理科学，2020 (11)：1921 – 1929.

[315] 周奕. 产业协同集聚效应的空间溢出与区域经济协调发展——基于"产业—空间—制度"三位一体视角 [J]. 商业经济研究，2018 (21)：135 – 138.

［316］朱波强，赖胜强，唐雪梅. 高新技术产业竞争力评价实证分析——以四川省为例［J］. 中国流通经济，2011（12）：90 – 93.

［317］朱孔来，李静静，乐菲菲. 中国城镇化进程与经济增长关系的实证研究［J］. 统计研究，2011（9）：80 – 87.

［318］朱列，聂春丽. 大城市群内部城市间竞争、合作关系实证研究——以珠江三角洲城市群为例［J］. 广西社会主义学院学报，2015（2）：90 – 94.

［319］朱列. 区域 GDP 份额演变过程中区域竞争与互补关系的实证研究——以广西五大经济区为例［J］. 经济与社会发展，2008（8）：77 – 80.

［320］朱英明. 增强城市群整体竞争力研究——基于行政主体间信号传递博弈的视角［J］. 工业技术经济，2008（1）：47 – 49.

［321］宗庆庆，黄娅娜，钟鸿钧. 行业异质性、知识产权保护与企业研发投入［J］. 产业经济研究，2015（2）：47 – 57.

［322］邹德玲. 基于投入产出理论的浙江生产性服务业发展实证研究［J］. 工业技术经济，2010（4）：96 – 100.

［323］邹卫星，周立群. 区域经济一体化进程剖析：长三角、珠三角与环渤海［J］. 改革，2010（10）：86 – 93.

［324］Abadie A，A. Diamond and J. Hainmueller. Synthetic control methods for comparative case studies：Estimating the effect of California's tobacco control program［J］. Journal of the American Statistical Association，2010（490）：493 – 505.

［325］Abadie A，Gardeazabal J. The economic costs of conflict：A case study of the Basque country［J］. American Economic Review，2003（1）：112 – 132.

［326］Allen F，Qian J，Qian M. Law，finance，and economic growth in China［J］. Journal of Financial Economics，2005（01）：57 – 116.

［327］Baptista R，Swann P. Do firms in clusters innovate more？［J］. Research Policy，1998（5）：525 – 540.

［328］Behrens K. International integration and regional inequalities：How important is national infrastructure？［J］. Manchester School，2011（5）：952 – 971.

［329］Billings S B，Johnson E B. Agglomeration within an urban area［J］. Journal of Urban Economics，2016（91C）：13 – 25.

［330］Blair J P，Carroll M C. Inner – city neighborhoods and metropolitan development［J］. Economic Development Quarterly，2007（3）：263 – 277.

［331］Braakmann N，Vogel A. How does economic integration influence employment and wages in border regions? The case of the EU enlargement 2004 and Germany's Eastern Border [J]. Review of World Economics, 2011 (2): 303 –323.

[332] Brakman S, Garretsen H, Marrewijk C V, et al. The border population effects of EU integration [J]. Journal of Regional Science, 2012 (1): 40 –59.

[333] Brock W. A, Taylor M. S. The Green Solow Model [J]. Journal of Economic Growth, 2010 (2): 127 –153.

[334] Burger M. J, Van Oort F, Raspe O. On the economic foundation of the urban network paradigm: Spatial integration, functional integration and economic complementarities within the Dutch Randstad [J]. Urban Studies, 2010 (4): 725 –748.

[335] Cai X, Lu Y et al. Does environmental regulation drive away inbound foreign direct investment? Evidence from a quasi – natural experiment in China [J]. Journal of Development Economics, 2016 (1): 73 –85.

[336] Carlino G A, Chatterjee S, Hunt R M. Urban density and the rate of invention [J]. Journal of Urban Economics, 2007 (3): 389 –419.

[337] Combes P P, Duranton G, Gobillon L, et al. The productivity advantages of large cities: Distinguishing agglomeration from firm selection [J]. Econometrica, 2012a (6): 2543 –2594.

[338] Combes P P, Duranton G, Gobillon L, et al. Sorting and local wage and skill distributions in France [J]. Regional Science and Urban Economics, 2012b (6): 913 –930.

[339] Cowell M. Polycentric Regions: Comparing complementarity and institutional governance in the San Francisco Bay Area, the Randstad and Emilia – Romagna [J]. Urban Studies, 2010 (5): 945 –965.

[340] Dahlman C. Turkey's accession to the European Union: The geopolitics of enlargement [J]. Eurasian Geography & Economics, 2004 (8): 553 –574.

[341] Dendrinos D S, Sonis M. Nonlinear discrete relative population dynamics of the U. S. regions [J]. Applied Mathematics & Computation, 1988 (4): 265 –285.

[342] Deng F, Lv J. H, Wang H. L, et al. Expanding Public Health in China: An Empirical Analysis of Healthcare Inputs and Output [J]. Public Health, 2017 (142): 73 –84.

[343] Desmet K, Fafchamps M. Changes in the spatial concentration of em-

ployment across US Counties: A sectoral analysis 1972 ~ 2000 [J]. Journal of Economic Geography, 2005 (3): 261 – 284.

[344] Ellison G, Edward L G, Kerr W R. What causes industry agglomeration? Evidence from coagglomeration patterns [J]. The American Economic Review, 2010 (3): 1195 – 1213.

[345] Ellison G, Glaeser E. Geographic concentration in U. S. manufacturing industries: A dartboard approach [J]. Journal of Political Economy, 1997 (5): 889 – 927.

[346] Eloranta V, Turunen T. Platforms in service – driven manufacturing: Leveraging complexity by connecting, sharing, and integrating [J]. Industrial Marketing Management, 2016 (55): 178 – 186.

[347] Elsner B. Does emigration benefit the stayers? Evidence from EU enlargement [J]. Journal of Population Economics, 2013 (2): 531 – 553.

[348] Eswaran M, Kotwal A. The role of the service sector in the process of industrialization [J]. Journal of Development Economics, 2002 (2): 401 – 420.

[349] Fang C. The basic law of the formation and expansion in urban agglomerations [J]. Journal of Geographical Sciences, 2019 (10): 1699 – 1712.

[350] Fang L. Agglomeration and innovation: Selection or true effect? [J]. Environment and Planning A: Economy and Space, 2020 (2): 423 – 448.

[351] Feldman M P. The geography of innovation [M]. Springer Science & Business Media, 1994.

[352] Francois J F. Trade in producer services and returns due to specialization under monopolistic competition [J]. Canadian Journal of Economics, 1990 (1): 109 – 124.

[353] Frank V. O, Martijn B, Otto R. On the economic foundation of the urban network paradigm: Spatial integration, functional integration and economic complementarities within the Dutch Randstad [J]. Urban Studies, 2010 (4): 725 – 748.

[354] Friedman J. Regional development planning: A reader [M]. Cambridge Mass M Press, 1964.

[355] Fujita M, Krugman P, Anthony J. The spatial economy: Cities, regions, and international trade [M]. Cambridge: The MIT Press, 1996.

[356] Gallagher R M. Shipping costs, information costs, and the sources of

industrial coagglomeration ［J］. Journal of Regional Science, 2013 （2）: 304 - 331.

［357］ Gottman J. Megalopolis or the urbanization of the northeastern seaboard ［J］. Economic Geography, 1957 （3）: 189 - 200.

［358］ Griliches Z. Issues in assessing the contribution of research and development to productivity growth ［J］. The Bell Journal of Economics, 1979 （3）: 92 - 116.

［359］ Hall P, Pain K. The polycentric metropolis: Learning from mega - city regions in Europe ［M］. London: UKEarthscan, 2006.

［360］ Harhoff D, Reitzig M. Determinants of opposition against EPO patent grants—The case of biotechnology and pharmaceuticals ［J］. International Journal of Industrial Organization, 2004 （4）: 443 - 480.

［361］ Hashmi A R. Competition and innovation: The inverted - U relationship revisited ［J］. Review of Economics and Statistics, 2013 （5）: 1653 - 1668.

［362］ He Z L, Tong T W, Zhang Y, et al. Construction of a database linking SIPO patents to firms in China's Annual Survey of Industrial Enterprises 1998 - 2009 ［R］. Tilburg University working paper, 2016.

［363］ Humphrey J, Schmitz H. How does insertion in global value chains affect upgrading in industrial dusters? ［J］. Regional Studies, 2002 （9）: 1017 - 1027.

［364］ Ivlevs A. Minorities on the move? Assessing post - enlargement emigration intentions of Latvia's Russian speaking minority ［J］. The Annals of Regional Science, 2013 （1）: 33 - 52.

［365］ Jacobs W, Koster H, Oort F G V. Co - agglomeration of knowledge - intensive business services and multinational enterprises ［J］. Journal of Economic Geography, 2014 （2）: 433 - 475.

［366］ Jaffe A B, Trajtenberg M. Patents, citations, and innovations: A window on the knowledge economy ［M］. MIT Press, 2002.

［367］ Kang K N, Park H. Influence of government R&D support and inter - firm collaborations on innovation in Korean biotechnology SMEs ［J］. Technovation, 2012 （1）: 68 - 78.

［368］ Ke S, He M, Yuan C. Synergy and co - agglomeration of producer services and manufacturing: A panel data analysis of Chinese cities ［J］. Regional Studies, 2014 （11）: 1829 - 1841.

[369] Kim S. Regions, resources, and economic geography: Sources of US regional comparative Advantage, 1880 – 1987 [J]. Regional Science and Urban Economics, 1999 (1): 1 – 32.

[370] Krugman P. Geography and trade [M]. Massachusetts: MIT Press, 1991.

[371] Lanjouw J O, Schankerman M. Patent quality and research productivity: Measuring innovation with multiple indicators [J]. The Economic Journal, 2004 (495): 441 – 465.

[372] Lanjouw J O. Patent protection in the shadow of infringement: Simulation estimations of patent value [J]. The Review of Economic Studies, 1998 (4): 671 – 710.

[373] Lerner J. The importance of patent scope: An empirical analysis [J]. The RAND Journal of Economics, 1994 (4): 319 – 333.

[374] Li Y, Ni P. Externality, transport network and the economic growth of megalopolises [J]. Social Sciences in China, 2013 (3): 174 – 194.

[375] Lin J Y, Sun X. Information, informal finance, and SME financing [J]. Frontiers of Economics in China, 2006 (1): 69 – 82.

[376] Lodefalk M. The role of services for manufacturing firm exports [J]. Review of World Economics, 2014 (1): 59 – 82.

[377] Long C, Zhang X. Cluster – based industrialization in China: Financing and performance [J]. Journal of International Economics, 2011 (1): 112 – 123.

[378] Lovell S T, Johnston D M. Creating multifunctional landscapes: How can the field of ecology inform the design of the landscape? [J]. Frontiers in Ecology and the Environment, 2009 (4): 212 – 220.

[379] MacPherson A. The role of producer service outsourcing in the innovation performance of New York State manufacturing firms [J]. Annals of the Association of American Geographers, 1997 (1): 52 – 71.

[380] Malecki E. J. The economic geography of the Internet's infrastructure [J]. Economic Geography, 2002 (4): 399 – 424.

[381] Mao R. Industry clustering and financial constraints: A reinterpretation based on fixed asset liquidation [J]. Economic Development and Cultural Change, 2016 (4): 795 – 821.

[382] Mariani M, Romanelli M. "Stacking" and "picking" inventions: The

patenting behavior of European inventors ［J］. Research Policy, 2007 (8): 1128 – 1142.

［383］ Marshall A. Principles of economics ［J］. Political Science Quarterly, 1961 (77): 430 – 444.

［384］ Meijers E. J, Burgher M. J, Hoogerbrugge M. M. Borrowing size in networks of Cities: City size, network connectivity and metropolitan functions in Europe ［J］. Papers in Regional Science, 2016 (1): 181 – 198.

［385］ Melitz M J. The impact of trade on intra – industry reallocations and aggregate industry productivity ［J］. Econometrica, 2003 (6): 1695 – 1725.

［386］ Murphy, A. The May 2004 enlargement of the European Union: View from Two Years Out ［J］. Eurasian Geography & Economics, 2006 (6): 635 – 646.

［387］ Nazara S, Hewings G J, Sonis M. An exploratory analysis of hierarchical spatial interaction: The case of regional income shares in Indonesia ［J］. Journal of Geographical Systems, 2006 (3): 253 – 268.

［388］ Ottati G D. Trust, interlinking transactions and credit in the industrial district ［J］. Cambridge Journal of Economic, 1994 (6): 529 – 546.

［389］ Paul J B. Is mining a high – tech industry? Investigations into innovation and productivity advance ［J］. Resources Policy, 2007 (32): 149 – 158.

［390］ Pavitt K. R&D, patenting and innovative activities: A statistical exploration ［J］. Research Policy, 1982 (1): 33 – 51.

［391］ Pavitt K. Patent statistics as indicators of innovative activities: Possibilities and problems ［J］. Scientometrics, 1985 (1): 77 – 99.

［392］ Perroux F. Note sur la notion de pole de croissance ［J］. Economie appliquee, 1952 (2): 307 – 320.

［393］ Poncet S. Domestic market fragmentation and economic growth in China? ［C］. ERSA conference papers. European Regional Science Association, 2003.

［394］ Putnam J D. The value of international patent rights ［D］. Yale University, 1996.

［395］ Ren Y, Fang C, Lin X et al. Evaluation of the eco – efficiency of four major urban agglomerations in coastal eastern China ［J］. Journal of Geographical Sciences, 2019 (29): 1315 – 1330.

［396］ Restuccia D, Yang D T, Zhu X. Agriculture and aggregate productivity: A quantitative cross – country analysis ［J］. Journal of Monetary Economics, 2008

(2)：234 – 250.

［397］Richardson H W. Growth pole spillovers：The dynamics of backwash and spread ［J］. Regional Studies, 1976 (1)：1 – 9.

［398］Rondinelli D. A. Regional disparities and investment allocation policies in the Philippines：Spatial dimensions of poverty in a developing country ［J］. Revue Canadienne Detudes du Development Canadian Journal of Development Studies, 1980 (2)：262 – 287.

［399］Russo P F, Rossi P. Credit constraints in Italian industrial districts ［J］. Applied Economics, 2001 (11)：1469 – 1477.

［400］Schumpeter J A. Business cycles ［M］. New York：McGraw – Hill, 1939.

［401］Shanzi KE, Feser E. Count on the Growth Pole Strategy for Regional Economic Growth? Spread – Backwash Effects in Greater Central China ［J］. Regional Studies, 2010 (9)：1131 – 1147.

［402］Sharma S. Persistence and stability in city growth ［J］. Journal of Urban Economics, 2003 (2)：30 – 35.

［403］Tadesse S. Financial architecture and economic performance：International evidence ［J］. Financial Development and Technology, 2002 (4)：429 – 454.

［404］Taylor P. J, Ni P, Derudder B, et al. Global urban analysis：A survey of cities in globalization ［M］. New York：Earthscan, 2011.

［405］Tong X, Frame J D. 1994. Measuring national technological performance with patent claims data ［J］. Research Policy, 1994 (2)：133 – 141.

［406］Tsai Y. H. Quantifying urban form：Compactness versus 'Sprawl' ［J］. Urban Studies, 2005 (1)：141 – 161.

［407］Tzeremes N G, Halkos G E. Economic efficiency and growth in the EU enlargement ［J］. Journal of Policy Modeling, 2009 (6)：847 – 862.

［408］Wang D, Fang C, Gao B, et al. Measurement and spatio – temporal distribution of urbanization development quality of urban agglomeration in China ［J］. Chinese Geographical Science, 2011 (6)：61 – 73.

［409］Xiao J, Liu Z. Inequalities in the financing of compulsory education in China：A comparative study of Gansu and Jiangsu Provinces with spatial analysis ［J］. International Journal of Educational Development, 2014 (39)：260 – 273.

［410］Ye X, Xie Y. Re – examination of Zipf's law and urban dynamic in China: A regional approach [J]. The Annals of Regional Science, 2012 (1): 135 – 156.

[411] Zhou D, Xu J, Wang L, et al. Assessing urbanization quality using structure and function analyses: A case study of the urban agglomeration around Hangzhou Bay (UAHB), China [J]. Habitat International, 2015 (49): 165 – 176.